一部极具政治智慧的谋略全书

布局

历代帝王的政治智慧与谋略权术的成与败

何森◎著

人民东方出版传媒
東方出版社

图书在版编目（CIP）数据

布局 / 何森著. —北京：东方出版社，2016.1（2023.9 重印）
ISBN 978-7-5060-8940-1

Ⅰ.①布… Ⅱ.①何… Ⅲ.①企业管理—通俗读物 Ⅳ.①F270-49

中国版本图书馆 CIP 数据核字（2016）第 028177 号

布 局
（BUJU）

作　　者：何　森
责任编辑：韩　悦
出　　版：东方出版社
发　　行：人民东方出版传媒有限公司
地　　址：北京市西城区北三环中路 6 号
邮政编码：100020
印　　刷：廊坊市海涛印刷有限公司
版　　次：2016 年 6 月第 1 版
印　　次：2023 年 9 月第 5 次印刷
开　　本：710 毫米×1000 毫米　1/16
印　　张：16
字　　数：220 千字
书　　号：ISBN 978-7-5060-8940-1
定　　价：36.00 元
发行电话：（010）85924663　85924644　85924641

如有印装质量问题，请拨打电话：（010）85924602　85924603

序言

统计显示，目前我国有5000多万家私营企业，80%以上为家族企业，而90%以上的家族企业都选择“子承父业”式的交接模式。所有的家族企业在完成资本原始积累后，在老一辈创业者日渐衰老之际，都会彷徨于一个新的岔道：两代新旧掌门人如何顺利交接的问题，不要说家族企业的接班人，即便是身世显赫的中国皇家继承人，其性格也五花八门，良莠不齐，有热爱艺术、喜欢戏剧的秦二世和宋徽宗；有愿意吟风弄月、填词作诗的唐后主李煜；有喜欢体育运动，迷恋马球、足球的唐僖宗；还有莫名其妙喜欢做木匠的明熹宗，他老人家经常亲自操斧弄锯，夜以继日地打家具、盖房子，还乐此不疲，不厌其烦，他的寝宫里常常堆满了各种木料。他干得起劲时，根本不愿花时间去会见百官臣僚，更不愿处理军政大事，一切都让太监魏忠贤去主持操办……所谓人各有志，不能强求。你说不清楚你的继承人会成为什么样的人，李世民、爱新觉罗·玄烨这样的接班人毕竟是少数，绝大多数第二代除了养尊处优外，都是资质平常之人，怎么办?

此外，对于那些历代的开国皇帝来说，如何对待开国元勋是个很头痛的问题，几乎所有的创业元勋都是和老板一起摸爬滚打、一起拼杀奋斗的功臣，他们文化水平不高，也没有受过什么教育，没什么觉悟，有的甚至素质很低，但是他们对于企业、对于老板的忠诚度却很高。随着企业的发展，他们实际上越来越跟不上这个时代的发展，或墨守成规、故步自封，或刚愎自用、居功自傲……有时候他们甚至会阻碍企业的发展，这时候，又该怎么办？

中国历史上“舍嫡立庶”“夺嫡之争”的事情屡有发生，特别是当继承人不贤不肖、懦弱无能时，由谁继承皇统，也必然会关系到各种政治力量的根本利益，围绕着接班人形成的各种政治势力和利益集团都会为自己的利益挖空心思，或明争暗斗，或尔虞我诈，因此，皇位无可避免地成为各种政治势力殊死角逐的中心。中国历史上因争夺皇位而引起宫闱喋血、朝臣分党甚至引发军人兵变、宫廷政变的事例屡见不鲜。

因此，企业接班人已经不完全属于老板个人的家事，它关系到企业内外的形势和各种势力的此消彼长。真正雄才大略的创业者不仅关注接班人本身，而且会用自己的谋略为其选配得当的辅助大臣，这是一个庞大的人才工程，关系到国家或企业的千秋大业。古人说：“以铜为鉴，可正衣冠；以史为鉴，可知兴替；以人为鉴，可明得失。”这就是我们写作本书的目的。我们不敢奢望能解决你面临的问题，但是了解历史、知道一点中国封建社会的皇家接班的历史，对于在儒家文化传统的氛围中长大的民营企业家必然会有所裨益，此为序。

何森

目 录

胡亥走的这条路是：皇室贵胄的无忧无虑的生活——权臣扶他上了宝座——权臣利用他剪除异己——被权臣架空——被权臣逼宫。应该说胡亥不适合做皇帝最主要的原因是他的志趣和追求，胡亥既没有治国的才干和本领，也没有政治家的心机和城府，可以说他根本不懂政治，也从来没有想过自己有一天要当皇帝，他没有什么雄心壮志，最大的目的就是享受生活。他能成为秦始皇的接班人，还能享受几年，过几天一人之下、万人之上的皇帝日子，最后折腾亡国，全赖赵高、李斯所赐。所以让胡亥来承担历史责任有失公允，秦始皇也从来没有把他当作接班人培养，应该承担历史责任的是秦始皇，另外就是扶苏，他的迂腐、愚忠，不具备权谋通变之才，这才是我们应该思考的主要问题。

隋炀帝杨广并不是愚昧懦弱之人，他聪明智慧，很有才气，还是一个出色的诗人，自小善属文，诗赋雄丽；又倡导艺术，赏析书画，繁盛百戏。在文治方面，创设进士科，正式确立科举取士制度，并且兴办学校，敦奖名教，统一经学，整理图籍，将儒道佛三教并重，积极影响了中国古代思想文化的发展。特别是正式确立科举取士制度，对后世的影响实在太深远了。纵观杨广的一生，他能文能武，有勇有谋，绝顶聪明，但性格中却有作为一个帝王致命的许多弱点。其一就是虚荣心。杨广非常爱面子，他奢靡浪费到极点，其实不光是图享受，更是为了讲排场，讲阔气，显示帝国的富有和帝王的威严。但是，从选择接班人的角度看，任何人处于隋文帝这个位置，可能都会考虑让杨广接班的，这是大势所趋，也是现实所迫。隋文帝最大的失误是选对了合适的接班人，却没有从体制上对他有所节制。

蜀汉后主刘禅“乐不思蜀”的故事为人皆知，晋惠帝司马衷“何不食肉糜”的愚昧令人捧腹。客观来讲，历史对刘禅的误会可能更多一些，以中人之资，能做太平皇帝

虎踞江东”的孙权相比，未必逊色。最后，除了孔明留下的制度外，运作整个蜀汉的经营，这个重责大任就落在刘禅的身上，终刘禅一世，没有奸佞权臣干政的情况出现，可见他的皇权控制能力是很强的。

他们都是那种“鸟尽弓藏，兔死狗烹”的皇帝，是那种只能共患难，不能共享福之人，都选择了性格相对懦弱的接班人，一个是为人“仁弱”的汉惠帝刘盈，另一个是“性仁厚”的皇太孙朱允炆（太子朱标早逝），不管是武力夺取，还是和平演变，其共同点都是叔叔接过了侄儿的班。刘盈和朱允炆都遇到个性强悍的政坛对手，一个是自己的母亲（吕后），另一个则是自己的叔父（朱棣），一个是死后的宫廷政变，另一个是长达八年的“靖难之役”。尽管如此，在政治权力斗争方面，个性软弱未必就是坏事，同样，个性强悍也未必一定能臣服天下。当您的接班人个性懦弱时，您究竟怎样做，才能让您的天下安然渡过瓶颈期。

刘邦除了杀了几个武将外，对其他功臣还是很厚待的，像萧何、曹参、陈平、周勃都是汉王朝的重臣。刘邦杀了功臣后，结果是加强了中央的实力，尽管他死后出现了权力真空，但由于他为后世留下了不少经验丰富的老臣，因此无论是吕氏的篡权还是之后的七王之乱，都没有对中央产生很大的破坏，也使得汉王朝开辟了封建史上的第一个盛世。吕后统治的时代或许让人感到一片血污，但终究只限于宫廷争斗，其铁腕决断，尽显政治强人本色。她诛杀功臣，铲除异己，做事一步到位，不留后患，其凶悍凌厉让须眉男子汗颜不禁。从接班人角度讲，所谓的商山四皓本质上都是利禄之徒，刘邦本来就没有易储的打算，之所以放出那样的话，意在警告吕后不要过分，如果他真的不顾众人同意，把如意立为太子，以戚夫人的政治能力，母子生命尚难保全，更不用说皇位。其实，刘邦当时最关心的是如何保全他们母子，可惜后世文人读史不精，竟然曲解历史，让人叹息。

洪武二十五年，朱元璋在重新考虑皇位继承问题时，曾想到了皇四子朱棣，但最终因为朱棣许多地方都与自己非常相似而放弃这种想法，朱元璋越过燕王朱棣在内的众多儿辈，直接传给了孙子朱允炆，不是因为一时爱憎，而是为长远打算和考虑的。朱棣面对军事压力，起兵造反的可能性很小，靖难之役最主要的原因还是建文朝的军事战略有问题。建文帝最大的失败是削藩的时机很不成熟，朱棣之所以在靖难之役中取得胜利，有很多偶然的机缘，比如“莫伤害朕之叔父”的不明智，致使朱棣多次绝处逢生，假使明军在战场上能“擒贼先杀王”，燕军早就败亡。此外，从建文帝和朱棣的年龄相比，建文帝必然能笑到最后，朱高炽无法和建文帝相比，建文帝的治国政策并没有错，“建文”年号也非常好，他主要输在用人方面，黄子澄、齐泰、方孝孺皆书生，仓促行削藩之计，不知兵事，也没有什么大的战略眼光，以至于误己误国，最后招致灭族惨祸。

刘秀靠的是武力消灭各个割据势力，而赵匡胤则是军事政变，刘秀的功臣大多是跟他出生入死且自身有一定势力的地方豪强，而赵匡胤的功臣大都是些手握重兵的高级将领或地方节度使，因此他们对待功臣的处理方法应该是不同的，前者应该削弱和瓦解他们的势力，后者则应该分散和解除他们的武装部队。

刘秀并没有采取削弱功臣的方法，反而使他们进一步坐大，对于那些支持他的豪强，给予他们经济上的特权和补偿来换取他们政治和军事上的权力，并和他们联姻来稳固自己的统治。由于地方豪强有一部分和皇家联姻，就以外戚的身份把持朝政，另一部分豪强凭借其强大的经济实力和影响力，在朝堂之上大肆培养自己的亲信和势力。于是，东汉一朝，四世三公、门生遍天下的豪门比比皆是。因此，从效果上来看，刘秀的做法尽管有值得称道之处，但其实是在削弱中央和皇族的势力，让地方豪强进一步坐大，并没有解决自西汉以来日益严重的土地兼并问题。而且，正是由于皇族势力单薄，才使得东汉中后期，皇帝和朝政一直在外戚和宦官手中把持，为东汉的覆灭埋下了伏笔。

赵匡胤吸取了唐以来武将拥兵自重，中央政府软弱无力的经验教训，对于那些拥戴他即位的高级将领和节度使采取了“杯酒释兵权”的做法，即让他们交出兵权，给他们在经济上的补偿，表面上看和刘秀颇为相似，但由于对象不同，所取的效果也大不一样。赵匡胤的高级将领只在军事实力上对中央产生了威胁，在其他方面则比较差，也就是说他们最大的资本就是军队，离开了军队他们的影响力就几乎不存在了。因此，赵匡胤虽然给予他们经济上的补偿，但却没有给他们经济上的特权，也就是说他们充其量只是一个富翁，在政治上已经没有丝毫的影响力，他们是的的确确被削弱了。赵匡胤不仅解除了那些将领的兵权，也解决了唐中期以来数百年的地方强于中央的局面，结束了唐以后政权多亡于武人之手的局面。赵匡胤不仅解决了问题，也没有流血，可以说是在解决开国元勋的问题上处理的最得当的。

第一篇
老子英雄儿好汉
——励精图治　缔造盛世

唐太宗李世民和清世宗雍正，他们缔造了我国历史上最著名的两个盛世，一个是贞观之治，另一个是康乾盛世。但是，客观来讲，两位接班人都有为后人诟病的地方，李世民算得上千古明君，但玄武门兵变还是为自己的历史留下许多有争议的东西，所谓杀兄、屠弟、逼父，不管怎么讲，都是不光彩的事情；至于雍正皇帝，他的勤勉与敬业以及对康乾盛世所起的巨大作用，已经不需要我们做更多的赘言，但传说中的“谋父”“逼母”“弑兄”“屠弟”“贪财”“好杀”“酗酒”“淫色”“好谀”“任佞”等十项大罪的确影响了他的声誉。但他们都是中国历史上很有作为的一代名君，是所有的创业者渴慕已久的接班人，历史常常有令人无奈的遗憾，让我们揭开历史的篇章，看看盛世之君君临天下的真相。

唐太宗李世民——雄才大略　千古名君

玄武门事件中，李世民占了先发制人之利，大大弥补了其兵力不足的弱点。李建成失败的最主要原因是缺乏危机感，对政治斗争的残酷性认识不足，太过掉以轻心了。身为长子，继承皇位是名正言顺的，又得到父亲的全力支持，所以，他过分自信，看不到对方的优势，也看不到自己的弱点。他曾得意地对元吉评说秦王："留之长安，则一匹夫耳，取之易矣"，但他恰恰死在李世民的弓箭之下。说明他比之李世民是太缺乏军事头脑了。但是，做皇帝首要的乃是政治家的才能，而非军事家的本事，更不必说李建成手下也网罗了魏征、王珪等人才，这些人后来都为李世民所重用而成贞观年间一代名臣，可见，李建成也是擅长招贤纳俊的。唐太宗李世民继承皇位可以说名至所归，但"贞观之治"与他的"虚心纳谏"并没有多大关系，最主要的原因还是玄武门兵变对李世民带来的压力和自己"济世安民"的理想，这其实是一种动力，也是他虚怀若谷、善于纳谏的主要原因。

继位背景：

古语云："仁者乐山，智者乐水"，仁智宫就是有山有水的意思。

作为一名开国之君，他首先是一位政治家，真正的政治家是不会溺于享乐而忘记自己的使命，李渊就是这样的人。

建立仁智宫，他考虑最多的还是军事问题。唐初，国家初定，内有徐圆朗、刘黑闼等义军割据，外有突厥不断入侵，北部强悍的突厥也常常率军南下，不时侵扰关中，京城长安动荡不安，新生的大唐帝国仍然处于危机之中。

李渊决定在京城附近的几个咽喉要道，兴建军事要塞，这就是郊州的仁寿宫、终南山的太极宫以及最著名的宜州仁智宫。

我们的故事就发生在宜州仁智宫。

唐武德七年（624 年）五月的一天，仁智宫刚建成一个月，李渊带着秦王李世民和齐王李元吉两个皇子，风尘仆仆地来到仁智宫，留守长安京城的是大唐太子李建成。帝王的优雅与从容，仍然难以掩饰他脸上的忧戚疲倦之色，太子李建成与次子李世民争夺王位继承权的斗争让他极为担心。四子元吉是太子建成最有力的支持者，但李世民的才干及一帮如狼似虎的心腹班底绝对不含糊。

为了巩固自己的太子之位，李建成曾在东宫内私蓄超出法定编制外的武士，组成所谓“长林军”，被李渊发现了，下旨斥责，并勒令将“长林军”解散。与此同时，李世民也私蓄了个人的武装力量。玄武门事件前夕，尉迟敬德劝李世民下定决心发动政变时曾说：“大王素所畜养勇士八百余人……”

至于地方上的武力集结，李世民也并不落后于李建成。

现在，让我们把镜头聚焦到独守京城的李建成，此刻，心中有些窃喜，他并不想杀掉自己的父皇和自己的同胞兄弟，但是，他要夺回属于自己的东西，是啊，这本来就是他自己的，秦王的实力太可怕了，我不干，他也会干的，他不干，他的部下也会这样干的，一想到这里，他就郁闷，目前倒是个千载难逢的好机会。

如果杨文干在庆州起兵，与长安互相接应，那么大事必成。

他想到了自己的心腹，一个培养了几年的干才——庆州都督杨文干。

杨文干，人如其名，他不仅仅是文才出众，更重要的是他不仅能干，而且敢干。

李建成的命令只有八个字：暗招勇士，送往京城。

他已经储备了许多上好的兵甲，这是起兵的本钱，两个人足以担当押送兵甲的任务，一个是郎将尔朱焕，另一个是校尉乔公山。

他们位卑言轻，但绝不能被忽视。许多事关成败的大事往往决定于一些微不足道的人物，李建成早已想到这些，他相信自己的眼光，养兵千日，用兵一时。

尔朱焕和乔公山果然很讲义气，他们很爽快地答应了，不但信誓旦旦，而且很有信心。

人生总有许多意想不到的事情，李建成也有，他意想不到的事情是尔朱焕和乔公山竟然没有到庆州，他们改道上了玉华山。

多年以后，李建成怎么都想不通，他非常器重的两个人怎么会这样呢？只有一个人想到了，他就是秦王李世民，其实，他才是尔朱焕和乔公山真正的主人。这一切都是他安排好的。

李渊很快知道了一切，他不相信自己的太子会如此急不可待。但尔朱焕和乔公山毕竟是太子的部下，这时候杜凤举急急忙忙地赶来，他向李渊禀报此事。

李渊谁也不相信，但绝对信任杜凤举，因为杜凤举才是他暗伏在京城的眼线。

他极为震惊，他不相信自己的太子会如此急不可待。

他是皇储啊，是这个皇位当然的继承人。

一定是杨文干自己干的。

他焦急地在皇宫四处逡巡。

思虑良久，他决定派司农卿宇文颖飞骑传召杨文干，他要了解真相。

这是个很危险的差事，杨文干真的起兵，他活命的机会微乎其微，但宇文颖一点也不害怕。

为了国家，他不敢怠慢，他依然飞骑而出。

李渊很欣慰，为这样舍生忘死的部属。

谁都知道，元吉是李建成的得力助手，但很少有人知道，宇文颖也是李元吉最好的朋友。

最好的朋友往往是最大的敌人，但也只有最好的朋友才会在危难之际，舍命相救，宇文颖就是这样的人。

元吉知道了李渊的决定，他大惊失色，反令宇文颖飞告杨文干，先下手为强，晚下手遭殃。杨文干别无选择，他很听话，率领大军攻陷宁州，驱掠吏民，还自据百家堡。

宇文颖走后，李渊又急发手诏，命令太子李建成速来仁智宫面君。

此刻，仁智宫早已戒备森严，太子一见手诏，吓得浑身颤抖。他不知道事情怎么会变成这样，尔朱焕和乔公山这两个该死的，怎会如此背信弃义，他愤恨，他暴躁，所有的人都相信，如果这两个人在他跟前，太子一定会把他们碎尸万段，撕成碎片。

当此紧急关头，只有太子舍人徐师谟很激动，他说，我们虽无作乱之心，但已陷于嫌疑之地，只有据城起兵奋起一搏，才有出路；詹事主簿赵弘智非常冷静，他告诉太子，此刻起兵，无疑自寻死路，你能抵挡大唐的百万雄兵吗？杨文干尽管很能干，但怎么能和秦王天策府的文臣武将相比？他力劝太子速赴仁智宫谢罪求恕，只有这样做，才能证明他心怀坦荡，绝对没有谋反之心。

李建成彷徨无主，他在激烈地斗争。

最终，他听从赵弘智的忠告。

长安到仁智宫不过60华里，他将随从的大部分将士，留在三原境内的毛鸿宾堡，只带了十多骑人马，惶惶不安地向玉华山驰去。

他的心忐忑不安，他已经想好该怎样取得父亲的原谅。

进入仁智宫后，看到怒气勃发的父皇，建成颓然跌倒。史书记载，他什么都不说，只叩头大哭，悲愤得以头撞柱，几欲以死明志，其内心之委屈，可见一斑，痛不欲生。

李渊依然狂怒不能自禁，他根本听不进李建成的解释，将太子扣押在军帐，派殿中监陈福严加看管，只供给他粗食麦饭充饥。

杨文干据守的庆、宁二州距玉华山不远，暗兵猝发，将发生难以想象的不测，当天晚上，李渊带领宿卫将士南行几十里，潜避在凤凰山外。随后，又有东宫官属将卒相继赶来护驾，以30人为一队，分守在帝帐四周。

第二天，李渊命令武卫将军钱九陇和灵州都督杨师道合剿杨文干；随后，招次子李世民入宫商议。李世民还是那么从容，他小心翼翼地安慰父王："文干竖子，敢为狂逆，计府僚已应擒戮；若不尔，正应遣一将讨之耳。"

李世民闪烁其词，但其答对暧昧无穷，李渊既然召他问策，按照惯例，就是在暗示要他亲自率兵平叛，以李世民的机敏睿智不会不知道其中的含义，但今日竟然没有主动请缨，反而说出"正应遣一将讨之耳"的话，岂不怪哉？

李渊当然明白其中的含义，他若有所思地望着自己的儿子，李世民低头不语。李渊听出了其中的弦外之音，这是公然在讨价还价，他义愤填膺，但无可奈何，双方出现了尴尬的沉默。良久，李渊才凄然回答："事情没有那么简单，事关太子，恐怕响应的人多。你还要亲自去一趟，平叛成功，朕立你为太子。但是，你记住，朕不能仿效隋文帝杀子的做法，但可将建成封为蜀王。蜀兵脆弱，将来建成若能听从你，你就应当原谅他；如果不能听从你，讨伐也很容易。"（不然，文干事连建成，恐应之者众。汝宜自行，还，立汝为太子。吾不能效隋文帝自诛其子，当封建成为蜀王。蜀兵脆弱，它日苟能事汝，汝宜全之；不能事汝，汝取之易耳!）

李世民释然，他夙愿已偿，达到了自己的目标。

第二天，李世民大军平叛，大军压境，杨文干被部属杀；而派去宣召杨文干的宇文颖被指称勾结杨文干起兵，亦被俘杀。二人都是如出一辙，不及送回京师审问就已被杀，如此巧合，不由得令人疑心是否出于李世民要杀人灭口。

君无戏言，但李渊食言了。非但如此，李渊不仅没有封赏其平叛之功，还将事件归罪于东宫、秦王府的下属，将东宫的王圭、韦挺流放，秦王府的杜淹也没有幸免。按正史所载，若改立李世民，甚至也绝无理由说秦王府下属有罪而将杜淹等流放。

事情如此蹊跷，那是因为李渊识破了李世民的天衣无缝密谋，那么，什么是李世民的阴谋呢？不管李建成是否有心作乱，都难释嫌疑，一切正中李世民下怀，他领兵前往镇压，乘乱将之诛杀，那是名正言顺，不仅不存在"手刃亲兄"的诟责，反而是"乱臣贼子，人人得而诛之"。

最主要的原因就是英明如斯的他，没有察觉肘腋之患，李元吉及一些倾向于太子的妃嫔乘机为李建成求情。更重要的是被李世民一直认为自己人的封德彝，临阵背叛，不但没有坚定李渊的废立之心，反而"固谏"李渊，《旧唐书》所载，封德彝甚至游说李渊，说李世民恃着自己有大功劳，不甘屈居太子之下，李渊如果决心不改立他为太子，就应该趁早将之收拾，竟是劝李渊下决心诛杀李世民了。

李建成很快就被释放回长安，居守之职也恢复原样。李世民偷鸡不着，反蚀了一把米，杜淹可能不算什么，最重要的是他失去了父皇信任。

曾经轰动一时的“杨文干事件”就这样不了了之。

不久，李渊也从仁智宫起驾回京。

其实，李世民也曾经有过自己的“杨文干事件”，只不过这个人不是杨文干，而是张亮，为了行文方便，我们且称之为“张亮事件”。

李世民曾经是陕东道行台尚书令，平定洛阳时，为了布仁义于四海，将洛阳行宫中的宫女放还民间，大肆封赏助平洛阳有功的官员，不但在当地有良好的声誉，深受拥戴，还营建了自己的势力范围。

有的人死了，他还活着，有的人活着，他已经死了。

李世民的功德尽管没有永远活在河南人民心中，但是，在那时候，河南人民还是记住他的功德。

储位之争，李世民早就看中了洛阳，这是他的根据地。那一年，为了暗结地方豪杰，李世民派张亮率领王保等千余人到洛阳活动，他的目的只有一个，就是积蓄力量，为夺嫡做好准备。

如同李世民有自己的眼线一样，李元吉也不是等闲之辈，他很快发现了二哥图谋不轨，他在第一时间向自己的父皇告发。

李渊是不允许任何人私自蓄积自己的武装的，哪怕这个人是自己的亲生儿子，也同样不允许。

张亮被捕下狱，严刑拷打，逼问其背后主使者。三木之下，何求不得？

几乎所有的人都认为，秦王李世民该倒霉了，但令人想不到的是张亮这个小小的角色，咬紧牙关，严刑逼供之下，竟然一言不发，建成、元吉兄弟无法将罪名推到李世民身上，最后只好将之放回洛阳。后来张亮以农民出身，竟然官至刑部尚书，不能不说是李世民对其忠诚的报答。

唐武德九年六月一日。

太白金星于白天划过长空，《旧唐书·天文志》记载：金星白昼划过长空是预兆着会发生政权更迭。

六月三日，金星再次于白天划过长空，太史令傅奕向李渊呈送密奏，称“太白见秦分，秦王当有天下”。

李渊急了，他还是皇上，太子还是建成，这种征兆究竟是什么意思?

他一言不语，令人将这份密奏转交给李世民，他要看看秦王究竟有什么反应?看看那个曾经战功显赫的老二究竟如何回答这个问题。

生存还是毁灭?这是一个值得思考的问题，哈姆雷特面临的问题提前一千多年摆在他的面前。

李世民惶恐得脸色煞白，他从来没有遇到这种情况，但是，在谋士的周密策划下，不到半天，他迅速回复一份密奏，反告建成、元吉二人淫乱后宫，意欲杀他，奏章中有一句深深打动李渊的话：“臣于兄弟无丝毫负，今欲杀臣，似为世充、建德报仇。臣今枉死，永违君亲，魂归地下，实耻见诸贼!”

李渊愕然了。但他毕竟是一代有为的开国之君，当一件事情使你不知所措的时候，最好的办法就是冷静下来，静观事态的发展。因此，李渊没有轻易行动，他沉吟一下，决定明日在宫中召见两兄弟和众大臣，一起来对质。

李渊的态度很快被宠妃张婕妤知道了，张婕妤不但善于察言观色，更重要的是她还是一个出色的间谍，李建成于是在第一时间知道了父皇的决定。

经过一番密议，李建成最终决定和自己的弟弟元吉一起入宫，当面拆穿李世民的谎言。但时间太晚了，既然父皇答应明天当面对质，也不在于这一天晚上，二人酣然入睡，一夜无话。

谁笑到最后，谁笑得最美。李世民没有笑，他不但没有笑，反而很严肃。

史书所载，玄武门事变前夜，李世民召集秦王府的将领谋士来商量。当时杜如晦、房玄龄二人已被李渊下旨驱逐出秦王府，严禁二人听从李世民的号令，当李世民派尉迟敬德去召二人，二人回答：“敕旨不听复事王；今若私谒，必坐死，不敢奉教。”李世民大怒，摘下配刀来给尉迟敬德，说：“玄龄、如晦岂叛我邪!公往观之，若无来心，可断其首以来。”最后，房、杜二人相视而笑，尉迟敬德、长孙无忌是早就和房、杜二人商议好了的，并不担心他们不回来，眼见秦王恢复了往日豪情，更是喜不自胜。房玄龄、杜如晦见尉迟敬德持刀前来，三人相对哈哈大笑，当即化装成道士，秘密回了秦王府。当晚，已和李世民商定出一条毒计。

商议结果，几乎所有的谋士都劝他先发制人。

李世民叹道："骨肉相残，古今大恶。吾诚知祸在朝夕，欲俟其发，然后以义讨之，不亦可乎！"

尉迟敬德反对说："人情谁不爱其死！今众人以死奉王，乃天授也。祸机垂发，而王犹晏然不以为忧，大王纵自轻，如宗庙社稷何！大王不用敬德之言，敬德将窜身草泽，不能留居大王左右，交手受戮也！"

长孙无忌说："不从敬德之言，事今败矣。敬德等必不为王有，无忌亦当相随而去，不能复事大王矣！"

李世民仍然固执己见，他说："我所说的未必没有道理，诸位还是考虑周全一些。"（吾所言亦未可全弃，公更图之。）

尉迟敬德进一步苦劝："王今处事有疑，非智也；临难不决，非勇也。且大王素所畜养勇士八百余人，在外者今已入宫，擐甲执兵，事势已成，大王安得已乎！"

但李世民依然意犹未决，他顾及最多的是与李渊公开闹翻，可能要背负上"不孝"之名。所以，他希望建成、元吉等先动手，然后自己名正言顺反击。李世民这才长叹一口气，说出了自己的真实想法："骨肉相残，古今大恶，我如何不知祸在旦夕，但所以一直按兵不动，其实是想等他们先动手，然后仗义出讨，方能服众。"但是，他没有想到李建成一旦发动，以他道义上的压倒性优势，李世民根本无反击的余地。

但一个人想到了，他就是一个有些阴谋诡计，但并不为大多数知晓的侯君集，传统的演义小说中，他沉默寡言，智能平庸，最大的特点就是随波逐流。

沉默是金，咬人的狗往往是不叫的，这时候，侯君集开口了，他淡淡问道："大王以舜为何如人？"曰："圣人也。"君集曰："使舜浚井不出，则为井中之泥；涂廪不下，则为廪上之灰，安能泽被天下，法施后世乎！是以小杖则受，大杖则走，盖所存者大故也。”（《旧唐书·侯君集传》记载：“建成、元吉之诛也，君集之策居多”及“往者家国未安，君集实展其力”）

侯君集讲的是一段著名的典故，舜不但是上古时代很有作为的君主，还是有名的大孝子，他的母亲很早就去世了，其父又娶了一个妻子，这个后母不但是个母老虎，比较愚笨，心术不正，脾气还不好。她非常讨厌自己的大儿子舜，老夫老妻和自己的小儿子一起密谋杀死舜，有一次，他的父亲让舜修补粮仓的房顶，当舜登梯子爬上仓顶时，他的父亲让人撤掉梯子，还在下面放一把烈火，准备一把火把舜直接送到火葬场，舜当时还光着膀子热火朝天地干着泥瓦匠的活，一见下面起火，赶紧找梯子，但梯子已经不知去向了，幸好舜随身带着两顶遮太阳用的草帽。史书记载，舜不慌不忙，双手拿出两顶草帽，像武侠电影中披着大氅的侠客一样，从房顶飘然而下，一阵风似的，轻轻地落在地上，不但安然无恙，还很潇洒地表演了自己的轻功。还有一次，父亲叫舜挖井，舜本身就是个很孝顺的孩子，自然下井出土，但是想不到自己的父亲又要暗害自己，一看井挖得差不多了，手忙脚乱赶紧填土，准备把舜活埋在井下。哪知，虞舜技高一筹，早已在井壁上凿了个洞，从旁边的斜道里跑出来了。

所有的人都充满期待地望着他，李世民一阵默然，但他还希望通过占卜来决疑。张公谨一言不发，猛然抢过占卜的龟具，掷到地上，慨然道：“卜以决疑；今事在不疑，尚何卜乎！卜而不吉，庸得已乎！”这就是说，占卜是用来决迟疑，定犹豫，现在根本就没有迟疑、犹豫的事，用得着占卜吗？

李世民终于下定决心，他要主动出击，先发制人。

六月四日凌晨，当建成、元吉还在梳洗的时候，李世民早已率领尉迟敬德、长孙无忌、侯君集、张公谨、刘师立、公孙武达、李孟尝等人埋伏于玄武门内，同时，命令高士廉释放狱中囚犯，分发武器，增强秦王府的兵力。

当时，驻守玄武门的将领是常何，老常本来隶属于李建成，武德七年，李世民将其调入长安，还赏赐他金刀子一枚、黄金三十两，并委派他在玄武门做统领。这是最关键的卒子，如今，他已经按照李世民的部署，做好行动的准备。

建成和元吉骑着马很悠闲地走进玄武门，他们对自己的辩词很有信心，他们相信父皇一定会秉公处理，秦王的恶意污蔑和无端的狡辩将真相大白。

正在这时，秦王李世民出现，远远的，他喊道："太子、齐王，我已在此恭候多时了。"

李建成冷笑一声，正要讥讽几句。

蓦然看见元吉吃惊地睁大双眼，露出满脸的惊恐之色。

只见秦王李世民手持弓箭，背负战刀，杀气腾腾地横在前面。

谁都知道，秦王很少如此打扮，更不用说在朝内了。

李元吉情知不妙，二话不说，拉弓便射，刷、刷、刷三箭，但无一命中，最后一箭还被李世民伸手接住了。

李建成惊呆了，他不相信一向温文尔雅的秦王竟然如此面目狰狞。

是啊！本是同根生，相煎何太急。

怎么会这样呢？他想上前劝说几句。

但秦王早已按捺不住心中的怒火，他悲愤地喝道："齐王，我已让你三箭，从此你我兄弟，恩断义绝！现在我还你一箭。"他冷静取出李元吉的箭。缓缓弯弓搭箭，猛然拉开——

好一轮如圆满的神弓！

李元吉吓得伏在马脖子上，全身颤抖，他不知道该怎么办？

李建成也有些惊慌失措，他关切地望着自己最小的弟弟，齐王不肖，但毕竟是自己的同胞兄弟啊！

"秦王，请住——"他大声喊道。"手"还没有出口，秦王的利箭早已呼啸而至。

李建成目瞪口呆，眼看着那只箭凌空而至，刚想大喊一声，元吉小心！

但是，他没有想到，秦王的箭竟然飞向自己，他躲闪不及，“嗖”的一声，那只浸过毒液的利箭正中他的心口，李建成落马而死。

他不敢相信自己的眼睛，依然睁大双眼。

他做梦没有想到这支箭竟然会射向自己。

李元吉听见“扑通”一声，以为是自己落马了，正闭着眼睛等死。等了半晌，才发现自己还活着，睁眼一看，李世民的坐骑已经冲到面前，他慌忙调转马头往小树林跑去，一回头却看见尉迟敬德等数人冲了过来，吓得又把马头一转，向李世民冲去，天假其便，李世民的腰带正好被树枝勾住，从马上坠落，元吉眼疾手快，赶紧冲过来，一把抓过他的弓，欲将之绞杀。可他突然想起身后还有尉迟敬德，遂把弓一扔，上马直奔武德殿高祖处求救。

众人见秦王落马，连忙下马搀扶。尉迟敬德叫众人护卫秦王到别室暂歇，自己骑马去追李元吉。

李元吉亡命狂奔，眼看要到武德殿了，突听背后一声箭响，刚一回头，箭已飞到面前，正中咽喉。敬德不慌不忙，下马枭了首级，再回玄武门。

这就是大唐帝国最著名的“玄武门兵变”，《旧唐书》记载：“六月四日，建成既死，敬德领七十骑蹑踵继至，元吉走马东奔，左右射之坠马。太宗所乘马又逸于林下，横被所繣，坠不能兴。元吉遽来夺弓，垂欲相扼，敬德跃马叱之，于是步走，欲归武德殿，敬德奔逐射杀之。”

这时候，玄武门兵变的消息早已传到东宫和齐王府，群情激奋，薛万彻、冯立、谢叔方等人率领精兵前来救驾，但秦王将领张公瑾天生神力，独力将玄武宫门关上，导致“东宫、齐府精兵二千不得入”，薛万彻另生一计，率兵转而攻击秦王府。

这时候，秦王已在数名武将保卫下从别路回王府去了，秦王府的大部分兵力都集中在玄武门，只剩几个文官留守，众人大惧，云麾将军敬君弘、中郎将吕世衡都已经战死，秦王府眼看就会被攻破。

这时候，玄武门外边声音渐歇，隔着门缝一看，两千兵马竟然尽数退去。张公谨脸色大变，急忙喊道："尉迟敬德，速回王府救驾！"尉迟敬德连忙枭了李建成的首级，直奔秦王府而去，他冲到面前，将迎面几人挥刀砍倒，左手提起两颗人头，怒目圆睁，大声喝道："咄！你等试看这两个首级，乃是何人！"众人一看，无不大惊失色，顿作鸟兽散，薛万彻神勇无敌，但兵败如山倒，无法约束手下，最后只有率骑兵数十人逃离长安，躲进终南山。

尉迟敬德入府拜见秦王。李世民一声叹息，说道："事已至此，只能进宫去向父王请罪了。"尉迟敬德道："不知圣上态度如何，进宫恐有危险，待我先进去探明。宁死敬德，不伤大王。"

尉迟敬德全身披挂，手持长矛直入宫中面见李渊请罪，但高祖李渊并不在武德殿，此刻，他正与众妃"泛舟海池"玩得开心，看见尉迟敬德带着十余骑兵全副武装冲了过来，大惊失色，忙问："今日乱者谁邪？卿来此何为？"

尉迟敬德远远拜跪，高声说道："秦王以太子、齐王作乱，举兵诛之，恐惊动陛下，遣臣宿卫。"

李渊对旁边的大臣说："想不到今天竟然出现这种事，你们说该怎么办？"（不图今日乃见此事，当如之何？）

齐声回奏："建成、元吉本不预义谋，又无功于天下，疾秦王功高望重，共为奸谋。今秦王已讨而诛之，秦王功盖宇宙，率土归心，陛下若处以元良，委之国务，无复事矣。"

李渊到此地步，也只得说："善！此吾之夙心也。"依言下旨，"手诏诸军听秦王节度"，李世民胜利登上大唐帝国的皇帝宝座。

皇储分析：

李渊有四个儿子，三子李元霸早夭，剩下的三个当中有两个才堪治国，已经算命中率极高了，所以出一个李元吉这样的酒囊饭袋，也不能怪他教子无方。李渊西进长安，让李元吉做太原留守。刘武周手下宋金刚兴兵来攻太原。他把司马刘德威招来说道："你率老幼守城，我领强兵出战。"说得是信誓旦旦，跟真的似的，果然当晚就托词出兵，带着妻妾，一溜烟逃回了长安。连敌人都没看见，就把黄河以东的土地，全部拱手让给了刘武周。李渊见他不成，就先不让他带兵，跟着李世民历练历练，也没长什么见识。后来李世民去守虎牢关，留他继续围攻洛阳，却被王世充一小拨出城挑衅的军队杀得丢盔弃甲，连损几员大将。若不是围城八个月，郑军早已虚弱不堪，竟被王世充解围，那不管李世民在虎牢关如何完胜，也都无济于事了。

后来窦建德旧部刘黑闼在山东起兵，李世民前往征讨，又带上李元吉一路，大败刘黑闼。不料李建成在长安串通高祖爱妃张婕妤，说李世民拥兵自重，不把李渊放在眼里。李渊竟然信了，中途把李世民召回，却将兵权交给李元吉。

刘黑闼本来已经被杀得只剩两百骑兵逃往突厥，一听李世民被召回，大喜过望，从突厥借了几千骑兵，联合徐元朗，来攻淮南。淮南王李神通招架不住，去请齐王李元吉、亲王李道玄前来支援。李元吉满口答应，只是按兵不动。李道玄亲眼看见李世民杀得刘黑闼抱头鼠窜，以为好欺负，也学着李世民的样子，身先士卒，提刀冲入敌阵，哪知刚冲进去就被层层围住，再也冲不出来，丢了性命。李道玄虽然不自量力，到底还算有些血性。李元吉则是望风而逃，根本不敢交战，胆小如此，倒也罕见。不到半个月，刘黑闼已将失地全部恢复。

不可否认，李渊是偏爱着世民，而世民功劳又大，于是李渊给了世民很丰厚的奖赏，这并没有错。然而，错就错在这封赏背后的寓意。但这寓意是谁赋予的呢？一个人有一个人的看法。世民从中看到了希望，建成从中看到了危机，元吉品尝到了妒忌，大臣们被搞得疑惑，李渊被搞得烦恼，我们则看到了纷争的源头。于是，各自又有着各自的行动，世民开宏文馆，不避讳地露着自己的锋芒，建成忧虑着着手"反击"，元吉从中挑拨着，大臣们则纷纷选择自己的立场，生怕站错了队，而这些行动又使李渊愠怒着、无奈着……

虽然君临天下，李世民始终觉得自己的帝位出自非法，更何况自己杀兄逼父，不符合封建伦理道德，更不能贻示子孙，垂为法戒。因此，他一方面令人修纂国史，让国人认识自己继承大统的合法性；另一方面，为减轻自己杀兄逼父、杀人子夺人妻的心理压力，迅速缓和他即位之初的复杂形势：李建成、李元吉多年营造的实力并没有消失，薛万彻等李建成的死党竟然逃往终南山准备东山再起，幽州大都督庐江王李瑗也准备起兵反叛李世民；贞观元年春，天节将军李艺据泾州反，事件虽然都很快平息，但对李世民的震动很大，使他进一步意识到处置原东宫、齐王府的从党并非靠杀戮就能解决问题。隐藏在河北、山东巨大的反唐潜流，时时威胁着李唐统治。一旦李世民对原东宫、齐王府势力进行清洗，势必激化原有的矛盾，使本来就动荡的政局更为动荡。这时候，魏徵进入他的视野，魏徵不仅参加了瓦岗起义，而且又是原东宫集团的主要谋臣之一，这种特殊的经历不仅使其成为山东豪杰的联络人，而且也成为东宫集团的代言人。如果李世民杀掉魏徵，就会导致这两大势力的不安和反对，从而失去山东豪杰的支持。

李世民登基后，迅速将自己的心腹尉迟敬德、房玄龄、长孙无忌、杜如晦、侯君集、段志玄等安插到要害职位，以巩固自己的政权。除其秦王府的旧臣外，还吸收了建成太子党（魏徵），李渊老臣（裴寂）等，敌人集团（李靖、张玄素等），委任魏徵以“安辑河北，许以便宜从事”之重任。魏徵在安抚河北时，亦极力保护山东集团中的精英。一到磁州，就立即释放掉东宫齐王府中的千牛李志安和李思行，以安辑人心。还多次奉命赴山东地区处理各种棘手的问题。贞观十四年（640 年），李世民准备东登泰山封禅时，魏徵进谏坚决反对。理由就是“今自伊、洛以东，暨乎海岱，灌莽巨泽，苍茫千里，人烟断绝，鸡犬不闻，道路萧条，进退艰阻”，魏徵反对李世民登泰山封禅，实质上就是不愿关陇集团过早地染指山东，劳役山东地方。他保护山东的意图又流露出来。此外，为扩大山东集团在唐中央的实力，取得部分关陇集团成员的支持，魏徵先后向太宗推荐侯君集、杜正伦、褚遂良等。并特别指出侯君集、杜正伦有宰相才，使他们受到李世民的重用。魏徵与王珪的关系也非同一般，这从每当王珪进谏李世民之时魏徵必然附和，魏徵进谏时王珪也同样附和就可清楚看出。

特别是杜、褚二人，对李世民的言行是“必书”“必记”，达到了魏徵所期望的使李世民“不为非法”的目的。当然，李世民对魏徵的心理活动也极为清楚，看到了魏徵的背后有庞大的山东集团作后盾，而自己又“即位日浅，国家未安”，必须协调各种政治力量之间的关系，使自己时时处于“居安思危”的状态，保持清醒的头脑，因而接受魏徵的“犯颜”进谏亦就不足为奇了。为取得山东集团的支持，维护统治，使位居九五之尊的李世民不断遭到臣下的“犯颜”，而且要把不满深深地隐藏在心中，这与李世民的性格是格格不入的，对他而言是一种痛苦的选择，唯有在庙堂之后切齿道出“会杀此田舍汉”的愤言。而这又恰恰是李世民的聪明之处。

最后，李世民将李建成五个儿子承道、承德、承训、承明、承义和李元吉五个儿子承业、承鸾、承将、承裕、承度全部杀死。李渊眼见一群心爱的孙子全被砍头，哼都没敢哼一声，自知身处危境，李世民血淋淋的屠刀只怕下一次就要架到他脖子上了，急忙在事变后第三天（六月七日）立李世民为太子；过了几天就表示要退位；两个月后（八月），李世民就正式在东宫显德殿继位为帝。之所以是在东宫里登基，是因为他向李渊许诺，只要李渊有生之年，皇宫都由他来住，自己只住在东宫。但到贞观三年，李世民政权稳固后开始大举清洗武德年间的旧臣，以便提拔新人。李渊从中闻到火药味，连忙表示自己愿让出皇宫。李世民自然要表示坚持前诺，李渊当然也坚持不再住皇宫了。于是最后还是李世民从东宫搬到皇宫里住，李渊迁往弘义宫（改名大安宫）。

继位布局：

贞观十七年，李世民要求看《高祖实录》和《今上实录》。房玄龄表示反对，他理直气壮地提出自己的理由，他说："史官不虚美，不隐恶，若人主见之必怒，故不敢献也。"谏议大夫朱子奢也不同意，说"若以此法传示子孙，窃恐曾、玄之后或非上智，饰非护短，史官必不免刑诛。如此，则莫不希风顺旨，全身远害，悠悠千载，何所信乎！"

但李世民回答得很巧妙："欲自观国史，知前日之恶，为后来之戒。"你看看，人家看《今上实录》的目的是"以史为鉴"，准备"知兴替"，所谓有则改之无则加勉，既然是学习，那就没有不让看的道理，最后，房玄龄被迫呈上国史，李世民终于看到了历史学家是怎样记录自己的千秋功业。

房玄龄呈上的国史是修订本，当时的史家写玄武门事变时，的确有意隐瞒真相，对李世民不利的事实就不予记载，李世民看完后，不但具备一代政治家的胸怀气度，精神姿态也相当高，他对房玄龄说："昔周公诛管、蔡以安周，季友鸩叔牙以存鲁。朕之所以，亦类是耳，史官何讳焉！"还下令删去浮辞，直书其事。

有人说，从李世民的话看来，李世民并不满意隐瞒真相，他说自己的所作所为类似于周公、季友之类的千古圣贤。但他们忘了，李世民是政治家。如果你认真按照政治家的话实践的话，那么，你的仕途将充满坎坷。

宦海险恶，最重要的是要懂得政治家的语言艺术。"人情练达即文章，世事洞明皆学问"，这才是宦海之中真正的学问。

其实，李世民"史官何讳焉"的真正含义是希望史家比照周公、季友之类的思路写作自己。但是，令人奇怪的是房玄龄、许敬宗之辈并没有把李世民写成周公、季友之类的千古圣贤，不是不为，而是不能。但他们还是从李世民的话中读到了弦外之音。《高祖实录》记载："欲以创业之功独归太宗，不能无所润色"，这就是"不虚美，不隐恶"的大唐史官。

于是，大唐所有的正史都改头换面了。

——《唐书》和《通鉴》记载：李建成腐化不堪的庸才，李元吉百无一用，就连高祖李渊也被降为一个昏庸无主、没有远见的庸才。

——正史记载太原起兵，李渊面临危机犹豫不决，举棋不定，在李世民先斩后奏的压力下才没有坐失良机。

但是，人算不如天算。温大雅的《大唐创业起居注》有三卷幸存于世。温大雅曾在李渊起兵时被“引为大将军府记事参军，专掌文书”，亲自参与了太原起兵的决策活动，加之书成于玄武门兵变之前，为我们留下了珍贵的史料。

关于李建成，《大唐创业起居注》记载，建成为人“宽简仁厚”，“于河东潜结英俊”，大业十三年晋阳起兵，与李世民并肩作战，二人同领部队攻占西河，又分别任左、右军大都督，分统左、右大军，平宋老生，攻陷长安，进入长安后，出兵关东，建成和世民分别担任左、右元帅。大唐立国后，李建成被立为太子，职责所在，不能继续征战，只能辅助李渊处理政务，稳定后方。王珪、魏徵皆为其幕僚，魏徵建议：“秦王功盖天下，内外归心，殿下仅因长子的身份，立为太子，此时不立大功，恐怕不能服众。今刘黑闼败而复回，兵少将寡，人心未定，殿下可自请出征，讨平残孽，立下战功，并趁机接纳山东豪杰，才能巩固你的地位。”李建成深以为然，立即向高祖请求领兵讨伐刘黑闼。

李渊授他为山东道行军元帅，所谓“上兵伐谋”，李建成做得非常不错，他攻心为上，收买民心，离间敌军，断其粮草，还没打仗，刘黑闼士卒散尽，粮草断绝，只得逃跑，偏偏手下又有人被李建成收买，将他杀了降唐。一个月后，刘黑闼和徐元朗的势力即被消灭，不说王珪等人，魏徵是何等人，能把这种人纳于麾下，而且功业卓著，你能说他是腐化不堪的庸才？

客观来讲，李渊的三个儿子中，最不成器的就是齐王元吉，但李元吉也绝非百无一用的庸人，他以勇悍著称于其兄弟。陈寅恪先生说：“然高祖起兵太原，李建成即与太宗各领一军。及为太子，其所用官僚如王珪、魏徵之流即后来佐成贞观之治的名臣，可知李建成亦为才智之人。至于李元吉者，尤以勇武著闻，故太宗当日相与竞争之人绝非庸懦无能者。”

李元吉最大的特点就是胆小如鼠，贪生怕死，生活方面有些放浪不羁，李世民治军极严、性情刚直，对李元吉贪生怕死、喜欢耍小聪明十分看不惯，时常注意严加管束，所以李元吉从他那里没讨什么好去，兄弟二人始终不和。

李建成有些长者风范，治军甚宽，对自己的兄弟，很少以军纪约束，任随自己花天酒地，大合脾胃，二人一拍即合，这是他们狼狈为奸的基础。

再说李渊，隋炀帝时代，多以猜忌杀戮大臣，朝堂之上人人自危，李渊采取了“纵酒沉湎，纳贿以混其迹”的策略，暗蓄大志。《大唐创业起居注》记载，李渊“素怀济世之略，有经纶天下之心，接待人伦，不分贵贱”。个性方面“弘达至理，不语神怪”。“逮乎佛、道，亦以致疑，未之深信。”这种人难道是等闲之辈？清朝学者王夫之认为：“人谓唐之有天下也，秦王之勇略志大而功成，不知高祖慎重之心，持之固，养之深……有以折群雄之躁妄，绥民志于来苏……非秦王所可及也。”所以，李唐王朝，李渊仍然是名副其实的唐高祖，建成兄弟三人只起了辅助李渊的配角作用。

他最重要的素质是能韬光养晦，善于把握时机，他最大的幸运在于他拥有两个能征善战的儿子。

但是，凡事都要一分为二。

李渊固然不错，他韬光养晦，深谋远虑，选择了正确的时机起兵，又定下西取长安、再图天下的战略，但还是不能和秦皇汉武、唐宗宋祖相比。

李渊最大的缺点是优柔寡断、心胸狭窄，没有容人之量，既没有自知之明，也缺乏识人之智。李渊用人，是典型的任人唯亲，文臣谋士方面还好一些，但军政大权几乎完全由自己的儿子、兄弟、女婿、侄儿等一拨人掌握，这些人当中除李世民、李孝恭外，大部分没有能力统兵打仗，屡战屡败，很少打胜仗。

攻陷长安后，马邑郡丞李靖被俘，此人文武全才，能征善战，但李渊想起以前的私人恩怨，想趁机把他杀了。李靖贪生怕死，临刑前大声疾呼：“公兴义兵，本为天下除暴，以成大业，何挟私怨以杀壮士！”希望他具备曹操的胸怀，但老李依然充耳不闻，板着脸，还是要杀，多亏李世民多方求情，大唐帝国才保留一员战将。

郑王世充，已经归顺，李渊还是要杀，李世民反复求情，说自己已经亲口答允饶他一死，杀之不义，希望父皇饶过一命，李渊勉强放过，但不久还是被仇人所杀，杀人者又被赦免，李渊小人得志、睚眦必报的心态可窥一斑。

至于各地义军头目，不论是自己归降的，还是战败被抓，也不论势力大小、能力怎样、态度如何，包括李密、薛仁杲、李轨、窦建德等人，只要李渊认为这个人构成自己的潜在威胁，一律被杀。

李渊优柔寡断。一直清楚李世民不论文才武功，都在李建成之上，自己从心里面也最喜欢这个有些桀骜不驯的二儿子，但还是一定要立长子为太子。后来，李渊看见太子和李世民矛盾日深，流血冲突不可避免，于是异想天开地想出了一个主意。他招来李世民对他说："晋阳起兵，扫平海内，都是你的功劳，本该立你为太子。但建成是长子，又为嗣已久，我实在不忍心把他废了。你们兄弟不和，同处京都，恐怕有祸。我有一个办法，你自到洛阳，建立王府，洛阳以东的国土都归你管理，我还特许你出入使用天子专用的车马、旌旗。你看如何？"这种办法，简直骇人听闻，亏他想得出来。倘真如此，李渊一死，天下非大乱不可。李建成比他老子有头脑，知道李世民留在长安，自己还有胜算，去了洛阳，便是潜龙入海，谁也休想制得住他，马上派亲信劝说李渊。李渊于是又改变了主意，此事不了了之。天子之言，岂能如同儿戏？何况太子废立，事关国体。李世民就算不想篡位，经他这么一折腾，不想也得想了。如此摇摆不定、言而无信，怎么成为一国之君？

取得皇位后，李世民曾这样说过："武德末，太上皇有废立之议，顾朕挟不赏之功，于昆弟弗见容。"于是，"私许立为太子"。平心而论，在关于皇嗣继承上，高祖始终无废立的打算。政变前夕，高祖还对李世民说："建成年长，为嗣日久，吾不忍夺也。"当李渊看清了李世民夺嫡自代的急切心情后，即指责其行动，并决定将其安置洛阳。至此，我们完全清楚了高祖对建成、世民两兄弟的真实态度，他不希望其兄弟间相互厮杀，尽量调解矛盾，始终无废立太子的意图。

实际上，李建成并无除掉李世民的打算，他以自己有得天独厚的条件而掉以轻心了。正由于此，当魏徵劝他对李世民下手以除后顾之忧时，他却迟迟不行动。李元吉自告奋勇地出来想除掉李世民，也被他“止之”。就在李世民布置了重重包围圈后，李建成、李元吉不曾料到他竟会下毒手，还是率人坦然而顾，最后死于李世民手中。

正史关于高祖李渊对玄武门政变的态度，也是前后矛盾，这集中反映在对太子废立的态度上。正史在记载太原起兵上，将李渊描述得如何优柔寡断与不识时务，而在太子废立上却一反常态，把李渊说成很有远见，他早就有移太子位于李世民的打算。由上可知，正史关于太原起兵、玄武门之变原因以及高祖对太子废立态度等一系列记载，均与历史真相相距甚远。玄武门政变以秦王李世民为一方，以高祖李渊及太子李建成、齐王李元吉为另一方。这次政变以李世民夺得皇位而告终。所以，由唐太宗君臣所记载的历史，对其对立面采取了任意贬低之能事。这种记载，表面上似乎合情合理，无懈可击，实际上很难自圆其说。这里把李渊也看成李世民的对立面，更为重要的是，李世民发动这次政变以攫取皇位为最终目的，喋血玄武门只是达到此目的关键一步，即对高祖釜底抽薪，两个月后逼父皇让出皇位才是这次政变的真正结束。如果只着眼于六月四日的禁门喋血，而没有注重于夺位的内核，则很难看到李世民的真相。

为了缓和社会舆论，先让高祖当傀儡皇帝，两个月后竟演起了“内禅”剧。宋人吕夏卿说，李世民杀李建成后，“内禅之命行焉”。这里所谓的内禅，无非是持高祖软禁后进而逼其退位的代名词而已。早在六月四日，尉迟敬德奉秦王李世民“请降手谕，令诸军并受秦王处分。上从之”。秦王已成了实际上的皇帝，“内禅”只待履行手续而已。

清世宗雍正——九王夺嫡　捷才先登

他是中国历史上最有凡人素质的君王，他急躁、残忍、有些猜忌，说话还有些尖酸刻薄，但他勤勉，办事认真而且严谨细致，“自朝至暮，一日万机”，在位十三年，他锐意改革，兴利除弊，使他在康雍乾三朝，承前启后，名垂史册。相形之下，八阿哥允禩学的是为人之道，并没有学到为君之道，胸有沟壑之险、城府之严，这本来是极好的政治素质，但他爪牙锋利，羽翼丰满，各种关系错综复杂，盘根错节，一旦有事，可以说一呼百应，他的优势已经成为矫治时弊的最大障碍，加之其官场党羽，牢不可破，坚不可摧，这样的人让他担负整顿吏治的重任可能更加困难。雍正在《大义觉迷录》一书中，就“谋父”“逼母”“弑兄”“屠弟”“贪财”“好杀”“酗酒”“淫色”“好谀”“任佞”等十项大罪进行自辩，颁行天下，然而，事与愿违，不但弄巧成拙，反而愈描愈黑，这可能也正是他的可爱之处，所以，不论雍正的个性如何不招人喜欢，都不妨碍他成为一名合格的开辟一代盛世的好皇帝。

继位背景：

1676 年初，入主中原的大清帝国仍然是多事之秋。65 岁的吴三桂即使在现代社会也该退休了，但他执意要发挥“余热”，凭借老奸巨猾的智慧退而不休，粉墨一番后，又开始一番折腾，掀起“三藩之乱”，让年轻的康熙头疼不已；另外，传说中的朱三太子也极不安分，阴谋作乱的消息此起彼伏，在北京，无业游民杨起隆竟然草创政权，建号广德，居然做起了皇帝，还封官许愿，搞得影响很大，所幸的是由于事机不密，很快失败，尽管俘获他亲自册封的“一字并肩王”，但杨起隆本人却安然无恙。

出于政治斗争的需要，在孝庄太后的支持下，康熙接受熊赐履等汉族大臣们的建议，决定全面采取汉族制度，加快满族政权的汉化进程，其中，立太子便是具有重大政治意义的措施。公元1676年12月13日，即康熙十四年，21岁的康熙册立18个月大的皇子允礽为太子。

允礽的生母为皇后赫舍里，是大清开国功臣索尼的后裔，其叔父就是当朝大学士、领侍卫内大臣索额图。索额图个性倨傲，为人专横，擅权专制，飞扬跋扈，但能力超卓，他是辅政大臣索尼之子，初任侍卫。康熙八年五月，康熙帝“以弈棋故，召索相国额图入谋画”，采取突然袭击的方式，逮捕鳌拜，惩其党羽，故深受信任，即由一等侍卫擢升大学士、议政大臣，后改任领侍卫内大臣，参与许多重大的政治决策和活动。最终形成了一个以他为首的派别，这就是为皇太子出谋划策的“太子党”。

提起索额图，不能不谈明珠。和索额图一样，他也是满洲正黄旗人，皇长子允禔的亲舅舅，惠妃那拉氏的亲哥哥。三藩之乱，全国震动，满朝文武大臣大多惊惶失措。当初极力反对撤藩的大臣活跃起来，他们主张以和为重，纷纷建议康熙帝取消撤藩的谕令，明珠摸透了康熙的心思，联合户部尚书米思翰、刑部尚书莫洛，力主撤藩，主张以武力讨伐吴三桂叛军，不但表现出一定的政治远见，更重要的是他是第一个敢与索额图唱反调的人。明珠为人聪明干练、处世圆滑，善解人意，又通满、汉两种语言，能言善辩，遇人嘘寒问暖，善结人心，与索额图的为人形成鲜明的对比。康熙五年（1666年），明珠由内务府总管调任内弘文院学士，进入朝政中枢机构。不久，被提拔为刑部尚书，参与了对台湾郑经的议和活动，康熙八年（1669年），出任都察院左都御史、兵部尚书、吏部尚书等要职。

为了对付索额图，明珠使用各种手段，提拔和网罗党羽。余国柱，顺治九年进士，是有名的“进贡”型干部，据说每年都要馈献明珠万金，因为善于逢迎，被明珠一手提拔起来，由户科给事中升任左副都御史，不久出任江宁巡抚、户部尚书，最后做到武英殿大学士，时人称为“余秦桧”。还有一个佛伦，原是满洲低级文官，因善于捕风捉影“风闻奏事”被明珠慧眼相中，旋即提拔为户部尚书。另外，看见侍讲勒德洪很受康熙信任，明珠灵机一动，派人送去重金结交，勒德洪毫不客气笑纳，自此，也成为明珠的座上客。还有个脾气耿直怪异的徐乾学，此公刚愎自用的有些庞涓的意思，一直在明珠的关怀下茁壮成长，康熙二十六年升任左都御史后，情况发生了变化，先是与明珠的亲信佛伦发生矛盾，后来又与余国柱搞不到一块，最后被明珠党恶狠狠地驱逐出境，可谓“众叛亲离”。康熙整明珠时，老徐阵前倒戈，反戈一击，不但对昔日的同僚下死手，还出卖曾经有恩于他的老主子明珠，操刀握笔，亲自参与参奏明珠的奏章，撇开老徐人品的拙劣不说，倒反映出政治斗争的残酷。

关于二人为官特征，《啸亭杂录》有一段记载，很有意思：

要做官，问索三，

要讲情，问老明，

其任之暂与长，问张凤阳。

这里的索三就是索额图，老明自然是明珠了，至于张凤阳，原系礼亲王杰书府中的一名包衣奴才，后来成为孝惠章皇后的心腹，有一次，他闲坐城门口，适逢某省抚台入京路过，卫队呼其起立，老张大为生气，睨视大骂：“是何龌龊官，乃敢威焰若是。”不到一个月，这位抚台就被参了。张凤阳“交结戚里言路，专擅六部权势”。有一次，张凤阳胆大包天，竟然搜查礼亲王杰书的亲戚董鄂公的府第，张凤阳率其徒入公宅，拆毁堂庑。杰书一怒之下，向康熙皇帝请旨，康熙一句话：“汝家人，可自治之。”杰书回来后，依据家法将张凤阳“立毙杖下”。

1687 年，为了树立太子的威信，康熙公开支持索额图一党，索三抓住时机，与徐乾学、高士奇相互勾结，向明珠党发出攻击。那年冬天，康熙拜谒祖陵，中途召见清官于成龙，于成龙两袖清风、性格耿直，早就对明珠党心怀不满，脾气上来，天王老子都不买账，借此向康熙帝密奏说：“朝廷的官已被明珠、余国柱卖完。”康熙帝还挺纳闷，询问南书房大臣高士奇。高士奇才华横溢，他的伯乐就是明珠，对明珠的为人自然心知肚明，看见皇帝询问，不敢撒谎。康熙问：“何无人参？”高士奇回答：“谁不怕死？”康熙勃然大怒：“他们的势力重于四辅臣（指鳌拜）吗？我欲去，则尽去之，有何怕？”康熙二十七年，御史郭琇上奏，弹劾明珠、余国柱“植党类以树私，窃威福以惑众”“对人柔言甘语，百计款曲”。列举罪行八款，包括假托圣旨收买人心、广结党羽、买官卖官、收受贿赂、控制言路等。康熙下令革去明珠职务，其同党余国柱、李之芳和勒德洪都因受贿而被革去大学士。索额图春风得意，事事顺遂，接受了一个非常重要的使命，与俄国人就东北边界争端进行谈判，达成了著名的《尼布楚条约》，这是一项十分重要的使命，标志着以索额图为首的太子党步入鼎盛阶段。

1688 年，蒙古人在噶尔丹的率领下突然向喀尔喀人发动进攻，喀尔喀人狼狈逃窜，只有请求康熙皇帝予以保护。两年后，在多方外交斡旋失败的情况下，37 岁的康熙皇帝决定御驾亲征，打击噶尔丹，在远征途中，康熙因患病滞留在塞北行宫，此时，十分想念 17 岁的皇太子允礽，决定召见太子，并临时决定，由皇三子允祉陪同觐见。康熙以为，看见自己病体未愈，太子一定会对自己的父亲表现出忧虑关切之情，这本来是人之常情，也是孝治天下的根本。但是，令康熙大失所望的是，允礽兄弟非但没有忧戚之意，辞色之间倒流露出几分“窃喜”之情。这使康熙大为不快，命令太子立即回京。《实录》所载：“上以允礽绝无忠爱君父之念，心甚不怿，令即先回京师。”至此，他才意识到自己苦心培养的皇太子缺乏君临天下的最基本素质。其实，康熙帝不知道，在他深感失望的同时，皇太子允礽也颇感不快，他没有想到在父皇身边生活竟然如此枯燥，除了请安问候外，不能越雷池一步，他本来就是为所欲为之人，自由散漫惯了，非常厌恶这种小心翼翼的生活，因此，听到父亲的命令他回京的命令后，高兴得差点笑出声来，这是康熙父子的第一次心理冲突。同年 11 月，康熙终于痊愈了。这时候，他所敬爱的舅父佟国纲忽然阵亡，为了教育太子，以身作则，当佟国纲的遗体运回北京时，尽管康熙身体不适，但还是不顾众大臣的劝阻，抱病参加烦琐的葬礼，但皇太子对康熙这一意味深长的行孝举动无动于衷，这又是一次。1696 年，康熙再次远征，为向太子示范孝行，他经常派使臣向太后赠送礼品，奏陈前方的战况，并特意通过太子向太后请安。同年 4 月 20 日，康熙在给皇太后的信中写道：“恭请皇太后万安。朕躬甚安。诸皇子诸王以至臣工军士皆好。皇太子佳否?”但允礽麻木不仁,未能理解父亲的良苦用心,不但没有及时给父亲复回,连一封简短的问候书信也未写去,这时候,康熙已经万念俱灰,难以掩饰自己失望的情绪,对皇太子允礽的孝顺基本上不抱任何希望。1700 年底,为了警告允礽,康熙任命皇四子允禛为庆祝皇太后六十大寿拟定一个礼单,允禛认真细致地为向太后祝寿挑选礼品。礼单包括:三尊佛像、一架欧洲自鸣钟、汉代玉石数块、九十九种古玩、九十九幅宋元明画册、连鞍马六匹,还意味深长地下令御膳房数米万粒,做象征八方进贡的万国王粒饭,以向皇太后祝寿。其孝敬之心与皇太子允礽形成鲜明的对比。

1694 年的清明节,皇太子允礽已经年满二十岁了。按照清朝的传统,这一年将在祭祖过程中,为皇太子举行冠礼。为了试探康熙皇帝对让允礽提前即位的反应,老谋深算的索额图授意礼部把太子提到与皇帝同等的地位,引起康熙警觉。索额图日后被捕入狱,康熙指斥他为“本朝第一罪人”,最重要的证据就是“一切礼仪,皆索额图所定,服用仪仗等物,逾越礼制,竟与朕所用相等”,也就是指此次大典。

面对太子党咄咄逼人的攻势,康熙皇帝已经感受到扑面而来的危机,为此,他任命明珠的亲信佛伦为礼部尚书,同时保留川陕总督的职务,当明珠的侄子、两江总督博拉塔死时,康熙还公开表彰他“和而不流”“不畏权势”,这里的“权势”只能是索额图。同时,康熙还擢升李光地为直隶巡抚(李光地为民主人士,超脱于党派之争)。此外,康熙一直怀疑“素有才能,居官清慎”的大学士熊赐履对太子有不良影响,熊本是理学名臣,书读得不错,但也深通关系学,不但与太子关系颇好,还与权倾朝野的索额图关系非常不一般,诚如李光地所言:“问可用人,索必以熊对,熊必以索对。”1699 年,康熙任命王鸿绪为工部尚书,秘密调查朝中弊端以及皇太子劣迹。

一年后,康熙皇帝公开警告,那年殿试刚结束,康熙斥责会试录取结果不公正。他说:“今年会试所中,大臣子荣居多,孤寒士子未能人选。如此,欲令人心服,得乎?”斥责主考官员:“尔等焉能不为之羞愧?”此后两年，康熙帝对熊赐履越来越不信任，1702 年冬，当康熙南巡到达德州时，命令李光地推举贤才进入南书房行走，并担任诸皇子讲官。

1703 年 6 月，索额图及其兄弟心裕因为毒打家奴，致死三十多人，被“降一级留任”，尔后，康熙帝下令从严惩治，心裕被革掉一切职务，并失去世袭爵位。同日，任命李光地为吏部尚书。次日，任命明珠的儿子、翰林院掌院学士揆叙主管新录取的庶吉士。1703 年 7 月，康熙下令将索额图锁禁查办，斥责其“浮躁”，“植私党，贪奢侈”，太子党受到毁灭性打击。

1707 年春，康熙第六次南巡，王鸿绪经过一番调查，呈递给康熙的密折内容触目惊心：“侍卫五哥买女人一名，用价四百五十两；又买一女子，价一百四十两；又一婢七十两。”此外，王鸿绪特别提到一个叫范溥的人，此人神通广大，他强买女子皆托“御前第一等人”，康熙对王鸿绪的密报十分警觉，层层深究，终于将所谓“御前第一等人”暴露了出来，就是皇太子允礽，他卷入了强买江南娈童妓女的污秽之事。

1708 年 10 月，发生了扑朔迷离的“帐殿夜警”事件。所谓帐殿，就是木兰秋狝时皇帝驻跸的营帐。康熙发现，晚上的时候，总有人在帐篷外面偷偷地窥视他的行动，康熙大为恼火，经过一番调查，康熙发现，这个人就是皇太子允礽，他日后斥责：“更有异者，伊每夜逼近布城裂缝向内窥视……令朕未卜今日被鸩、明日遇害，昼夜戒慎不宁，似此之人，岂可付以祖宗弘业！”几天后，54 岁的康熙皇帝把诸皇子、大臣、侍卫、文武官员召到行宫前，命允礽跪下，亲自下令锁拿，并当着满汉王公大臣的面，痛斥允礽“不法祖德，不遵朕训，惟肆恶虐众，暴戾淫乱……朕包容二十年矣”，最后又说“朕尚冀其悔过自新，故隐忍优容，至于今日”。并声称，允礽于昨夜潜入御营，图谋行刺，斥他“专擅威权，纠集党羽，窥伺朕躬，起居动作，无不探听”。随即宣布废黜太子，押解北京，终身监禁，其党羽 6 人正法、4 人发配盛京。史载，康熙老泪纵横，“且谕且泣，至于仆地。谕毕，悲伤万分，愤懑不已。甚至六天六夜，不安寝食，涕泣不止”。后患中风，只能用左手批阅奏折。

允礽被废，东宫无主，引起那些有野心的皇子的欲望。圣祖已经看到这一点，所以有“诸阿哥中，如有钻营谋为皇太子者，即国之贼，法断不容”（《圣祖实录》）的告诫。尽管如此，康熙还是割舍不下对允礽的感情，两个月后，下了一道内容离奇的谕旨：“近观允礽行事，与人大有不同，昼多沉睡，饮酒数十巨觥不醉。每对越神明，则惊惧不能成礼，遇阴雨雷电则畏沮不知所措。居处失常，语言颠倒，竟类狂易之疾，似有鬼物凭之者。”几天后，又召集王公大臣于午门宣谕，先说几句允礽的优点“其骑射言词文学，无不及人之处”，接下来说：“今忽为鬼魅所凭，蔽其本性，忽起忽坐，言动失常，时见鬼魅，不安寝处，屡迁其居。”之所以发生这种情况，与皇三子允祉对皇长子允禔的举报关系很大。允祉工于心计，懂天文、音乐和算法等，很受圣祖器重，平日和允礽很亲近，但他并没有参加太子党，他告发允禔纯粹出于私人情谊，他举报的主要内容是：皇长子允禔用蒙古喇嘛诅咒允礽，以术镇压，图谋不轨。康熙恍然大悟，1709 年，复立允礽为皇太子。

但太子允礽实在是死狗扶不上墙，他很快就忘记了自己复位前的誓言，我行我素，放荡不羁，还沉湎酒色，变本加厉地结党营私。康熙为了进一步管束他，总是把他带在身边。如赴热河围猎，便让他须臾不离左右，皇太子受不了，常对父皇常发出怨恨之言，甚至说：“古今天下，岂有四十年太子乎？”经过三年零七个月的观察，康熙最终得出结论，允礽“怙恶不悛”，“毫无可望”。

1712 年，康熙再次宣布废黜允礽，此时，康熙帝 59 岁，皇太子 39 岁。

康熙再废皇太子引出一个更为严重的后果是：抱有野心的皇子们，结党钻营，谋贪大位。康熙帝对此是心中有数，他不断地召见诸皇子，谆谆告诫，让他们“勿令生事，安分而行”。但是，在巨大的皇权的诱惑下，各个皇子党不但没有收敛脚步，反而变本加厉，铤而走险，掀起皇权竞争的高潮。

皇储分析：

康熙有35个儿子，成年且受册封的只有20人。这20个皇子中，年龄较长者有12人。他们是：大阿哥允禔、二阿哥允礽、三阿哥允祉、四阿哥允禛、五阿哥允祺、七阿哥允祐、八阿哥允禩、九阿哥允禟、十阿哥允䄉、十二阿哥允裪、十三阿哥允祥、十四阿哥允禵。

皇长子允禔，为惠妃庶出，可以说“难以管教”，1690年，竟然与其伯父，康熙皇帝的同父异母兄裕亲王福全争吵起来，加上不是嫡出，根本不可能继承皇位。康熙曾亲自宣示：“允禔秉性躁急愚顽，岂可立为皇太子?”

皇次子子允礽不孝，上文已有叙述，在此不必赘言。

皇三子允祉，在诸皇子中学问最好，懂天文、音乐和算法等，很受康熙器重，但本人并不热衷政治生活，和允礽来往亲密，但也只是私人情谊，并没有参加太子党的活动。1690年，康熙生病，允祉和允礽都表现出暗自欢喜的表情。1699年，敏妃（皇十三子允祥之母）去世后，未满百日，允祉即行剃头。为此，康熙予以惩罚，革去其郡王爵，并将王府的侍从人员各打一百鞭，因为他们未能阻止这一不孝行为。

皇四子允禛，即日后的世宗皇帝，年轻时性情急躁，康熙就此曾经批评过他“四子性格喜怒不定”，他也对大臣说：“皇考每训朕，诸事当戒急用忍。屡降旨，朕敬书于居室之所，观瞻自警。”1702年，允禛央求皇父说：“现在我已经三十多岁了，请您开恩将谕旨内‘喜怒不定’四字，不要记载了吧。”康熙同意，因谕：“此语不必记载!”允禛颇有心计，对皇太子的废立窥测风向，不动声色。康熙五十二年（1713年），他的心腹戴铎为他谋划道：“处英明之父子也，不露其长，恐其见弃；过露其长，恐其见疑，此其所以为难。处众多之手足也，此有好竽，彼有好瑟，此有所争，彼有所胜，此其所以为难。……其诸王阿哥之中，俱当以大度包容，使有才者不为忌，无才者以为靠”，其具体策略如下：在诸皇子争夺皇位激烈之时，不争为争，他极力表现出对皇父的“诚”与“孝”的一面。康熙帝第一次废太子后，大病一场。允禛入内，奏请选择太医及皇子中稍知药性者允祉、允祺、允禩和自己检视方药，服侍皇父吃药治疗。康熙帝服药后，病体逐渐痊愈。于是，康熙帝命内侍梁九功等传谕："当初拘禁允礽时，并没有一个人替他说话，只有四阿哥深知大义，多次在我面前为允礽保奏，像这样的心地和行事，才是能做大事的人。"允禛自己也说："四十余年以来，朕养志承欢，至诚至敬，屡蒙皇考恩谕。诸昆弟中，独谓朕诚孝。"在处理兄弟关系方面，雍正的主要原则是"不结党""不结怨"，他既没有参加皇太子党，也没有参加皇八子党。他在随驾出京途中，曾经作过一首《早起寄都中诸弟》的诗："一雁孤鸣惊旅梦，千峰攒立动诗思。凤城诸弟应相忆，好对黄花泛酒卮。"表明他愿做群雁而不做孤雁的心志。此外，允禛尽量避开皇储争夺的矛盾，凡是父皇交办的事情，都竭尽全力去办好，既使父皇满意，也使朝臣口碑相传。其主要追随者有：皇十三子允祥、十七子允礼，以及隆科多、年羹尧等。

1708 年，"有才有德"的皇八子允禩成为储位最有力的争夺者。允禩聪明能干，内外经营，党羽相结，很得众心。皇九子允禟、皇十子允䄉、皇十四子允禵，大臣阿灵阿、鄂伦岱、揆叙、王鸿绪等，都依附于允禩。允禩争夺太子的重要障碍是母亲良妃的出身，良妃的父亲是内务府辛者库的一个包衣，其最高官职不过是个主事，一直到 1708 年，她一直为嫔。允禩的母亲地位虽卑，但他的妻子地位颇高，足有资格当未来的皇后。她的母亲是有名的安郡王岳乐之女。然而，允禩的妻子除社会地位较高外，在其他方面并无助于其夫的储位争夺。她是个令允禩畏惧的专横女人。据秦道然供述，允禩"府中之事，俱是福晋做主，允禩实为福晋所制"。此外，允禩还有个最大的弱点就是没有子嗣，因此，允禩被立为太子的可能性不大。但允禩还是不死心，皇太子允礽第一次废黜后，允禩便妄自尊大，以东宫自居，后来发展到广结党羽，吸纳术士，藏于家中密室，因而引起康熙的憎恶，康熙晚年对他的评价是"此人之险，实百倍于二阿哥也"，甚至说过"朕与允禩父子之恩绝矣"的话。允禩的夺位策略主要有两种策略：第一，针对康熙，塑造自己的形象工程。允⺀知道康熙帝十分重视儒学，利用何焯的关系沽名钓誉（1703年，何焯被任命为允禩的教师），允禩派何焯的弟弟到南方收买稀世书籍，南方的文人学士有感于允禩的好学精神，称赞他“实为贤王”。第二，利用宗室中有影响的成员在皇帝面前为自己说好话。在这方面，康熙的同父异母兄弟福全起了重要作用。在诸皇子中，福全最喜欢的就是允禩，1703年福全逝世前，康熙曾几次前往探视，对他表现出一种不寻常的尊重。福全不但揭发了允礽的堕落（康熙正是在探视了这位即将去世的兄长之后，下令锁拿索额图），还赞扬了允禩的天赋和品格，并建议康熙将其册立为太子。还引用了康熙的话：“乃若八阿哥之为人，诸臣奏称其贤。裕亲王存日，亦曾奏言：八阿哥心性好，不务矜夸。”秦道然曾任九阿哥允禟的教师。据他说，允禩、允禟和允禵三人“同心合谋，有倾陷东宫，希图储位之意。因竭力趋奉老裕亲王，要他在圣祖前赞扬。所以裕亲王病时，力荐允禩有才有德。”但允禩最终因为自己的道德问题，无缘皇位。

允禟，圣祖第九子，封贝子，其母宜妃郭络罗氏。他是皇八子允禩争夺储位的支持者，他加入允禩派的目的不在争权夺势，而是为了维护他的生活方式，这是个“好酒色、图受用”但自我感觉极好的人，他曾经向自己的教师秦道然说，他本来有继承皇位的瑞兆，但因为志不在此，也就放弃了。原话是：“妃娘娘曾梦日入怀，又梦见北斗神降”，还时不时对人炫耀：“这俱像是我的瑞兆”，他却“心甚淡”。“外面的人都说我和八爷、十四爷三个人里头，有一个立皇太子，大约在我的身上居多些。我不愿坐天下，所以我装了病，成了废人就罢了。”

允禟至少两次派心腹太监何玉柱到苏州和扬州购买“良家儿女”，对于钱财来者不拒，河南知府李廷臣的一百二十两他不嫌少，明珠的万贯家财他也不嫌多，因而他拥有银四十余万两，田产房屋值三十余万两，并因此成为允禩钱财上的靠山。允禵出兵时，允禟便送给他银三四万两。雍正元年（1723年），世宗继位，将允禟发往西宁，但他仍然不安分，纵容家人在西宁骚扰生事，特遣都统楚宗前往约束。当楚宗宣读圣旨时，允禟不但没有跪听迎接，反而安居卧室，喋喋不休：“上责我皆是，我复何言？

我行将出家离世!”同时，他又以金钱收买人心，因而，地方上都称他九王爷。世宗乃行文陕西督抚明确指出，以后仍有称九王爷的，将从重治罪。雍正四年四月，世宗命都统楚仲、侍卫胡什里押至京师。五月十一日，留在保定，八月二十七日死去。

皇十四子允禵，生于康熙二十七年（1688年），世宗皇帝一母同胞，在圣祖诸子中的排行为第十四，初封贝子，为宗室封爵的第四级。皇九子允禟对允禵很器重，说他聪明绝顶，“才德双全，我兄弟内皆不如”，允禵并不是允禩、允禟一党。他对储位也很有野心，曾广泛联络汉族士大夫，曾有“十四爷虚贤下士”的说法。康熙五十六年（1717年），蒙古准噶尔部进犯西藏，清军于作战中颇受挫折，次年十月，康熙任命他为抚远大将军率兵出征，并由贝子超授王爵。允禵奏疏中只自称“大将军王”，允禵在西北时，临洮人张恺颇通天命，知允禵喜欢奉承，便说：“这命是元（玄）武当权，贵不可言，将来定有九五之尊，运气到三十九岁就大贵了。”允禵这时是三十二岁，听了大为高兴，赏他银子。世宗即位后，允禵贵不可言子虚乌有，极为嫉恨。至京后，即命留在圣祖景陵等待大祭，实际是软禁。雍正四年（1726年），诸王大臣劾奏允禵，请正国法，世宗以为允禵只是“糊涂狂妄”，和允禩、允禟的奸诈阴险相去甚远，故而只将他禁锢于寿皇殿左右，“宽以岁月，待其改悔”，至高宗即位，即将他释放。

十三子允祥，生于康熙二十五年二月（1686年2月22日），卒于雍正八年五月初四日（1730年6月18日）。他是康熙第十三子，敬敏皇贵妃张佳氏所生。允祥自幼受到严格的教育，侍行其父于宫廷内外，经常参加祭陵，出巡等活动。康熙六次南巡，他参加了四次。允祥“精于骑射，发必命中”，善于书法，诗文，对水利工程也颇为谙练，曾多次随康熙巡视永定河。康熙四十八年（1709年）三月，他被封为贝子，十月又晋为固山贝子。允祥从小与其兄允禛要好，亲密无间。康熙后期，他同允禛结为一党，积极参加储位之争。皇太子允礽被废黜以后，康熙一怒之下，大抓争储皇子，允祥也遭到圈禁，康熙六十一年（1722年）正月才放出。雍正即位后，允祥终于迎来了飞黄腾达的机会。他先被任命为总理事务四大臣之一，不久又擢为和硕怡亲王。当时，朝廷财政混乱，经济出现衰退的趋势。雍正为振兴经济，命允祥总理户部三库事务，掌握了清朝的财政大权。“凡宫中府中，事无巨细，皆（怡亲）王一人经划料理”，成为雍正的得力助手。他善于用人，也善于识人。皇十七子允礼曾一度参加允禩党，被雍正所唾弃，罚守景陵。但允祥认为允礼“居心端方，乃忠君亲上，深明大义之人”，竭力向雍正推荐。雍正采纳了他的意见，晋封允礼为果郡王。这既分化了允禩的势力，又增加了一位得力助手。此外他还举荐了具有施政才能的李卫等人。所以，雍正称他“为国荐贤之处甚多”。雍正四年（1726 年）七月，允祥所得到的恩宠达到巅峰。雍正对他的品德和功绩概括成八个字，即忠、敬、诚、直、勤、慎、廉、明，并对这八个字一一做出解释：允祥的忠是“公而忘私，视国事如家事，处处妥帖，能代朕劳，不烦朕心”；敬是“小心兢业，无纤毫怠忽”；诚是“精白一心，无欺无伪”；直是“直言无隐，表里如一”；勤是“勉奉公，夙夜匪懈”；慎是“一举未尝放逸，一语未尝宣漏”；廉是“清洁之操，一尘不染”；明是“见理透彻，莅事精详，利弊周知，贤愚立辨”。并把这八个字亲自书写成大匾赐给允祥。这种做法是异乎寻常的，这种荣誉也是不多见的。允祥死后，雍正悲恸不已，辍朝三日，亲临祭奠，素服一月，一月之内，“一切宴会，具不必行”。他谕令内阁，丧事礼仪，“应在常例之外”。被赐谥“贤”，但为表彰他的“嘉谟懿行”，雍正“滴泪研朱”，亲自书写了忠、敬、诚、直、勤、慎、廉、明八个字加在“贤”字之前，并恢复其名，以示同其他兄弟相区别。命配享太庙，“于奉天，直隶，江南，浙江各建祠宇，以昭崇报”。

继位布局：

世宗登位后，并没有急于收拾允禩、允禟等政敌，而是静观时机，寻找机会，《永宪录》记载：“但伊等种种恶逆，中外及八旗军民人等尚未遍知，故将此辈好恶不忠不孝大罪备悉言之，使知此辈正法亦属当然，即朕姑留之，亦不过数名死人耳。尔等谨记此旨，录出传与京城内外八旗军民人等一体知之。”可见，雍正的策略是把他们的罪状彰显于众，使臣民知道他们罪有应得，使得自己不负杀弟之名。因此，康熙居丧的第二天，雍正下令允禩、允祥、大学士马齐、理藩院尚书舅父隆科多四人为“总理事务”大臣，处理日常国事，规定“所有启奏诸事”均交四大臣；凡皇帝谕旨，“必经由四大臣传出，并令记档。”

雍正在人事安排方面可谓用心良苦，他以新君即位，鉴于兄弟之间的矛盾，也有一些大臣介入其中，各有拥立皇太子的活动，难以信任，就寻找忠于自己的人。先说隆科多，他是康熙去世之前留在身边的托命重臣，雍正继位的遗诏就是由他传达的。他原任步军统领，负有京师治安与安全保卫之责，因为拥戴之功得到重用。为示恩宠，刚举行完即位大典，世宗马上给隆科多晋爵，准予承袭其父终国维一等公爵，与大学士马齐同赏阿达哈哈番世职，命隆科多为吏部尚书，兼管步军统领，还指示内阁，今后对隆科多“应称呼舅舅”，启奏时则书写“舅舅隆科多”；马齐在康熙朝任大学士，因参与拥立皇八子允禩为太子受到圣祖的严厉谴责，差点儿丢了脑袋，但雍正重新起用后立即加以重任，马齐感恩图报；皇十三子允祥，还在雍正做亲王的时候，就和他的感情最深，所以，允禩尽管身为总理事务的四大臣之一，但在当时的情况下，实在翻不起大浪。

尽管如此，雍正仍然面临反对派的强大压力，他即位才两个多月，针对他的用人和封爵，各种流言蜚语不时袭来。雍正元年二月，他召集总理事务王大臣和诸王大臣，发泄心中的怨气：“外间匪类，捏造流言，妄生议论”；如处分一人，就认为“朕抱复旧怨”；如提拔一人，又说“朕恩出于私”。迫不得已，雍正下定决心，惩治允禟王府中几个不法太监，不料竟传出“朕凌逼弟辈”的恶言，雍正不禁愤怒地说：如此“扬言无忌，悖乱极矣！”更严重的问题是，允禩和他的同伙继续与雍正做对。他们消极怠工，对世宗的谕旨并不认真执行，甚至公开对抗。《永宪录》亦云：“其封王时，妻家为伊贺喜，乃云我头不知落于何时？”说明允禩对自己未来的命运已有充分的估计，同时也流露出他对世宗的敌对情绪。雍正命允禟赴西宁，他迟迟“不肯起程”，再三催促，却屡次推诿，还故意迁延时日。允禩优封亲王、任为总理事务大臣，不但没有痛改前非，仍“肆行悖奉乱，奉乱，干犯法纪”，办事不出实心，每每草率从事。命允䄉护送胡土克图龛座出使喀尔喀，不肯前往，谎称世宗命其进口，竟在张家口居住！还有允禟，差往西宁居住，擅自派人前往河州买草，“抗违军法，肆行边地。”但一经允禩指示，马上“遵行”，却无视雍正皇帝的谕旨，世宗忍无可忍，就在诸王大臣面前，屡次点名痛斥他们“妄为”，命革去王爵，调回京。但由于时机不成熟，依然没有对他们采取措施，只是在言词方面对其严加警告，世宗对满汉文武大臣们说：“朋党最为恶习，明季各立门户，互相陷害，此风至今未息……尔诸大臣内，不无立党营私者，即宗室中，亦或有之。”他警告诸臣特别是他的兄弟们：“有则痛改前非，无则永以为戒。”此外，他一再提醒诸兄弟和王大臣：“天子简用所知之人，乃份内之事，非臣下所可妄议也。”又说：“朕为普天率土之主，尔等莫非王臣，若任尔等之纵朕何以对圣祖恣皇考乎！”如此等等，他苦口婆心地说了很多，就是要朝廷内外诸臣同他一心一德，保持绝对一致，无条件地效忠于他。但允禩等人还是不以为然，雍正只好另辟蹊径，为了提高效率，雍正指示大将军以下，各路将军，及各直省督抚、提镇等，有奏疏即派人来京“照常启奏，无得沉隐停滞”，如若违犯“照大不敬律治罪”。为了通达下情，康熙曾经建立了“密折”制，要求朝廷内外大臣在各自向皇帝的“请安”折内，附奏机密要事，主要是揭发所见官员的种种不法事，以及民情、政情的动向等。密奏之事，只给他一人看，其他任何人不得知道。世宗把“密奏”办法进一步具体化，把它作为一项制度加以推行。他规定：在京的满汉大臣、外省的督抚提镇等中央与地方官员，均行“密折”制度，尤其是在京的科道监察官员每人每天上一道“密折”，一折只说一件事，不论事之大小，都要据实写明，即或无事可言，在折内亦必声明无事可奏的原因。所言正确，他就采纳施行，说得不甚妥当，他就把折子“留中”，不批转朝臣，不使任何人知道。如涉嫌报复，诬陷好人，他也能分辨清楚。密折内容，不许与他人商量再写，如泄露给他人，知情者即可举报。

至于能当面揭发，或弹劾权臣，或更革弊端，不妨仍以奏章公开明言。这一密折制度，使群臣相互监督，相互揭发，更有科道等专职监察官员进行公开督察，朝廷内外官员的一言一行，不论是明的，或是暗的，都在他们的视野监视之下。每个官员都对世宗负责，也就是说，他们都在世宗的掌握之中，其权力都集中到世宗之手，达到了集权的目的。

随着时间的推移，雍正的皇位日趋巩固，特别是在外部，年羹尧主持西北军事，平定了准噶尔部罗卜藏丹津的叛乱，青海全境安堵如故，进一步稳定了政局，加上社会安定，呈现出继续向前发展的好势头。雍正利用这一有利的形势，凭借已稳操到手的最高权力，开始有步骤有计划地消除允禩集团。雍正元年十月，雍正第一次点名批评了允禩，雍正二年五月，世宗在诸王大臣面前，又点名批评允[illegible]办案“草率拟罪”，并连及结党允禟的苏努父子，当即革去苏努的贝勒爵位，命令其发往右卫居住。同年八月，公开点名允禔、允禵、允禟、允禩等，早在圣祖时已经“结为朋党”，十一月，世宗再次公开痛斥允禩，口气愈加严厉，一开始就说：“廉亲王存心狡诈，结党营私。自朕即位以来，凡遇政事百般阻挠……”这时候，他宽宏大量，只是“切加训诫”，并未降一级、罚一俸，但允禩竟不识抬举，全“无改悔之心”。接着，他又分化瓦解那些曾经追随廉亲王的党羽，“在廷诸臣尚为廉亲王所愚，反以朕为过于苛刻，为伊抱屈。”由此看来，“党援终不能解散也。党援必由众人附和而成，若廉亲王一人，何所恃而如此行为乎！”“凡事欲激朕怒以治其罪，加朕以不令之名。”又说：“每事烦扰朕之心思，阻挠朕之政事，惑乱众心，专欲激朕杀人。”雍正所著的《大义觉迷录》有这样的记载：“皇考升遐之日，朕在哀痛之时，塞思黑突至朕前，箕踞对坐，傲慢无礼，其意大不可测。若非朕镇定隐忍，必至激成事端。”又据《世宗实录》：“圣祖仁皇帝宾天时，阿其那并不哀戚，乃于院外倚柱，独立凝思，派办事务，全然不理，亦不回答，其怨愤可知。”宗人府为此主张削夺允禩爵位，雍正居心“宽大”，务欲保全骨肉。

最后，他再次警告某些人如能革心改正以前的错误，那么允禩“党散势孤，朕得以不伤骨肉手足之情。”世宗的此番讲话，明确点到允[illegible]的要害问题是“结党营私”。显然，他对允禩集团的斗争已开始升级。他之所以还不想处分允禩，最主要的原因是，某些不明真相的群臣还在附和允禩，为其辩护，替他叫屈。为了争取主动，雍正当面揭露，警告群臣同允禩划清界限，进一步孤立允禩集团。与此同时，他还逐步清除允禩党羽，如马尔齐哈、常明、阿尔松阿、德宁、鄂伦岱、阿灵阿、裕亲王保泰等人，或被清洗，或被革职、削爵等，允禩集团受到致命的打击，已呈衰微之势。雍正三年（1725 年）四月，雍正皇帝向诸王、贝勒、公、大学士、九卿及工部官员宣布“今观允禩之于朕，则情如水火，势如敌国。”三个月后，世宗向允禩集团中的核心人物采取政治行动，革去允禟的贝子爵位；十二月，将允禵的多罗郡王爵位革去，降为贝子。雍正四年正月，世宗召集满汉文武大臣，当众痛斥允禟到西宁后种种不法事，指出他与允禩、允禟等“匪党固结”，又以毛大、佟保、六雅图、那丹珠、云敦、克什图为其亲信，隐瞒罪行。世宗下令将这几个亲信逮捕，要他们据实揭发允禟“到西宁以后如何妄为”之事。第二天，世宗来到西暖阁，召见诸王、贝勒、贝子、公、满汉文武大臣，发表了长篇讲话，矛头直指允禩集团。他历数允禩在圣祖生前，直到他即位四年来的所有过失。他依据圣祖生前对允禩的批评，把允禩的所有不法的言行，一股脑地都揭发出来，断然说：允禩“自绝于天，自绝于地，自绝于祖宗，自绝于朕，宗姓内岂容有此不忠不孝大奸大恶之人乎？”他一针见血地点明允禩的要害是“希图册立”为太子，谋取皇位。他再也不能容忍允禩“狂悖已极”，当即宣布：“将允禩黄带子革去，以严宗谍”；至于允禟、苏努、吴尔占，“结党构逆，靡恶不为”，此三人“断不可留于宗姓之内”，也都“革去黄带子”，命宗人府将他们四人的名字除去。这一决定，是把允禩等四人从爱新觉罗家族内开除出去，从此不再属于这个家族的成员了。二月初，命将允禩在宗人府内看守，“圈禁高墙”，加以监禁。允禩束手就擒，其他成员随之而落网：允禟自青海被押解至保定圈禁，允禵从马兰峪被押回京师，于寿皇殿近处，与其子白起同被“禁锢”。因为他们已被除籍，令其自己改名，允禩自改名为“阿其那”，允禟改名为“塞思黑”，此名是由诚亲王允祉等人拟定，经世宗批准的。允禩集团的重要成员鄂伦岱、阿尔松阿已被发往盛京，仍不改悔，世宗下令就地立即斩首处决。苏努、七十业已病故，“照大逆律”，戮尸扬灰；苏努之子勒什亨、乌尔陈在允祉处禁锢，赫世亨、鲁尔金、福尔陈、书尔陈、木尔陈、库章阿分别押往河南、山东、山西、江南、苏州、浙江等处禁锢，其余子孙留在右卫严行看管；七十之子福永被判死刑，缓期执行，另两个儿子珠栋、福明及孙子寿善交给本族人管教，其余都发往船厂披甲严管。还有的因与允禩有牵连，或听命于他，或为他掩饰罪行的，也都给予严厉处分，如和硕简亲王雅尔江阿被革去亲王的爵位，宗室永谦被革去镇国公爵。在将允禩集团主要成员依法处理后，于六月正式公布允禩罪状，共拟了40条，允禟罪款为28条、允禵罪款12条。所拟罪为行，皆属世宗屡次所提到及他人揭发的材料汇集而成。尽管罪行条目繁多，根本的一条就是允禩与允禟、允禵“结为死党”，希图“大位”，而允禩“实为罪魁”，如圣祖生前所斥：“乱臣贼子，乃吴三桂之再世!”很不幸的是，允禟于八月十四日突然“病故”，九月十日，允禩也“病故”了。自世宗即位四年来，同允禩集团的斗争，实际是圣祖晚年诸子争位斗争的继续，最终以世宗的彻底胜利而告终。

应该说，允禩集团是一个庞大的政治势力，其成员有部分宗室与朝廷大臣，还有他们弟兄的下属人员，至于追随或同情者尤多。为此案及与此案有联系而被处死的“康熙旧臣”达数百人之多！如加上受株连没被处死而遭各种处分的，包括其家属，其总数何止千人！显见该集团人数之众，实力之雄厚。故其影响不可低估，如若得势，必能左右朝政。这个集团的存在，已构成一股强大的政治离心力量，不仅危及君权的专一，也危及中央集权的正常运行。但貌似强大，实则很虚弱。从一开始，他们就处于世宗的高度警惕与严密监视之下，迅速被分化、隔离；而允禩等人毫无作为，既没有密谋设一计予以反击，也没有利用手中的部分权力和掌握的军队加以要挟，因而没有大动干戈，少见刀光剑影，却是任凭世宗宰割，不到四年，就烟消云散，一个庞大的政治势力不复存在。不管世宗采取何种方式处置，甚至不惜以极端的手段加以消灭他们中的部分成员，其结果，还是加强了君主专制，保持了最高统治集团的一致，避免了分裂，维护了社会的安定，继续沿着圣祖开创的道路向前发展。后来的事实，无可争辩地证明了这一点。

雍正三年，阿灵阿、鄂伦岱二人原系允禩等的党首，罪恶至重，因为是国戚，从宽发往奉天。雍正四年（1726 年）正月，世宗召诸王大臣宣布允禩、允禟罪状，大意是：三年以来，宗人府及诸大臣劾奏的极为繁多，世宗百端容忍。圣祖在世时，允禩竟将圣祖御批烧毁，外间还有“十月作乱，八佛被囚，军民怨新主”的谣言，并在各处粘贴妖言，“内云灾祸下降，不信者即被瘟疫吐血而死等语”，这些显然是允禩等捏造出来。谕中又有这样的话：“及看守之日，向太监云：我向来每餐止饭一碗，今加二碗，我所断不愿全尸，必见杀而后已。”（见《永宪录》）可见这时允禩已被拘禁，他自己知道不可能“全尸”而终。最后，上谕以允禩断不可再留于宗室之内，革去他的黄带子（清代宗室皆系金黄带），改为民王（非宗室的王）。后又削去王爵，交宗人府圈禁高墙。

年羹尧，汉军镶黄旗人，父遐龄官至湖广总督，遐龄女事允禛潜邸，后为雍正皇贵妃。年羹尧在康熙时任四川巡抚、定西将军，在青藏有军功。雍正继位，召抚远大将军允禵还京师，命羹尧管理大将军印务。雍正三年（1725 年）二月，以羹尧《贺疏》中将“朝乾夕惕”写为“夕惕朝乾”，而兴文字狱，命罢其将军，尽削其官职。“朝乾夕惕”出自《周易》，是勤勉努力、只争朝夕的意思。雍正认为，年羹尧故意这么写，就是不想把“朝乾夕惕”的美名给自己。同年，定年羹尧 92 款大罪，其中有 32 条都够杀头。最后令其在狱中自裁，斩其子年富，余子年 15 岁以上者皆戍极边。

隆科多，曾祖佟养正本汉人，姓佟氏。养正次子佟图赖之女为圣祖生母孝康皇后，圣祖孝懿皇后则为佟图赖的孙女，也即孝康后侄女，两朝全盛之国戚出于一家。世宗即位后，下谕：嗣后启奏处，应书舅舅隆科多。又在年羹尧奏折中批云：“舅舅隆科多，此人朕与尔先前不但不深知他，真正大错了。此人真圣祖皇考忠臣，朕之功臣，国家良臣，真正当代第一超群拔类之希有大臣也。”

可是当年羹尧在狱中被迫自戕后二年，即雍正五年（1727年）冬，隆科多也被永远禁锢，禁所在畅春园附近，可能是要他在园外思过。所谓永远禁锢，也便是要他命归禁所。

隆科多固然有专擅揽权地方，如对皇子的傲慢，铨选官员，自称佟选，以及贪赃勒索等等，但这在当时权重势盛的满大臣中并非个别，即便受到处分，何至非永远禁锢不可。据萧奭《永宪录》卷四：雍正四年，怡亲王允祥劾吏部尚书隆科多婪赃诸罪。而世宗又好抄家，同卷《禁造流言非议朝政》条，载上谕云：“朕即位以来，外间流言，有谓朕好抄人之家产，轻信风闻之言，以为用舍。不法之人原有籍没之例，朕将奇贪极酷之员没其家资，以给赏赉，尚保全其性命妻子，不过使人知敬畏。”隆科多当然很敏感，所以早已把财产分藏到亲友处和西山寺庙中。还主动提出辞去步军统领职，世宗则在朱谕中说：“朕并未露一点，连风也不曾吹，是他自己的主意。”但世宗内心中倒是不愿隆科多担任下去，至雍正三年，乃解除他的步军统领之职。当议政大臣奏劾隆科多时，他还在东北勘议俄罗斯边界，世宗说：“俄罗斯事最易料理，朕前遣隆科多前去，非以不得其人，必须隆科多而使之也。特与效力之路以赎罪耳。”乃命他速即回京。

经过诸王大臣的审问，所议之罪有41款，这里选录下列几款：

（一）私钞玉牒，收藏在家。

（二）妄拟诸葛亮，奏称：“白帝城受命之日，即是死期已至之时。”这是属于大不敬之罪。古代以大不敬为十恶之一，也是皇权至上的产物。

（三）圣祖升遐之日，隆科多并未在皇上（指世宗）御前，亦未派出近御之人，乃诡称伊身曾带匕首以防不测。

（四）时当太平盛世，臣民戴德，守分安居，而隆科多作有刺客之状，故将坛庙桌下搜查。这是属于欺罔之罪。

（五）皇上谒陵之日，妄奏诸王心变。这是属于紊乱朝政之罪。

（六）交结阿灵阿、揆叙，邀结人心，曲庇菩萨保。这是属于奸党之罪。

（七）自知身犯重罪，将私取金银预行寄藏菩萨保家。这是属于不法之罪。

年羹尧和隆科多同为世宗亲信，但两人间却有矛盾，年看不起隆，说是“极平常人”，阿灵阿、揆叙都曾向圣祖推举允禩为皇太子，他们生前未曾被治罪，世宗登位后，却在阿灵阿墓碑上改刻“不臣不弟暴悍贪庸阿灵阿之墓”，在揆叙墓碑上改刻“不忠不孝阴险柔佞揆叙之墓”。

雍正深恐他拥兵在外，易生事端，以治丧的名义，把他调回北京，然后，把其同党老弟允禟调出北京，派往西宁。至四月，借安葬圣祖梓宫于景陵，命其党羽、自己的三哥诚亲王允祉留下，不得回京。此时，已经回京的皇十四子允禵已经奉命在圣祖陵寝附近守灵，允祉与允禵分兼文武之才，为父亲生前所器重，在朝中也享有威望。世宗将他们调离北京，去看护父亲的陵寝，明明是贬斥，虽保留王的爵位，在政治上已无所作为。经此调动，以允禩为首的政治集团四分五散。世宗公开了他的这一意图：“朕即位以来，离散伊党，令居远地，惟望伊等。”

年羹尧原属雍王府的旧人，二人关系密切，世宗即位，他有拥戴之功，受命赴甘肃后，以钳制抚远大将军允禵。后来以平定青海的功勋受封为一等功。世宗赏给他金黄服饰、三眼花翎、四团龙补；其子年富封为一等男爵，其家奴魏之耀赏四品顶戴。后来又委任他为陕总督，兼甘肃的军政大权。他自恃受宠，陕、甘、川三省军政大权在握，这些恩宠荣耀可以说前所未有，时间一长，年羹尧宠极生骄，变得骄横跋扈，目空一切。他进京觐见时，面对在广宁门外跪迎的公卿大臣，骑马而过“毫不动容”，王公有下马问候的，他也只点点头而已。朝中大臣给一个外省总督下跪迎接，既无前例，也从无此项规定。及见世宗时，他在“御前箕坐，无人臣礼。”这一些早就引起世宗的注意，还在雍正二年时，世宗已看出年羹尧、隆科多“大露作威福、揽权势光景”，并特别授意朝中部分大臣“皆当疏远之”，使之自然醒悟，否则，“此二臣将来必至不能保全”。但是不知道年羹尧本来性格粗豪不羁，还是他对自己的官场策略很有信心，反正这一切都没有引起他的重视，他还是我行我素，依然如故。雍正三年（1725

年）三月，年羹尧的问题开始公开败露。他在“日月合璧、五星联珠”的奏贺本中，误将“朝乾夕惕”写作“夕阳朝乾”，而且奏本“字画潦草”，世宗勃然大怒，认为年羹尧应付差事，敷衍了事，缺乏最起码的责任感，斥责他“自恃己功，显露不敬之意，其谬误之处，断非无心!”四月，世宗向大学士们公布年羹尧的罪状：推举庸劣的胡期恒为山西巡抚，妄参道员金南瑛等人；青海蒙古饥馑，隐匿不报等等。世宗说：年“从前不至于此，或系自恃己功，故为怠玩……如此之人，安可仍居川陕总督之任!”就将他调离陕西，补授杭州将军，但年羹尧得此命令，仍然眷恋川陕总督之位，迟迟不肯动身，亦不愿意交大将军印，还希望世宗改变主意让他留任，在赴杭州上任途中，又在河南仪征观望不前，幻想世宗回心转意，把他再调回来。世宗非常生气，严令他不得逗留，速赴杭州上任。但是，为了安慰自己昔日的部属，世宗还是几次命他回奏，对自己的问题进行澄清辩护，但年羹尧不知什么原因，说话支吾，前后矛盾，还避重就轻，不肯认错。世宗不得已，遂通知有关部门成立专案小组调查年羹尧的问题。十二月，议政王大臣与刑部正式提交关于年羹尧问题的调查报告称：“年羹尧反逆不道，欺罔贪残，罪迹昭彰。”弹劾及提供罪证的案牍，如“邱山之积，罪恶逾溪壑之深!”其罪状可以说集天下权奸于一体，计有：大逆、欺罔，僭越、狂悖、专擅、贪黩，侵蚀等等，获罪之多，实属惊人。另外，他在经济方面的犯罪，也有实物或贪占银两为证，如接受经他题补官员的感谢银为40余万两，勒索捐纳人员额外银24万两，私占咸宁等十八处盐窝，勒令四省効力人员每人4000两，侵用四川康熙六十年至雍正三年军需，数额特别巨大等等。年羹尧还经营房地产、典当、贩卖马匹、木材，所得不义之财不可胜数，称他为贪得无厌的一点也不过分。在政治上，他借手中的封疆大权，专擅国事，形同割据，如一独立王国。形成了一个以年羹尧为首的贪污大集团，最终年羹尧被迫自杀，年羹尧集团土崩瓦解。

在处理了年羹尧之后，隆科多的不法案件再次震惊了朝野。因为隆科多是个非同凡响的人，他的妹妹系世宗嫡母，世宗即位，其母则位居皇太后，隆科多被世宗称为“舅舅”，在廷臣奏本中凡涉及到他，都须书写“舅舅隆科多”，以示尊崇。雍正二年六月，他盛赞隆科多为“圣祖皇帝忠臣，朕之功臣，国家良臣，真正当代第一超群拔类之稀有大臣。”隆科多荣宠之极，无以复加。是时，隆科多主内，年羹尧主外，两人并驾齐驱，同为世宗依赖的国家两大柱石。很不幸，隆科多也贪赃枉法，徇私舞弊铸成大错，与世宗严加整顿吏治背道而驰。世宗已发出警告，此后，也屡加提示，给予公开批评，隆科多并不知改正。雍正五年（1727年）十月，在充分查证事实后，由顺承郡王锡保等出面，给隆科多定罪四十一款，包括大不敬之罪、欺罔之罪、紊乱朝政之罪、奸党之罪、不法之罪、贪污之罪。前四项罪，大抵都属擅权作威福，与君权抗衡，结党营私的性质。最后项是不法与贪污罪共二十三款，所占比重最大，已超过全部罪行的一半，均属经济犯罪，如贪污、受贿，以及敲诈勒索等，数额巨大。在政治方面，选任官员，都须经皇帝批准，但隆科多竟敢私自包揽，所选官员“皆自称为佟选”（隆科多本姓佟），所谓经世宗批准，不过例行公事，走走形式而已。锡保等判隆科多以斩首，立即执行。世宗召集议政王大臣、内阁、九卿等官员，宣布对隆科多的处理。他说，按罪行论，隆科多罪重，“实不容诛”，但念及圣祖临终授命，大臣中唯隆科多一人，如将他处死，于心不忍，改为监禁，在畅春圆外附近空地，永远禁锢。家产不必抄没，即使抄没，也不足抵赔赃银数十万两之数，交他本旗照数追完。他的儿子岳兴阿革职，玉柱发往黑龙江当差。论罪条款，隆科多没有年羹尧那么多，但其性质却是一样的，都构成了死罪。隆科多毕竟是世宗的亲舅，世宗还是网开一面，没有处死一个人，家也没抄，比起年氏家族的毁灭，真是幸运多了！年羹尧、隆科多尽管各自结党营私，但主要还是他们贪赃枉法，腐败坠落，是作为贪官被清除掉的。在处理年、隆问题时，还有原四川巡抚蔡珽，也以贪污、受贿、冒销10余万藩库银两、黄金900两等罪行十七款被参劾，处以死刑，待秋后处决。自年、隆问题处理之后，官员受处分的渐少，特别是雍正八年后，直到世宗去世，官员犯赃行贿的事明显减少，好官、清官不断涌现出来。雍正八年（1730年）四月，世宗又采取一项措施：对过去被参罚的官员，内外有数百人，于当年秋冬之间，予以“开恩宽免，以示奖励”。包括满汉大小官员被革职、降级、留任及罚俸、停升的，“悉行宽免”，但前已下“特旨，永停俸禄者”不得宽免。世宗说，他这样做，是给这些受处分的官员“予以自新迁善之路”。吏治已清，事实正是如此。经过数年雷厉风行地整顿，一改圣祖晚年的颓废吏风，国家各级官吏能够奉公守法，基本做到了廉洁自持，百姓少受其害，社会安堵如故。吏风好转，社会风气随之好转。仅举一例：雍正六年四月，河南孟津县民翟世有在路上拾到两银，经寻找，如数还给了失主陕西人秦太，“并不受谢”。河南总督田文镜送匾嘉奖，向朝廷申报请奖。世宗立即批示：“朕心深为嘉悦，着给七品顶戴，仍赏银一百两。”以后各处奏拾金不取者很多，“不能悉载”。封建史家常用“夜不闭户，道不拾遗”来形容太平盛世。雍正时，社会上已出现这种景象，正是整顿吏治带来的一个积极结果。

雍正十三年八月二十三日深夜，清世宗去世。从发病到去世，也只有三天的功夫，年仅58岁。世宗以45岁即皇帝位，虽然为政仅13年，但几乎全部精力用于自己的政治实践，为康乾盛世做出巨大贡献。

圣祖生前，有一次，曾对诸大臣说：“朕万年后，必择一坚固可托之人，与尔等做主，令尔等永享太平。”历史已经证明，允禛没有辜负乃父的重托，是“一坚固可托之人”，他全面继承了乃父的未竟事业，乘其余烈，把圣祖开创的伟大事业推向前进。

对话：李渊与康熙关于选择接班人的对话

王熙凤：大家好，今天我们讨论的主要对象是唐太宗李世民和清世宗雍正，他们缔造了我国历史上最著名的两个盛世，一个是贞观之治，另一个是康乾盛世。但是，客观来讲，两位接班人都有为后人诟病的地方。李世民算得上千古明君，但玄武门兵变还是为自己的历史留下许多有争议的东西，所谓杀兄、屠弟、逼父不管怎么讲，都不是光彩的东西；至于雍正皇帝，他的勤勉与敬业以及对康乾盛世所起的巨大作用，已经不需要我们做更多的赘言，但传说中的“血滴子”以及“杀弟逼母”在某种程度上的确影响了他的声誉。历史往往有惊人相似的一幕，现在，我们请李渊与康熙作为特邀嘉宾，为我们揭开尘封已久的历史谜案，并对类似李世民、雍正这种能力卓著的接班人如何相处，进行简单的分析：

李渊：大家好！尽管王小姐这么说，但客观来讲，这么讲并不准确，我选择的接班人是太子李建成，而不是我也非常喜欢的李世民。

康熙：大家好，很高兴和大家作今天的探讨。

王熙凤：首先请两位评点一下自己的两位接班人，李先生先请。

李渊：我觉得，这个问题不应该由我们点评，所谓千秋功过自有后人评说。但既然主持人提出这个问题，我还是想简单地谈谈我自己的看法：世民干得不错，他已经是千古帝王的楷模，算得上千古明君，人生至此，复有何求？

王熙凤：康先生怎么评价雍正先生？

康熙：我觉得，雍正还没有达到李世民的境界，但是他是最有凡人素质的君王，他脾气急躁、说话尖酸刻薄，但他非凡的勤勉以及取得的成就，让人非常欣慰。允禛最大的特点是办事认真，细致严谨。“自朝至暮，一日万机”，他不怕繁累。为了“宣达下情、洞悉庶务”，他把批阅奏折看得十分重要，每晚阅后亲笔批发，皆出一己之见，无一假手他人，也无一人赞襄于侧。在他十三年短暂的帝王生活中，留下了为数可观的朱批奏折文书。一句话，我以这样的儿子骄傲、自豪。

李渊：雍正是一位改革型的皇帝，他在位十三年锐意拓新，改革除弊。使他在康雍乾三朝，承前启后，名垂史册。作为一个政治家，勤政是他区别于其他帝王的一个显著特征；选储，则是雍正留给清代的一份重要历史文化遗产。说实话，我觉得后人对雍正的评价有失公道，他是中国历史上最勤勉的一位皇帝，他刻薄，那也是形势所逼，他如果做一个守成的皇帝，那么大清的天下会很快被蠹虫噬光的，所以他必须大刀阔斧的改革，以巩固祖宗基业。更重要的是康熙的文治武功也是历史上少有的，所以雍正既要守成又要开创，而且还面对当时的敌对势力，其艰难程度是可想而知的，然而他却坚持了下来，他是联系康乾盛世的纽带，功不可没。

王熙凤：请问，两位主要在什么情况下选择自己的接班人？

康熙：满族没有形成固定的权位继承制。太祖努尔哈赤建立金，称汗。他在生前发布谕旨明示，在他死后，他的汗位由八大贝勒共同议定，而不由他本人生前指定。这与汉人“立嫡以长”的传统是不一样的。但是，我立储的时候有特殊的政治背景，就是本文中谈到的三藩之乱和满汉一体，当然与我对允礽的感情分不开的，最重要的还是借鉴汉人的儒家传统。

王熙凤：李先生怎么考虑的？

李渊：我考虑最多的还是我们的传统，即“立嫡以长”。首先，作为父亲，我对两个儿子都非常喜爱，大致上是一视同仁的。世民固然功业卓著，但建成并没有太大的过错，所以，我没有废黜太子建成的理由，这种态度我贯彻始终，从未改变。我觉得，嫡长子继承制是一个成功并成熟的继承制度。这个继承制保证了政权的平稳过渡，使人心稳定，政权稳固。它是符合封建社会实际的行之有效的继承制。

王熙凤：但后人对于建成的智力、品德有许多诟病。

康熙：呵呵，后人对于雍正也有许多诟病，如果以此作为评价历史人物的标准，就没有公正可谈了。作为一个政治家，我们评价他的功过是非，主要着眼点不应该是性情品格，也不应该是其皇位的取得是否正当，皇位争夺是满洲宗室内部雍正兄弟之间的利益分配和权力斗争的结果，我们不能站在雍正的立场，也不能站在八阿哥等人的政治立场，而应该站在历史的角度看待这个问题。

李渊：不说元吉，后人对建成有太多的误解。建成绝非史书上所载的那种心胸狭隘、无德无才的人，不敢说才能超群，但中人之资还是有的。这里也可以兼谈李建成的人品问题了。古代史书为了粉饰李世民夺位的合理性，将李建成丑化成“喜酒色游畋”之徒。在诸史书中，倒以《资治通鉴》的记载最为平实可靠，肯定了李建成“性仁厚”。而至于说他喜欢饮酒、女色、游猎，老实说这可算不上什么大缺点，甚至李世民自己又何尝没有这些毛病？作为封建统治者，这样的小毛病也实在不足为诟。我同意康先生的话，应该站在人性的角度看待这个问题。

王熙凤：看来历史真的有很多误会，这种误解大多来源于正史，应该是贞观年间的御用文人造成的，李先生怎么看呢？

李渊：不能不说没有这方面的原因，但我可以理解。

王熙凤：刚才李先生谈到李建成，请问康先生怎么评价自己两废两立的先太子允礽？

康熙：不好说。没有父亲不喜欢自己的孩子，我对允礽也同样如此。对于允礽，我觉得最可悲的是他的成长环境，这是他的不幸，更是他的失败，对此，我无话可说。

王熙凤：我记得当时和四阿哥争夺皇位的，还有八阿哥允禩。可以说德才兼备，颇负人望，是有名的“八贤王”，当时，您为什么不选他做继承人？

李渊：我也挺纳闷，八阿哥的才学、人望无论怎样都不输四阿哥，选择他可以说众望所归，绝对不会引起朝野震动，也不会产生什么乱子，完全能够和平交接，这又是为什么？

王熙凤：而且，从个性及为人处事方面上讲，八阿哥宽厚仁慈，最接近您。

康熙：你们只知其一，不知其二。老四、老八都是我的儿子，按理说，谁继承皇位还都不一样？但八阿哥学的是形，根本没有学到神，他学的是为人之道，并没有学到为君之道。不要说为君，就是为臣，也未必是个好臣子。胸有沟壑之险，城府之严，这本来是极好的政治素质。但是他爪牙锋利，羽翼丰满，各种关系错综复杂，盘根错节，一旦有事，可以说一呼百应，已经成为矫治时弊的最大障碍，加之其官场党羽，牢不可破，坚不可摧，你们说，这样的人能担负起整顿吏治的重任吗？

王熙凤：人缘好，怎么会是坏事？

康熙：人缘极好，本来是好事，但如果心术不正，才是真正的乱国祸帮之源。我仁，他比我还仁；我过于宽纵，他比我还宽纵，几年后，怎么得了？我选的是治理国家的人才，不是看他吃饭、走路的为人之道。

李渊：真的是知子莫若父，我有同感。

康熙：更重要的是大清承平日久，积弊甚多。二十年不动兵戈，出现了文恬武嬉、吏治不清的现象。所谓多难兴邦，大清急需刚毅强悍、矫治时弊的人才。至于老四允祯，从年轻的时候就是有名的“办差阿哥”，尽管失之苛察，但刚毅果断，勇于任事，这一点谁也比不了。

王熙凤：有没有考虑方苞说的决策办法，看皇孙，有一个好皇孙，可保大清三代盛世？

康熙：没有，当时弘历（乾隆皇帝）还很小，根本顾不及未来，我不能赌得太远，那是后一代的事情。

王熙凤：请两位总结一下，自己的接班人之所以成就卓著的主要原因。

李渊：我觉得，最主要的原因还是玄武门兵变对世民带来的压力和自己“济世安民”的理想，这其实是一种动力，也是他虚怀若谷、善于纳谏的主要原因。

康熙：对于雍正来讲，我认为，这是一种本性，他可能没有李世民那些浪漫的理想和名垂千古的追求，他最大的目的就是做事，这是本性。

王熙凤：如果让你重新选择，你会选择李世民吗？

李渊：如果单凭能力来讲，不好说。

王熙凤：如果有机会进行第二次选择，康先生会重新选择皇太子允礽吗？

康熙：（长叹一声）我觉得一个人的生长环境对他的一生有重大影响，但从各位阿哥的能力来讲，肯定不会选择允礽的，我会选择允禛，事实证明，他干得真的不错。

王熙凤：李先生做什么选择？

李渊：客观来讲，世民真的是中人之资，建成和他不相上下，还是那句话，不好选择。军事方面的才干，李建成诚然望尘莫及于李世民。但做皇帝首要的乃是政治家的才能，而非军事家的本事。更不必说李建成手下也网罗了魏徵、王珪等人才，这些人后来都为李世民所重用而成贞观年间一代名臣。可见李建成也是擅长招贤纳俊的。而他在第二次对刘黑闼作战中，采纳魏徵的建议，以怀柔为主，武力为辅，迅速而彻底地平定了叛乱，也显示出他的政治和军事完美结合的才能。

王熙凤：看得出来，李先生还是倾向于建成的，对不对？

李渊：（含笑不语）……

王熙凤：还有史书记载来看，李建成有要事商量，只是与李元吉二人一起谈论，不见有什么心腹自始至终参与其中。李世民身边至少始终有杜如晦、房玄龄、长孙无忌三人环绕在侧。他与这三人事无巨细、机密，都必定开心见诚地讨论。集四人之智慧，其谋划自是非同小可。这是不是也是李建成失败的主要原因？

李渊：所谓“胜者王侯败者寇”，如果李建成继承大统，你看到的可能是另外的历史记录。而且我认为，这恰恰说明了建成“宅心仁厚”，呵呵。

康熙：刚才李先生谈了清朝的事情，我也谈一下，我对这件事的认识。玄武门事件中，李世民占了先发制人之利，大大弥补了其兵力不足的弱点。李建成失败的最主要原因是缺乏危机感，对政治斗争的残酷性认识不足，太过掉以轻心了。身为长子，继承皇位是名正言顺的，又得到父亲的全力支持，所以，他过分自信，看不到对方的优势，也看不到自己的弱点。他曾得意地对元吉评说秦王：“留之长安，则一匹夫耳，取之易矣”，对玄武门这样一个战略要地，竟认识不到它的重要性，说明他比之李世民是太缺乏军事头脑了。

王熙凤：不好意思，今天节目结束的时间到了，还有最后一个问题，面对能力卓著的强势接班人，应该怎么办?

李渊：个人能力的强势和整体实力的强势是不同的，应该审时度势，个人能力的强势就不说了，对于整体实力很强势但不应该继承大统的接班人应该瓦解其实力。为真正的接班人铺路。

康熙：没有天生的接班人，优秀的接班人是需要培养的。

王熙凤：谢谢两位，今天的节目到结束。

第二篇
老子英雄儿混蛋
——恣意妄为　亡国之君

不管是胡亥还是杨广都不是合适的接班人，一个无意间继承皇位，既没有政治责任，也没有最起码的政治素质，一生的目的就是贪图享受；另一个可以说穷奢极欲、爱慕虚荣，而且好大喜功。他们都是通过阴谋政变的方式取得政权，都有害死父亲的嫌疑，都留下历史疑案，其结局也惊人的相似，胡亥被自己最亲近的手下人结束性命，杨广则希望自己完蛋时，还能像陈叔宝一样被封个公爵。胡亥只求做一个郡王、一个万户侯，最后愿意同妻子做普通百姓，纳税服役，但最终还是没有达到自己的目标。没有任何人愿意挑选混蛋做自己的接班人，但没有天生的混蛋，有的人因为生活方式变化而混蛋，有的人则因为周围的人而混蛋。但是，如果您的接班人真的有些混蛋，您该怎么办？

秦二世胡亥——胡作非为　奸人唆使

胡亥走的这条路是：皇室贵胄的无忧无虑的生活——权臣扶他上了宝座——权臣利用他剪除异己——被权臣架空——被权臣逼宫。应该说胡亥不适合做皇帝最主要的原因是他的志趣和追求，胡亥既没有治国的才干和本领，也没有政治家的心机和城府，可以说他根本不懂政治，也从来没有想过自己有一天要当皇帝，他没有什么雄心壮志，最大的目的就是享受生活。他能成为秦始皇的接班人，还能享受几年，过几天一人之下、万人之上的皇帝日子，最后折腾亡国，全赖赵高、李斯所赐。所以让胡亥来承担历史责任有失公允，秦始皇也从来没有把他当作接班人培养，应该承担历史责任的是秦始皇，另外就是扶苏，他的迂腐、愚忠，不具备权谋通变之才，这才是我们应该思考的主要问题。

继位背景：

公元前211年，在东郡（河南濮阳）发生了一起诅咒秦始皇的严重政治事件，那一年，有一颗陨石一不小心落到了东郡。有一个知识分子正好跑肚子拉稀，一晚上跑了八次厕所，当他第八次蹲在茅坑时，仰头看到这场奇观，联想到被秦始皇征到西安临潼打工的小舅子，不禁愤愤然：他妈的，如果我小舅子在，我肯定不会给家里的猪圈出粪，我如果不出粪老婆怎么会做红烧肉？不吃红烧肉，就算吃了三斤甜鸭梨，也不会拉肚子，想到这里，立马对秦始皇产生了刻骨的仇恨，就提起裤子，偷偷地在陨石上面刻了七个字："始皇帝死而地分"。秦始皇原以为天降陨石是祥瑞，上面应该写什么"大秦兴，嬴政王"或者"政通人和""功盖三皇"什么的，一看竟然是反动标语，一拍桌子，马上派到东郡追究真相，那个御史大夫是个饭桶，在河南调查取证，追查了几个月，竟然没有查到一点儿线索，秦始皇脾气本来就不好，对办案无能的御史大夫撤职查办，然后他也懒得立案侦查了，为了完全彻底地解决问题，秦始皇索性下令把陨石附近所有的老百姓全都抓起来杀掉。尽管如此，那个知识分子"始皇帝死而地分"的反动标语，仍然阴魂不散地对秦始皇起到了"恐怖主义"的作用，搞得他坐卧不安、疑神疑鬼。迫不得已，只好找来了自己的心理医生咨询一下，那时候的心理医生不是现在北师大或者综合大学的心理学、教育学博士什么的，而是能掐会算的卜筮令，那时候卜筮令级别挺高，能直接和秦始皇以上玉皇大帝以下各路神仙对话，他闭着眼睛会见了各路神仙后对秦始皇说："陛下，您今年犯了点儿灾星，不吉利呵，只有搬家或者到外边去巡游，才能消灾免祸。"

公元前210年10月，一个阳光特别灿烂的好日子，秦始皇开始了第五次出巡，既然巡游，肯定少不了专管舆车、印信、墨书的中车府令赵高；另外，巡游尽管不是小事，但也不能耽误国家大事，这样，丞相李斯也必须随往；安全保卫工作由军事顾问兼上卿蒙毅担任。一路上，秦始皇兴致很高，自己指点江山，让别人激扬文字。先是巡游云梦寻找神仙，然后到九嶷山朝拜自己心中的偶像舜帝，然后泛舟东下，由长江再渡过江渚。经过丹阳，到达钱塘，登上会稽山，祭祀了曾经治水的大禹，在南海立为了自己立碑刻石，自吹自擂、自我吹嘘，还歌颂了自己的无量功德。

第二年7月，当秦始皇的皇家仪仗队到达博浪沙时，庞大的车队正在缓缓前进，茂密的树林里突然凌空飞来一个大铁椎，"嗖"的一声，直击秦始皇的车驾，这就是千古智圣张良密谋策划的刺秦行动，遗憾的是这位刺客，胆量有余，力气也还可以，就是专业技术不扎实，大铁椎凌空飞起，咔嚓一声，没有把秦始皇怎么样，却把他后座的副车打得粉碎。秦始皇当时正眯着眼打盹，思考着怎样保持秦国江山千秋万代，永不变色。忽然间，一个霹雳惊天，把他吓得赶紧趴下，日理万机的身体立即发生了一系列物理、化学反应，先是脸色发白，嘴唇发紫，接着是五脏六腑、震颤不已；秦始皇当时正水土不服，山珍海味竟然催得跑肚子拉稀，身体本来就羸弱不堪，加上天气炎热，一不小心就生病了，虽经名医多方调治，但终因积劳成疾，医治无效，于公元前210年7月在河北沙丘逝世，终年五十岁，秦始皇是中国封建社会伟大的政治家和军事家，他结束了战国时代的分裂局面，统一了六国，对国家发展作出了贡献，秦始皇病重期间，因平生忌讳"死亡"二字，李斯、赵高等国家主要领导人不敢贸然相问，直到始皇生命的最后一刻，才命给长子扶苏写了一封诏书："以兵属蒙恬，与丧会咸阳而葬"，命令大儿子扶苏把军队交给蒙恬，赶回咸阳主持丧事，并继承他的皇位，谁知道诏书还没有发出去，秦始皇就呜呼哀哉，一命归西了。

秦始皇死后，丞相李斯严格保密，秘不发丧，一面把秦始皇的尸体安置在车中，让宦官照常坐在车上，传递批答奏章，送水送饭，一切照常，另一方面催促赵高速发玺书，召扶苏回咸阳继承皇位。但赵高那聪明灵活的大脑开始活动了，他怕扶苏继位，怕蒙恬兄弟掌权，一旦如此，自己注定要倒大霉，因此，他没有把秦始皇给扶苏的诏书发出，而是阴谋策划让胡亥即位。胡亥是秦始皇的次子，他根本没有做皇帝的野心，非但没有，还很有自知之明，但赵高凭借三寸不烂之舌，不但打消他的顾虑，而且使他心安理得做起皇帝梦。我们看看赵高卓越的说服能力：

赵高说："上崩，无诏封王诸子而独赐长子书。长子至，即立为皇帝，而子无尺寸之地，为之奈何?"

胡亥曰："固也。吾闻之，明君知臣，明父知子。父捐命，不封诸子，何可言者!"

赵高曰："不然，方今天下之权，存亡在于与高及丞相耳，愿子图之。且夫臣人与见臣于人，制人与见制于人，岂可见同日道哉!"

胡亥曰："废兄而立弟，是不义也；不奉父诏而畏死，是不孝也；能薄而材谫，强因人之功，是不能也；三者逆德，天下不服，身殆倾危，社稷不血食。"

高曰："臣闻汤、武杀其主，天下称义焉，不为不忠。卫君杀其父，而卫国载其德，孔子著之，不为不孝。夫大行不小谨，盛德不辞让，乡曲各有宜而百官不同功。故顾小而忘大，后必有害；狐疑犹豫，后必有悔。断而敢行，鬼神避之，后有成功。愿子遂之。"

胡亥喟然叹曰："今大行未发，丧礼未终，岂宜以此事干丞相哉!"

赵高曰："时乎时乎，间不及谋！赢粮跃马，惟恐后时!"

当赵高明目张胆地鼓励胡亥当皇帝时，胡亥很有自知之明。他说，废掉兄长而自立，是不仁；不遵守父皇的诏命，是不孝；自己能力不够才识浅薄，勉强靠别人的力量做了皇帝，是不能。这三件都属大逆不道，天下人是不会服气的，自身也会非常危险，祖宗的神灵也不会承认保佑的。

我们不说胡亥的品行，从这段话的逻辑及词语答对来看，很是得体，这说明他并非不懂君臣大意，但赵高毕竟非一般人可比，他伶牙俐齿，用自己的方式曲解历史，三言两语，胡亥就被说服了。赵高说，商汤革命，周武伐纣，都杀了他们的君主，天下没有人说他们不忠；卫国国君杀掉残暴的父亲自立，没有人说他不孝，连孔子都为他书上一笔。凡是干大事的，就不能够拘泥于小节；有大德行的人，就不计较一些小的过失和责备。事贵达权，不可墨守。因小失大，必生祸患；优柔寡断，将来后悔。这番话引经据典、旁征博引，说的是义正词严、无懈可击，打消了胡亥尚存的一点良知。胡亥最终动摇了，“然高之言”，同意了赵高的逆谋。

攻下胡亥，再攻李斯，赵高也只用了两三个回合。他先说明来意后，李斯大惊失色，斥责他的话亡国乱政，大逆不道。赵高却给他摆出了理由——

1. 论才能、功劳、谋略、人心、与扶苏的交情和得到他信任的程度，李斯比得过蒙恬吗？李斯显然比不上，由此推论，一旦扶苏即位，李斯将相位不保。

2. 古往今来，被罢免的丞相或功臣的富贵荣耀，从来没有能够保持两代的，他们和子孙最后都逃不掉杀头的结局。由此推论，李斯只要罢相，难逃杀身灭门之祸。

这时候，赵高那精密的大脑开始急速地运转，他太了解“刚毅而武勇”的扶苏了，这个人几乎曾来没有正眼瞧过他，如果扶苏要做了皇帝，不要说中车府令，连自己的“小康”生活都保证不了。而且，他与扶苏的高级助手蒙毅有不共戴天之仇，每次想起这件事，他就恨得咬牙切齿，原来，赵高担任中车府令时，曾犯有大罪，落在蒙毅手上，蒙毅一向奉行违法必究、执法必严的原则，依法判处赵高死刑，立即执行。秦始皇惜才心切，才破例赦免赵高。从此以后，赵高改了，他脱胎换骨，宛若再生，工作上兢兢业业，做人方面也小心翼翼，经过一段考验，终于官复原职，继续担任中车府令，尽管如此，赵高对蒙毅的仇恨非三言两语能说清楚的。因此，经过赵高激烈的思考后，他决定改弦更张，立自己的学生秦二世胡亥为帝。为此，他利用自己的三寸不烂之舌，伶牙俐齿，给丞相李斯实施攻心战。他分析道：扶苏即位以后，必定任用他的铁哥们蒙恬，你能和蒙恬比吗？功高劳苦你比不上，上马杀敌你也不行，与扶苏的关系你更比不上，嘿嘿嘿，如果立胡亥为帝，我还是他的老师，而你呢，你还做你的丞相，我们兄弟联手做事，美不美?! 赵高果然高见，他分析得丝丝入扣，合情合理，不要说两千多年前的李斯，即便你我兄弟现在身临其境，也觉得这种分析很美。李斯也正为这件事情发愁，听赵高这么一分析，觉得很有道理，就同意了他的意见，这就是著名的“沙丘疑案”。说服李斯后，赵高兴高采烈地给胡亥报喜，胡亥高兴得找不着北了，三人因此结成政治同盟。

为了不使秦始皇去世的消息传扬出去而引起乱子，经赵高和李斯研究决定，严密封锁消息，秘不发丧，并将尸体载于车中，饮食奏请还和平常一样，命令全体人员加紧赶路，由于暑天高温，秦始皇的尸体已经腐烂变质臭不可闻，和死了几天的鱼儿差不多，当李斯还想着怎么遮人耳目时，还是赵高聪明过人，他笑眯眯地命令手下人买了许多死鱼烂虾装在所有车上，以乱其臭，迷惑大家。在政治方面，说干就干，李斯是老练的政治家，赵高是谋略大师，他们迅速销毁秦始皇帝赐给扶苏的书信，另制遗诏，以李斯承受皇帝遗言的方式，立胡亥为太子，同时赐书扶苏、蒙恬：“扶苏身为人子不孝，赐剑自裁。将军蒙恬辅佐扶苏居外，知其谋而不能匡正，为人臣不忠，赐死。”扶苏接到圣旨后，准备尽孝道入内舍自杀，蒙恬受秦始皇的重托，多年统兵在外，具有丰富的政治经验，凭借他对当前政治局势的了解，他对皇帝赐书的真伪持怀疑态度，并力劝扶苏：“陛下在外巡游，没有册立太子，我们统领三十万大军镇守边疆，关系到天下的安危，眼下凭借一张诏书，就自杀，何以知道是真是假？还是复核一下，无误后再自杀不迟。”应该说，蒙恬的判断，合情合理。但是，令我们至今难以理解的是，扶苏竟然没有因蒙恬的劝告而幡然省悟，他留下了一句“父赐子死，何能复请!”的话，拔剑自杀了。《史记·李斯列传》记载：当扶苏与蒙恬接到赐死的伪后，“发书，扶苏泣，入内舍，欲自杀。蒙恬止扶苏曰：‘陛下居外，未立太子，使臣将三十万众守边，公子为监，此天下重任也。今一使者来，即自杀，安知其非诈？请复请，复谓而后死，末暮也。’使者数趋之，扶苏为人仁。谓蒙恬曰：‘父而赐子死，尚安复请。’即自杀。蒙恬不肯死，使者即以属吏，系于阳周。”

扶苏自杀后，蒙恬失去依托，被置于极为被动的境地，最后，只能无奈地将兵权交与副将王离，但仍然拒绝自杀，复请上意后，被软禁在上郡阳周县，最后，还是难逃被杀的命运。扶苏自杀的消息传到九原，紧张不安的胡亥、李斯、赵高大喜。马上急速南下，进入咸阳，公布遗诏，让胡亥继位，遵始皇帝身前旨意，号称二世皇帝，李斯继任丞相，主持政事，赵高升任郎中令，跻身于政府主要大臣，负责宫廷警卫，三头执政的二世新政权，正式成立，秦始皇时代正式结束。“沙丘之变”尽管费尽心机，总算功成名就了。然而，另一场残酷的宫廷争斗扑面而来，我们在感知它的血腥味前，还是先分析一下这场斗争的各派实力。

皇储分析：

据《史记》记载：秦始皇死后，秦二世立即对自己的兄长和姐妹们进行了屠杀，“六公子戮死于杜”“公子十二人戮死于咸阳市，十公主戮死于杜”，其中，“公子将闾昆弟三人……皆流涕拔剑自杀”、公子高准备逃跑，又恐家属被族，只好上书，请求为秦始皇殉葬，以图全尸……胡亥准其请求，加上被篡改的遗诏赐死长子扶苏，以及胡亥自己，算起来，秦始皇的生育能力还是相当不错的，共有子女33人，真正算得上皇储的只有公子扶苏和少子胡亥，所以值得我们特别关注的也只有他们两位。

先说扶苏，史书上关于扶苏的记载少得可怜，我们只能从历史资料中的一些只言片语，对其短暂而可悲的一生，进行简单的探究。扶苏是秦始皇的嫡长子，个性“刚毅而武勇，信人而奋士”。

苏东坡在《东坡志林·始皇扶苏》中说：“故其子如扶苏之仁，则宁死而不请”，明朝的张居正也指出“扶苏仁懦”（《张文忠公全集·杂著》）。可见，扶苏这个人不但很武勇，也很仁义，是皇位理所应当的继承人。但秦始皇出于统治天下的原因，并不喜欢他这个“刚毅而武勇”的嫡长子，认为扶苏的“仁”是妇人之仁，对即将君临天下的一国之君来说，有百害而无一利。根据司马迁的记载，秦始皇将那些装神弄鬼的儒生“四百六十余人，皆坑之咸阳”后，扶苏谏曰：“天下初进，远方黔首未集，诸生皆诵法孔子，今上皆重法绳之，臣恐天下不安。唯上察之。”导致始皇怒，才使扶苏北监蒙恬于上郡。《史记·李斯列传》也说“长子扶苏以数直谏上”，《陈涉世家》中司马迁引用陈胜的话，“扶苏以数谏故，上使外将兵”，都说明因为反对“坑儒”政策，才导致秦始皇不喜欢他，其实，这只是司马迁的一家之言。

我们认为，秦始皇之所以一直不肯把嫡长子扶苏立为太子，最主要的原因还是扶苏的“仁”与他的法家治国思想背道而驰。他认为，扶苏的“仁”是有害的，不经过历练，扶苏很难掌控大秦帝国的航向。

扶苏虽是嫡长子，但并未正式确定为太子，以蒙氏家族在秦国的影响，在秦始皇法家思想统治之下，作为秦朝举足轻重的守边大将，蒙恬是不大可能与扶苏有什么私交的。而蒙恬掌握的三十多万军队“其势足以倍（背）畔（叛）”，这是秦始皇派扶苏到蒙恬那里做监军的主要原因，即为他接班布局。

再说胡亥，他是秦始皇的小儿子，史书中关于他的记载也不多。要说胡亥，不能不说对他一生影响甚大的宦官赵高。历史上的赵高以“指鹿为马”而遗臭万年，他本来是赵国的贵族，其父亲兄弟皆战死沙场，母亲被卖到秦国做奴婢后受尽屈辱而死。他幸运地被送入秦宫做最低级的苦役。后人根据“指鹿为马”妄自揣测，认定赵高一定是无才无德，不学无术的人，其实，历史上的赵高是在磨难中长大的，他固然善于阿谀奉承、察言观色，但赵高具有很强的行政管理能力，他工作勤奋，坚韧不拔，行事果断敢为，勇于任事。他不是什么法家，也不知道法家的法与法律的法是不是一回事，但他很清楚：法家之变必须依靠法律来完成。于是，他很有眼光地选中了法律这门课，赵高对复杂而严格的秦国法制了如指掌，并通过死记硬背成为秦王的活法典，受到了嬴政赏识。秦始皇日理万机地批阅公文，遇有刑律处分方面的问题，稍有疑惑，只要赵高在旁边，无不获得解答。秦始皇本身就爱惜人才，自此对他越加宠信，提拔为中车府令，负责掌管皇帝出行和印玺的事务。他常在秦始皇左右协助处理政事，也因此得以全面接触到国家机密大事。后来，赵高招权纳贿，舞文弄法被秦始皇发觉，将他交付蒙恬的弟弟蒙毅审理，蒙毅猜不透秦始皇的意思，不敢徇私，按律定罪，判处赵高死刑，并废除了赵高的宦籍。但秦始皇爱惜其才，临刑突然改变了主意，他念赵高明断有识，办事勤敏，格外加怜，特下赦书，不仅免其一死，还官复原职。这件事造成了一个极为严重的后果，它使赵高和蒙恬兄弟从此结下了仇怨。而蒙恬兄弟是扶苏最仰重的大臣，一旦扶苏继位，赵高肯定没有好果子吃，这为日后的沙丘之谋埋下了伏笔。此外，赵高在文字方面的造诣极为高深，秦帝国后来的文字改革，他有相当的贡献，他的《爰历篇》六章，是秦帝国官定识字课本的一部分，也是有名的文字学著作。赵高文字书法非常精美，是有家学渊源的法学名家。赵高的书法，堪称第一流，尔后在庞大的秦帝国中，除了丞相李斯而外，大概无人能出其右了。晚年的秦始皇之所以聘请他作少子胡亥的家庭老师，正是看中他的文字、书法和法学方面的深厚造诣。

有一次，秦始皇设宴招待群臣，让儿子们都参加。胡亥也遵命赴宴，但他不愿和大臣们循规蹈矩地在父亲面前喝酒，早早吃饱便借故退席。在殿门外整齐地排列着群臣的鞋子，按照秦朝的规定，大臣进入宫殿时必须将鞋子脱下放在殿门外。胡亥借着酒劲，边走边随意地将群臣的鞋子踢得横七竖八，后来宴会结束，许多大臣胡乱错穿了别人的鞋子回家，闹了一场笑话，始皇却并不介意。后来胡亥即位，就像他当初踢鞋一样把国家“踢”得乱七八糟，最后连自己的性命也搭进去了。

公元前209年，沙丘之变后，胡亥依靠赵高、李斯取得了帝位，时年21岁。胡亥自幼成长于深宫之中，唯一的外出就是跟随其父巡游天下，显示皇威尊荣。在这种特定的环境下，他最大的爱好就是喜欢艺术，对戏剧情有独钟，他对中国最大的贡献主要表现在秦腔方面。他是个戏迷，他命人在“傩”的基础上将曲谱配管弦，填上词，发展成有情节的戏曲，这就是我们陕西“秦腔”的前身。傩，在中国文化中非常神秘，是古代驱鬼逐疫的仪式。此外，他还设立中央戏剧学院，即专门的戏曲音乐机构“乐府”，为宫廷服务。

公元前207年，赵高的弟弟赵成身为郎中令，负责宫廷保卫工作，赵高便让他做内应，假称有盗贼到来，派阎乐发兵捕捉。然后，由阎乐率领一部分士兵化装成起义军，把阎乐的母亲抓来，偷偷安置到赵高家中，以造成一种似乎起义军真的打进城来的假象。随即由阎乐率领一千多士兵直抵望夷宫。阎乐率领士兵杀进望夷宫，胡亥的卫兵都四散奔逃，胡亥身边只剩下一名宦官不肯离去，胡亥此时才明白赵高是个什么样的人。他问那名宦官：“你既然知道赵高是什么样的人，为什么不早点告诉我?”宦官说：“我就是因为不说才能活到今天，如果我说了，早就被你杀死了。”

胡亥哀求阎乐：“您能允许我见见中丞相吗?”阎乐说：“不行!”胡亥又说：“皇帝我不做了，让你们中丞相去做，你能留我一条性命吗？我只求做一个郡王。”阎乐说：“不行!”胡亥又说：“那让我做一个万户侯吧。”阎乐说：“不行!”胡亥说：“我愿意同妻子做普通百姓，纳税服役，总可以吧?”阎乐说：“不行!”胡亥于是接过阎乐手中的剑，自杀了。赵高知道胡亥死了，非常高兴，以为自己终于可以君临天下了，没想到百官大臣没人肯听从，他只好又把胡亥的叔叔子婴请出来，把玉玺授给他，并说六国复兴，秦国的地方太小，不能称帝，便让子婴称“秦王”。胡亥死时只有二十三岁，皇帝也仅仅当了三年，后来以黔首的礼节埋葬了他，墓地在杜南（现在西安西南）的宜春苑中。

继位布局：

从政治策略来考虑，秦始皇之所以提拔赵高为中车府令，最主要的原因是李斯的非凡和庞大的无孔不入的间谍网。秦始皇认为，李斯的帝王之学需要赵高来牵制，李斯自己也认为，以丞相之尊兼有拥立之功，对付个把赵高绰绰有余，根本就没把对方放在眼里。但是，他没有想到，赵高是真正的小人，荀卿教给他的帝王之学在雄才大略的秦始皇那里获得了成功，在秦二世那里未必如此，因为秦二世本身就不喜欢什么经世济用的帝王学，他喜欢的是能给他带来享受的小人。

胡亥继位后，赵高也得意扬扬地四处抖威风，忽而想起蒙毅曾经判处自己死刑，气就不打一处来，首先鼓动胡亥诛杀蒙恬和蒙毅再说，胡亥本来就是糊涂蛋，想也不想，就下诏处死蒙恬和蒙毅。后来，赵高又让胡亥杀了右丞相冯去疾、将军冯劫，秦始皇铸就的秦国栋梁，几乎都被胡亥砍光了。看见这么多竞争对手摧枯拉朽般的崩溃，赵高刚刚喘了口气，想歇息一阵再说，想不到胡亥睡不着了，他向自己的老师赵高请教："大臣不服，官吏尚强，及诸公子必与我争，为之奈何？"赵高早就等着这句话了，赶忙说："臣固愿言而未敢也。先帝之大臣，皆天下累世名贵人也，积功劳世以相传久矣。今高素小贱，陛下幸称举，令在上位，管中事。大臣鞅鞅，特以貌从臣，其心实不服。……严法而刻刑，令有罪者相坐诛，至收族，灭大臣而远骨肉；贫者富之，贱者贵之。尽除去先帝之故臣，更置陛下之所亲信者近之。此则阴德归陛下，害除而奸谋塞，群臣莫不被润泽，蒙厚德，陛下则高枕肆志宠乐矣。计莫出于此。"意思是臣早想给陛下谈这个问题，就是不敢，先帝倚重的大臣，大都功高盖世，还经常喜欢倚老卖老。老臣我出身微贱，本事也不大，幸赖陛下信任，掌管朝政，这些人貌似驯顺，内藏奸诈，其实根本不服，陛下必须制定严酷、苛刻的刑法，大振威力。再采取贱者贵之、贫者富之、远者近之的办法，换上一批亲信，这样，既可除去先帝的那些旧臣，又可安置陛下所亲信的人，谁不感恩戴德，忠于陛下呢？这样国家就安定了，陛下也可以高枕无忧了。对于赵高的观点，胡亥的态度就一个字："善"。激动之余，胡亥还非常感慨地对赵高畅谈自己的人生观："夫人生居世间，譬犹骋六骥过决隙也。吾既已临天下矣，欲悉耳目之所好，穷心志之所乐，以安宗庙而乐万姓，长有天下，终吾年寿，其道可乎？"赵高听到这里，马上笑了，赶紧称颂"此贤主之所能行，而昏乱主之所禁也"。

为了独掌朝纲，赵高借题发挥，趁机把胡亥赶到后宫喝酒听秦腔，赵高又是一番劝导。赵高说："天子所以称贵，就在于深居九重，高高在上，只让群臣听到他的声音，不让他们见到面孔。从前先皇在位的时间长，群臣无不敬畏，所以即使每天与群臣见面，他们也不敢胡作非为，妄进邪说。现在陛下还很年轻，又刚刚即位，对各种事情未必样样精通。如果在朝廷中现场处理政务，万一言语有误，处置失当，就在群臣面前暴露了您的弱点，这岂不有损于陛下的圣明吗？所以，陛下不必再临朝和臣下见面，只管深居宫禁，有什么事情由我和侍中来批答处理一下就行了。”（“天子所以贵者，但以闻声，群臣莫得见其面，故号曰‘朕’。且陛下富于春秋，未必尽通诸事，今坐朝廷，谴举有不当者，则见短于大臣，非所以示神明于天下也。且陛下深拱禁中，与臣及侍中习法者待事，事来有以揆之。如此则大臣不敢奏疑事，天下称圣主矣。”）胡亥想不到赵高竟然和自己如此“心连心，心贴心”，不但设身处地为自己着想，还明察秋毫到自己即将面临的尴尬，感动得差点哭了。所谓爹亲娘亲不如赵高亲，天大地大不如赵高的恩情大，从此便深居九重，不和朝臣见面，一切政事交由赵高处理。胡亥自己则与宫人“作觳抵优俳之观，饮酒作乐，妇人居前”。从此，胡亥只是个名誉皇帝，赵高成了执行皇帝。看到胡亥深居禁宫，只听从“二皇帝”赵高的话，李斯有些不服气，他唯恐自己失宠，便写了一篇文章《行督责之术》，向胡亥献出了独断专权、酷法治民的治国方法。

为了防备“诸公子必与我争”，在赵高的策划下，胡亥连兴大狱，一场屠杀有功大臣及诸公子的行动，在秦国波澜壮阔地全面开展，首都咸阳成了秦国贵族的杀人场，赵高对于所有的前朝重臣，不管是战功赫赫的名将统帅还是经天纬地的治国之才统统杀无赦，他杀掉了秦始皇的十二个儿子十个女儿，要么车裂，要么剐刑，看到这些以往骄横无比、盛气凌人的秦朝贵族和尊贵荣耀的王子公主们或被碾成肉泥或被砍成一块块的，赵高的心里可以说酣畅淋漓。

公子将闾等兄弟三人，是胡亥的同母兄弟，以为哥哥会网开一面，被囚于内宫后还自认无罪，只待不久即可获释。接到将他们处死的诏书后，将闾叫屈道：“我平时出入宫廷，未尝失礼；随班廊庙，未尝失节；奉命应对，未尝失辞，怎么叫作不臣？”高呼自己“无罪”，最后痛哭流涕，还是没办法，最后只有拔剑自杀。（“公子不臣，罪当死！吏致法焉。”将闾曰："阙廷之礼，吾未尝敢不从宾赞也，廊庙之位，吾未尝敢失节也，受命应对，吾未尝敢失辞也，何谓不臣？愿闻罪而死！"使者曰："臣不得与谋，奉书从事。"将闾乃仰天大呼"天"者三，曰："吾无罪！"）还有一个公子高，虽未曾被拘系，自知不能幸免，本想逃走，但又怕因此株连全家，祸至灭族，只好"牺牲我一个，保住全家人"。他亲自上书胡亥，情愿殉葬父皇。胡亥非常高兴，赐钱十万以葬。（先公子高欲奔，恐收族，乃上书曰："先帝无恙时，臣入则赐食，出则乘舆。御府之衣，臣得赐之；中厩之宝马，臣得赐之。臣当从死而不能，为人子不孝，为人臣不忠。不忠者无名以立于世，臣请从死，原葬郦山之足。唯上幸哀怜之。"书上，胡亥大说，召赵高而示之，曰："此可谓急乎？"赵高曰："人臣当忧死而不暇，何变之得谋！"胡亥可其书，赐钱十万以葬。）史书记载：逮捕"少近之郎"；六公子戮死于杜；公子十二人矺死咸阳市；十公主磔死于杜；公子将闾兄弟三人被杀；公子高欲避祸，要求陪葬始皇帝陵；蒙恬被赐死，蒙毅被杀；大臣冯劫、冯去疾被杀。秦俑考古队在秦陵东侧上焦村发现了17座秦代墓葬。从考古资料得知，这些墓葬大多是二世处死的公子、公主的墓葬。已清理的八座墓葬中，有男有女，肢体分离，首身异处，有一男性头骨上插一铜镞。一女性下颚骨左右相错，由此看来决非正常死亡。但陪葬品却比较豪华、丰富，除陶器外，还有银蟾蜍、铜印章等，工艺精致，绝不是民间之物。这场大规模的戮杀，使宗室裔胄和大臣人人自危，"黔首振恐"。秦始皇的子女都被杀完，只剩下李斯了。

胡亥对李斯的进谏非常反感，反问李斯："何哉？夫高，故宦人也，然不为安肆志，不以危易心？行善，自使至此，以忠得进，以信守位，朕实贤之，而君疑之，何也？且朕少失先人，无所识知。不习治民，而君又老，恐与天下绝矣。"

赵高趁机把自己的亲信安插到朝中要害位置，如弟弟赵成被任为郎中令，掌握京师和皇帝的卫队，女婿阎乐为咸阳令。其他如御史、侍中等官，也都换成了赵高的人，朝中到处都有赵高的爪牙和耳目。感觉坐稳了宝座后，胡亥效法秦始皇，也巡游天下。南到会稽（今苏州），北到碣石

（今河北昌黎北），最后从辽东（今辽宁辽阳）返回咸阳。在巡游途中，赵高建议胡亥趁机树立自己的威信，将那些不听话的官吏全部诛杀。胡亥一路下来，杀了不少地方官吏，以致许多地方都没人敢当官了。

胡亥把秦始皇的暴虐发扬光大了。他继续大量征发全国的农夫修造阿房宫和骊山墓地，调发五万士卒来京城咸阳守卫，同时让各地向咸阳供给粮草，而且禁止运粮草的人在路上吃咸阳周围三百里以内的粮食，必须自己带粮食。除了常年的无偿劳役外，农民的赋税负担也日益加重，最终导致了陈胜吴广起义的爆发。陈胜及吴广均为颍川郡（今河南）人，二世元年（前209）七月，两人奉命押解一群工役500人，将粮食送到渔阳的长城工地上去。但当他们到达蕲州（今安徽宿县）大泽乡时，遇上了倾盆大雨，道路全为洪水淹没，车人皆动弹不得，被困了好几天。如果他们无法依限期到达目的地，以秦国刑法可能被判处死刑。于是两人杀掉监军，领着这500人造反，假冒扶苏及项燕之名，向全国各地发出檄文。不久，便有武臣自立为赵王、魏咎自立为魏王、田儋自立为齐王，一时间群雄并起。胡亥即位一年不到，起义军已遍布全国各地了。天下大乱，赵高一边对胡亥封锁消息，一边对李斯说，关东群盗蜂起，可皇上根本不把这事放在心上，劝谏他也不听，还是丞相的话有分量，你去劝劝看。李斯不知是计，答应下来。赵高故意在胡亥拥姬挽妾燕乐正浓时，派人通知李斯，李斯赶紧去求见，结果引起了胡亥的反感。一连几次都是这样，惹得胡亥大怒，觉得你李斯故意趁我忙的时候来，找我的不痛快。赵高乘机进谗言，说李斯没有从胡亥即位中捞到好处，心生怨恨，并诬陷李斯的长子李由是三川郡守，造反的陈胜是李斯邻县的人，陈胜的军队经过三川时，李由故意不出击。两人有文书往来，有可能要谋反。胡亥就让赵高调查此事。李斯听到风声，才知中计，便上书揭发赵高专权擅势、贪欲无穷，有篡位自立的野心。赵高知道胡亥听不进去，便没有扣押这封上书。胡亥果然不信，李斯再次上书，坚决要求惩治赵高。胡亥担心李斯会利用自己手中的职权先斩赵高而后奏，便告诉赵高要小心。赵高趁机大进谗言，说李斯想先除掉自己，再像田齐篡夺齐国的政权一样篡夺胡亥的天下。胡亥相信了赵高，命他把李斯拘捕起来，投入狱中，随即又把李斯的宗族、门客以及凡与李斯有交往的人统统收捕归案。

赵高重刑逼供，逼李斯招认与儿子李由谋反之事。李斯难受酷刑，屈打成招。但他还不死心，又上书胡亥自陈，赵高接到上书后扯得粉碎，说："囚犯怎么能上书呢？"李斯的上书，反倒提醒了赵高，倘若胡亥真的派人来审问李斯，他肯定会翻供的。赵高就让自己的门客十多人假扮成御史、侍中的样子，轮番去审讯李斯。李斯不知其中有诈，就以实情相告，结果每次都遭到残酷的拷打。后来，胡亥派人来核实李斯的供词，李斯以为又如前几次一样，始终没敢改口，承认了谋反的罪名。赵高把这份供词上奏给胡亥，胡亥看后非常高兴地说："如果没有赵高，我几乎被李斯所卖。"这样一来，李斯被定成死罪，夷灭三族。

李斯受的是当时最为残忍的一种处死方式，叫作"具五刑"，程序是先在脸上刺字，然后割鼻子，再砍掉左右脚，又被拦腰斩断，最后被剁成肉酱。临刑前，李斯凄楚地对他的二儿子说："我们再也不能像以前当老百姓的时候那样，牵着黄狗出上蔡东门外去追逐狡兔了！"李斯死后，赵高又让胡亥搞了大规模的集体殉葬，宫中凡是没有生育的宫女 1 万多人，和为秦始皇设计、修筑陵墓的数千名能工巧匠，都被下令为始皇殉葬。

除掉了李斯，赵高被胡亥任命为中丞相，独揽朝纲。但他还想试探群臣是不是真心归属自己，就命人把一头鹿牵入宫中，献给胡亥说："我把这匹好马献给陛下。"胡亥一看，分明是一头鹿，哪里是什么马，便说赵高弄错了。赵高仍坚持说是马。胡亥不信，就问左右的人。左右的人都不敢作声，也有几个人据实说是鹿，但更多的人都奉承赵高，说是马。胡亥闻言，大吃一惊，以为自己精神惑乱，竟分辨不出鹿和马，于是就招来太卜，让他为自己占一卦。太卜已经赵高授意，便说胡亥在春秋季节祭祀天地尊奉宗庙鬼神时未能严格遵守斋戒禁忌，所以神灵惑乱，让他今天鹿马不分，现在他必须严格认真地去行斋戒之礼。胡亥听信了这套鬼话，便躲进上林苑中，后来更是跑到咸阳东南离城八里远的望夷宫避灾去了。胡亥一走，赵高就把那些据实说鹿的人统统杀掉。从此宫中内外，都畏惧赵高，无人再敢说半个“不”字。

当时各地的起义军越来越壮大，但二世胡亥根本不相信，只喜欢听天下太平的好话。有一次群臣讨论是不是发兵平定起义，胡亥竟然不同意有“反叛”的事，发兵当然也就没什么必要了。赵高在宫廷里玩弄权术炉火纯青，对待起义军却束手无策，竟然采取掩耳盗铃的鸵鸟政策，对胡亥说：“他们说的天下反叛根本就不对，先皇早已经拆毁了城墙，熔铸了天下兵器，有您明主坐堂，有严明法令行于天下，国家安定，人民富足，谁还会造反呢？现在陈胜这些人只不过是几个盗贼而已，地方官正在积极追捕，请陛下尽管放心就是了。”胡亥听了，满心欢喜，又问其他人，有的说陈胜是“盗贼”，有的则说是“造反”。说“盗贼”的没有事，说“造反”的就治罪，因为说“造反”等于说天下大乱。治罪的罪名是“非所宜言”罪，就是说了不应该说的话，这样一来，胡亥连一句真话也听不到了。

由于胡亥的闭目塞听，赵高的鸵鸟政策，各地的起义愈演愈烈，像野火一样四处蔓延。一直到陈胜的大将周文势如破竹般打到距咸阳只30公里的戏（陕西临潼新丰镇），胡亥才大梦初醒，征调正规军已来不及，就下令赦免正在骊山做苦工的数十万奴工跟囚徒，命少府章邯率领迎战。章邯果然能干，交锋的结果，周文败退，章邯出函谷关向东追击。章邯一连串扫荡了几处草莽王国，最后围攻新建立的赵王国的重镇钜鹿（河北平乡）。赵王赵歇向其他同时新建立的一些草莽王国求救，项羽率领的楚兵团抵达，破釜沉舟，大败秦军。

章邯派他的长史司马欣到咸阳请求增援，成事不足的赵高这时败事有余，他深恐章邯坐大，威胁自己，就把民变日炽的责任推到章邯身上，说章邯纵敌玩寇，现在应该戴罪立功，还想什么救兵。司马欣一连三天都见不到赵高，正在惊疑时，得到这个消息，他急急逃回，不敢走来时的道路，另走其他小径，赵高果然派人追捕，没有捉到。章邯进退失据，别无选择，只有向项羽投降，项羽就统率联军西进。比项羽先出发的刘邦，速度更快，他早已到达武关。十万火急的告警文书雪片一样飞到咸阳，胡亥急忙召见赵高，可是赵高正卧病在床。屡次召见，赵高屡次都卧病在床。大势已去之时，胡亥开始埋怨赵高了，屡次派使者责备他。赵高见胡亥已有不信任自己的迹象，就对胡亥下手了。

子婴是个聪明人，他与自己的两个儿子及心腹太监韩谈密谋说：“赵高在望夷宫中杀死胡亥，他怕群臣杀他，才假仁假义地立我为王。我听说赵高与楚军有约，消灭秦室以后在关中称王。现在他想等我斋戒以后入告祖庙时，乘机在庙中杀掉我。我只说有病不能去，他必定来催促我，那时就把他杀死。”赵高派人请子婴去祭祀祖庙，子婴称病不去，赵高果然自己来催，子婴便让手下把他杀死，随后又灭掉赵高三族。子婴怎么能如此容易地杀掉了赵高呢？赵高毕竟是个宦官，权力再大，也只限于宫廷之内，宫廷之外不可能得到真正的支持，权力基础非常脆弱。宦官的权力往往是帝王权力的延伸，帝王是宦官的权力之根。赵高杀死胡亥，等于自己断了根，当然就自取灭亡了。子婴只当了46天秦王，汉高祖刘邦便攻破武关，来到霸上，派人劝说子婴投降。子婴见大势已去，便投降了刘邦，看似强大的秦王朝至此灭亡。

赵高使其婿阎乐，去望夷宫杀了二世。可怜的二世在这个时候还在和阎乐讨价还价。阎乐杀二世时，“二世曰：‘丞相可得见否?’乐曰：‘不可。’二世曰：‘吾愿得一郡为王’。弗许。又曰：‘愿为万户侯。’弗许。曰：‘愿与妻子为黔首，比诸公子。’阎乐曰：‘臣受命于丞相，为天下诛足下，足下虽多言，臣不敢报。’麾其兵进。二世自杀。”他又说：臣赵高杀太子，立胡亥，秦此时已无生气矣。赵高、胡亥可胜诛哉！这些论说是有道理的。胡亥起先也知道自己不是做皇帝的料，所以不敢上台，以后人在江湖，身不由己，越做越坏，直到秦王朝江山被毁。胡亥的一生，是在浑浑噩噩中度过的，虽然篡权立帝，但一直任由赵高摆布，没有自己的思想、主见。从篡权到被杀，他的悲剧，既是历史造成的，也是个人造成的。

秦始皇任用赵高是引狼入室，而二世重用赵高，加快了秦朝灭亡的步伐。正如《史记》中所说“俗传秦始皇起罪恶，胡亥极，得其理矣”。秦王朝的衰败，是秦皇父子两代积累而成，并非胡亥一人所为。始皇帝的急法任刑，造成大臣不敢进谏，也成为李斯一类大臣苟合奉迎的契机，更助长了赵高之流的阴谋夺权。

胡亥的任性，追求享乐，正被阴谋窃权的赵高看准并利用。而胡亥本人年幼，没有治国经验，对赵高的计谋只有听从。赵高为了自己的权欲而教唆胡亥滥用职权，恣意行乐，骄奢无度，纵欲杀戮，宠信奸佞，不顾国之存亡，人民的疾苦。胡亥从夺位那天起，就注定了他将成为赵高手中的傀儡，也注定日后的悲惨结局。

胡亥在位三年便失去了天下。正如司马迁所言："胡亥极愚，郦山未毕，复作阿房，以遂前策，诛斯、去疾，任用赵高，痛哉言乎！人头畜鸣。"太史公："今秦二世立，天下莫不引领而观其政。夫寒者利，裋褐，而饥者甘糟糠，天下之嗷嗷，新主之资也。此言劳民之易为仁也。"指出了二世没有及时改变治国策略，顺应民心，而把秦始皇的暴政发展到极点，使得"奸伪并起，而上下相循，蒙罪者众，刑戮相望于道，而天下苦之"。最后，一代权相李斯亦未能幸免，赵高布下陷阱，将他腰斩于咸阳，这既是李斯官场上的败北，更是秦始皇的悲剧，其最根本的原因就是他没有给李斯留下制衡赵高的本钱，李斯举荐了那么多人，却不敢在秦始皇的英明领导下，建立自己的利益集团，而赵高恰恰相反，他利用自己的权势，指鹿为马，结党营私，成为大秦帝国的掘墓人。

隋炀帝杨广——好大喜功　志大才疏

隋炀帝杨广并不是愚昧懦弱之人，他聪明智慧，很有才气，还是一个出色的诗人，自小善属文，诗赋雄丽；又倡导艺术，赏析书画，繁盛百戏。在文治方面，创设进士科，正式确立科举取士制度，并且兴办学校，敦奖名教，统一经学，整理图籍，将儒道佛三教并重，积极影响了中国古代思想文化的发展。特别是正式确立科举取士制度，对后世的影响实在太深远了。纵观杨广的一生，他能文能武，有勇有谋，绝顶聪明，但性格中却有作为一个帝王致命的许多弱点。其一就是虚荣心。杨广非常爱面子，他奢靡浪费到极点，其实不光是图享受，更是为了讲排场，讲阔气，显示帝国的富有和帝王的威严。但是，从选择接班人的角度看，任何人处于隋文帝这个位置，可能都会考虑让杨广接班的，这是大势所趋，也是现实所迫。隋文帝最大的失误是选对了合适的接班人，却没有从体制上对他有所节制。

继位背景：

开皇元年（581年）二月，隋文帝杨坚正式建立隋朝。

隋朝的李德林《天命论》这样形容隋文帝："帝体貌多奇，其面有日月河海，赤龙自通，天角洪大，双上权骨，弯回抱目，口如四字，声若钟鼓，手内有王文，乃受九锡。王生文加点乃为主。昊天成命，于是乎在。顾盼闲雅，望之如神，气调精灵，括囊宇宙，威范也可敬，慈爱也可亲。"

一个天生异相，创造了崭新世界的人。

这个朝代结束了魏晋南北朝以来四百年来的分裂局面，实现了全国统一。

那时，天下富庶，安居乐业，史称"开皇之治"。

他总结了历朝历代衰亡败退的主要原因，为了长治久安，他开天辟地对自己实行计划生育，自觉地不与宫妃们生儿育女，只与自己的皇后（独孤皇后）生儿育女，用他自己的话说就是"前世天子，溺于嬖幸，嫡庶分争，遂有废立，或至亡国；朕旁无姬妾，五子同母，可谓真兄弟也，岂有此忧邪！"

在立太子的问题上，他坚持长幼有序的原则，先立长子杨勇为太子。

太子杨勇生性好学，颇通词赋，性格温和。和天下所有的开国之君一样，杨坚在太子身上寄予很大的希望，隋朝所有的军国政事及尚书奏死罪以下，皆令杨勇参加处理。杨勇对时政不便，多所损益，文帝采纳。

如果没有什么意外，这本来是个祥和、安定的太平盛世，它的富庶足以使它名垂青史，但是，历史的车轮并不按照既定的轨道运行……

有三个人改变了历史发展的车轮，还有一个人则干脆改变了它的航向。

独孤皇后，人如其名，她的个性和她的名字一样令人望而生畏，不但心胸狭窄，而且生性极妒，不许自己的爱人亲近任何别的女人，哪怕他贵为皇帝。

历史没有给我们留下改变历史车轮的女人的名字，我们只知道她叫独孤皇后。她是西魏大将鲜卑贵族独孤信之后，独孤信是鲜卑贵族的核心人物，对宇文氏以外的鲜卑贵族有很大的影响，杨坚要取得鲜卑贵族的支持，需与她结为夫妻，从此，一代明君成为“妻管严”，独孤凭借自己的身份地位，对大隋天下指点江山，宫中称为“二圣”。

开皇十五年，杨坚召幸了尉迟迥的孙女，独孤皇后的第一感觉就是不可能，因为杨坚从来没有这个胆量，但事实证明，她错了。

独孤皇后的反应很简单，既没有大吵大闹，也没有寻死觅活，她的眉头只紧蹙了三分钟，就知道该怎么做了，她的做法很简单，就是趁杨坚不在时，派人杀掉了这位女人。

隋文帝悲不自胜，他单骑疾驰，疯狂地向荒郊野外跑去，他痛苦不堪，几乎想放弃自己的皇位。

但杨坚毕竟是杨坚，经尾随而来的大臣高颎、杨素等人苦苦相劝，他在“我贵为天子，而不得自由”的喟叹声中重返皇宫，一个女人，使自己的丈夫宁愿放弃天下，也不愿意过日子，这是什么样的女人？

独孤氏不仅对丈夫防护甚严，对儿子们也管束甚严，要求他们学她和杨坚一样从一而终。她为杨勇挑选的妃子元氏很受杨勇冷落，多年不得召见，突发心脏病而死。杨勇宠爱云妃、高妃和成妃等人，并和这几个妇人生下一大堆孩子。独孤皇后非常生气，不断派人伺察自己这个儿子，访探他的举动，还不断在文帝耳边吹风，指摘杨勇的过失。太子杨勇虽然有些好色、奢侈，但为人宽厚，率意任情，没有矫饰假装的性格，常常优礼士人，宽接大臣。不幸的是晋王杨广一直觊觎太子宝位。得知父皇、母后对杨勇猜阻之意已生，更加娇饰伪装，平日只和正妻萧妃住在一起，后庭有宫人怀孕，都把胎儿打掉，以免外人知晓，独孤皇后因此十分喜爱杨广的“忠贞不二”。

高颎，字昭玄，河北景县人，自小聪慧、敏捷，颇有器度，有济世报国之志。当杨坚还是北周的宰相时，知道“颎强明，又习兵事，多计略”“意欲引之入府”，让自己的堂侄杨惠向高颎转达自己的仰慕之意。高颎很爽快，还觍着脸表示“愿受驱驰，纵令公事不成，颎亦不辞灭族”，明目张胆地鼓动杨坚篡位夺权，还把自己的身家性命和家族的前途同杨坚的事业联系起来了，比上刀山下火海以及赴汤蹈火有过之而无不及。

他谋划平陈之策，以晋王杨广助手的身份，参与平陈战争；制订新朝一系列制度，包括制刑律、定官制、颁田令、查户口等。此外，高颎还向文帝推荐了许多文臣武将，如杨素、苏威、韩擒虎、贺若弼等。攻灭隋国后，晋王马上想把陈叔宝妃子张丽华弄到手，高颎先入建康，不仅没有按他的意思把美人送上，还说“从前姜太公蒙面斩妲己，今天怎能留下张丽华这个祸水。”下令斩美人于青溪。杨广由此十分仇恨高颍。隋朝建立后，高颎为尚书左仆射兼纳言，权倾朝野，一人之下，万人之上。高颎没有辜负隋文帝的器重，更没有为自己谋什么私利。

高颎失信于文帝是在议太子废立之时。隋文帝初立皇子勇为太子，但由于文帝忌太子权重，加上独孤皇后从旁挑唆，导致废立太子风波的出现。因为高颎的儿子娶了太子的女儿，与太子成为亲家，文帝认为高颎已经依附太子，对自己不忠诚，开始对高颎心存芥蒂。杨坚听信谗言的弱点，也坚定了他对高颎的态度。早在平陈之时，他因杀美人张丽华而得罪了杨广，又与杨勇是儿女亲家。

开皇十九年六月，文帝试探高颎说：“有神告晋王妃，言王必有天下。”颎回答说：“长幼有序。”文帝沉默不语。独孤皇后知道高颎的态度不可改变，便设法除掉颎。随后，文帝令选东宫卫士入上台宿卫，以此削弱东宫势力。高颎对此持反对态度，奏称：“若把东宫强者抽掉了，恐东宫宿卫太弱。”文帝变了脸色说：“天子宿卫要勇者，太子何须壮士？你难道要我蹈前朝的覆辙吗！”因而怀疑颎与勇姻亲为奸，不满之情溢于言表。独孤氏见此，也乘机挑拨，文帝益信。八月，文帝罢免高颎上柱国、右仆射，除名为民。

高颎结怨于独孤后实出于一件小事。当初，文帝宠幸后宫妃嫔尉迟氏，独孤后知晓后，趁早朝之际，将尉迟氏杀害。杨坚闻之，怒不可遏，但惧内的杨坚又不能将独孤氏如何。他独自骑马跑入禁苑之中，高颎等人在后面追赶，大声喊道：“陛下怎能以独孤后一妇人而置天下于不顾呢？”文帝止步，认为言之有理，遂回宫，一切如故。高颎的一句话，使文帝平静下来，却使得独孤后勃然大怒，遂与颎结怨。之后，她利用文帝对高的怀疑，频频在文帝面前进谗言，说：“高颎在随同汉王杨谅征讨高句丽的时候，专横跋扈，大权独揽，根本不把统帅杨谅放在眼里”，“高颎与太子关系亲密，怕是不利于陛下，若想废勇，应先除颎”等。这些话，让文帝对高颎更加没有了信任。遂借故将高颎免官。后来，高颎的属下检举高颎的儿子曾经对高颎说：“三国时期，司马懿起初称病不上朝，最后得天下。父亲现在这样的境遇，可能会有福气降临啊！”杨坚闻之，立刻将高颎囚禁，并对大臣说：“自比晋朝皇帝，他想干什么？”于是将高颎贬为平民。高颎失信于皇室，最后被炀帝借口诽谤朝政而杀害。

还有一位就是杨素，字处道，弘农华阴人。杨素的祖辈都是西魏、北周显贵。他本人也因平齐之功，而被周武帝封为县公。杨坚掌权后，杨素便投靠到他的门下。隋朝建立后，先后拜御史大夫、纳言、内史令、尚书右仆射，被封为越国公，出任平陈主帅。杨素并非毫无才干之徒，而是出将入相之才，很有才干。他同样具有文韬武略。杨素属“有才无德”一类。杨素深谙为臣之道，在颇好猜忌的杨坚父子身边，竟能得以善终，实属不易，可谓“政坛不倒翁”。杨素得以被文帝赏识也是由于他的才能。杨素多次参加战争，屡任主帅，几乎每战必克。此外，杨素有很高的文化修养，博览群书，擅写文章。为人聪明，善于察言观色，办事稳妥。杨素的种种优点使得文帝对他颇为满意，言听计从，深信不疑。但此人精于政治投机，打击异己势力，瞒天过海，不择手段，又是文帝不曾知晓的。文帝凭个人权术，察察为明，用法严酷，朝中旧臣，罪小罚重，多已杀尽，最后只剩下狡猾的杨素，文帝对他信任有加，此人恰恰是帮助杨广弑君的奸臣。

当文帝与独孤皇后起了废立太子之念的时候，杨素已经察觉出来，并通过弟弟杨约与晋王广秘密接触，筹划废立之事。杨素借助与文帝频繁接触的机会，向文帝进谗言，诬告太子勇有自立之心，并力荐晋王广仁孝节俭，颇类文帝，对于杨坚做出废勇立广的决定，他起了推波助澜的作用。他利用文帝的信任，进行政治投机，向新主子表忠心，完全出于自己日后的仕途考虑，毫无公心可言。杨坚一死，杨广就假传遗诏，令废太子杨勇自尽，并诛杀杨勇诸子及杨勇亲信的大臣，又令汉王杨谅入朝，杨谅识破了杨广的骗局，举兵反叛，杨广遂发兵数十万镇压杨谅，谅兵败，被幽禁而死。

开皇十二年（592 年）十二月，文帝任命杨素代苏威为尚书右仆射，与尚书左仆射高颎共掌朝政，杨素深知自己的政治才能远不及高颎、苏威，杨素“推政体国，处物平当，有宰相风度，不如颎也”。文帝心里也明白，治理国家依靠颎，隋朝“制度多出于颎”，“当朝执政将二十年，颎之力也”。

开皇十九年（599 年）二月，隋征突厥，任命杨素为行军总管。四月，杨素大破达头可汗。开皇二十年，晋王广为灵朔道行军元帅，素为长史，两人结成知交。仁寿元年（601 年）十一月，以杨素为云州道行军元帅击突厥，第二年三月，又大破突厥。废立太子是国之大事，宰相是要参加决策的。这期间，右相杨素态度暧昧，坐观时变，而左相高颎则不然。

杨素是高颎推荐的，又身居右相，他可以出来为之辩冤。可他却沉默不言，不仅表明他是忘恩负义之徒，而且暴露出他有坐收渔人之利的意图。果然，从这年九月开始，他独掌相权，成了废立太子的关键人物。

当时，宇文述是杨广的心腹，他对杨广献计说：“诚然，皇太子失爱已久，大王才能盖世，可是，废立者，国家大事，并非易事，然能移主上意者，唯杨素耳，素所与谋者唯其弟杨约。我与杨约是朋友，先与约谋，则大事可成。”

杨广大喜，派宇文达贿赂杨约，并谕旨皇帝、皇后有废勇立广之意。杨约对杨素讲了这事，杨素拍掌说：“我没有考虑到，靠你启发，但不知皇后所言虚实，若是这样，我一定干。”

杨素拜见独孤皇后，微称晋王仁孝与文帝相类，以此试探。独孤氏流泪说：“你讲得对，他很孝顺，我真害怕勇儿害了他啊。”杨素立即攻击勇“不才”。独孤氏重赏了杨素，让他参决废勇立广的阴谋。

杨勇听到了风声，不知如何是好，文帝亦知勇不安，派素去东宫观察他的动静。杨勇得到来报，穿着礼服等着接待素，可素故意不进门，以激怒杨勇。勇知素侮辱他，愤慨形于颜色。素回报文帝：“勇怨望，恐有他变，愿深防察。”文帝更加怀疑勇。独孤氏派人收集勇的过失，加以添油加醋上报文帝。杨广也贿赂东宫幸臣姬威，罗织杨勇罪名，于是，“内外喧谤，过失日闻”。文帝信以为真，遣人摒去东宫侍卫，加强自己宿卫。太史令袁充对文帝说：“我观天文，皇太子当废。”文帝说：“天意如此，朝臣不敢说什么了。”遂决定废勇。开皇二十年九月，文帝在大兴殿召集群臣，逮捕太子左庶子唐令则等数人，令杨素宣布东宫罪状，素伪称道：“开皇十七年，我奉敕皇太子严办刘居士余党，太子不理。反而说：‘居士余党已伏法，你是右相，自己去办理吧，与我何干。’又说：‘昔日父皇代周，若事不成，我第一个被杀，如今做了天子，竟待我不如诸弟’。”

文帝说：“此儿不堪承嗣久矣，我虽不如尧舜，终不能以万姓付不肖子！我恒畏其加害，如防大敌，今欲废之以安天下。”

左卫大将军元旻苦谏：“废立大事，千万别听谗言，将来悔之莫及！”

在杨素授意下，姬威制造谎言，诬陷杨勇曾说“父皇在开皇十八年当死”云云。文帝听此，伤心地说：“哪一个人不是父母所生，乃至于此！”立即下令囚禁杨勇，收其党羽。这中间，杨素舞文巧诋，锻炼以成其狱。有司秉承素意，奏元旻是勇同党，将其逮捕入狱。杨素逼杨勇招供养马千匹是想谋反，勇自辩说：“国家有马数万匹，我为储君，养马千匹，怎能说是谋反呢?”

杨素又把东宫服、玩等物陈列于庭，让人观览，以示勇之罪恶。十月，文帝在武德殿召集文武百官，废勇为庶人。许多人是同情杨勇的。勇长子宁王俨是文帝长孙，上表恳请宿卫，言词哀切，文帝很感动。杨素挑拨说;“皇上小心毒蛇咬手，千万不能留下祸根!”在杨素主持下，将元旻、唐令则等数人处斩。十一月，文帝立杨广为太子，并将勇付广管制。勇知废己之罪是杨素等人罗织的，请求见父皇申冤，广阻止不得见。

开皇二十年（600 年）四月，突厥达头可汗入侵，文帝令晋王广、杨素出灵武道，汉王谅、史万岁出马邑道，御敌，结果，唯史万岁与达头相遇，达头听说史万岁英名，惊惶退兵，万岁驰追百余里与战，杀敌数千，达头远逃。杨素等人无功而返。十月，万岁回宫，素忌其功，向文帝谮毁说:“突厥本降，初不为寇，是来塞上畜牧的，而万岁自己多事出战。”文帝轻信素言，不计史万岁的功劳。史万岁上表陈述，文帝不理睬，并猜疑万岁。良将史万岁，是与贺若弼、韩擒虎齐名的功臣素将，官至左卫大将军。他才能过人，贺若弼称之为“骑将”；高颎曾对文帝说:“史万岁雄略过人，每行兵用师之处，未尝不身先士卒，尤擅抚御，将士乐为致力，虽古名将未能过也。”

恰逢废太子勇、究治东宫党羽，文帝问史万岁在何处?当时他正在朝堂，素见文帝在为勇事生气，趁机诡称:“万岁在朝见东宫!”多么毒辣的一句话。文帝信以为真，令即召万岁来。史万岁既见文帝，上言:“将士有功，为朝廷所压抑。”文帝大怒，令左右当场暴杀万岁于朝堂，并下诏公布万岁的罪状:征突厥本无功而冒功，怀诈要功，便是国贼。名将贺若弼与韩擒虎，在平陈的战役中均功列第一，其军事才能和战功在杨素之上。

若弼与素是表兄弟，然弼性刚直不善媚主，文帝不喜欢他。开皇十二年（592 年）十二月，文帝任素为右相，弼仍是将军，自然不满。杨素抓住这一点向文帝阴中伤之。文帝捕之入狱，责备他说:“我以高颎、杨素为宰相，汝每倡言，云此二人惟堪啗饭耳，是何意也?”弼答说;“颎，是我的熟人；素，是我的亲表兄，知其为人，所以这么说。”此言对弼有些过分，对素则不冤屈。后颎罢相，弼挺身而出为之辩护，足见其正直禀性。虽然文帝念弼之功恢复其爵位，但始终不重用，到炀帝执政、杨素擅权时，与高颎同日被冤杀。“狡兔尽，走狗烹”，愈是功绩卓著的开国武将，其死得愈悲惨。

文臣中，不曲附于己的，杨素均极力陷害。侍御史柳彧是著名的谏臣。文帝说：“柳彧正直，国之宝也。”彧对素专权误国，早怀不满。杨素因有小过，敕送南台，命彧处治之。杨素依恃相位，“不失身份”地坐在柳彧的位置上。柳彧进门看到他如此狂傲，便说：“奉敕治公之罪。”令素起身站在公堂前，自己倚案而坐，讯问杨素。杨素身为宰相，百官慑服，彧敢面斥其非，可谓刚直不阿，素恨之入骨，盘算着彧栽倒在他手里的一天。

仁寿二年（602 年）十二日，蜀王秀被废黜，因秀曾向彧求《治道集》，并有回赠礼物之事，素乃伺机诬彧以内臣交通诸侯。文帝失察，除彧为民，并流放怀远镇。会汉王谅起兵，谅召彧为谋主，彧初不知谅反，将入城，见谅反形已露，诈中恶不食，谅国之于晋阳。四年八月，杨素攻陷晋阳，将彧押回京师，诬他心怀两端，以候事变，心实同逆，遂被流放于敦煌。直到杨素死后，彧上表申诉，才得调回京，但又死于途中。

尚书右丞李纲刚直不阿，不曲附素，素亦恨之。仁寿二年十二月，交州俚帅李佛子叛乱，杨素荐瓜州刺史刘方为交州道行军总管。与此同时，又向文帝建议：“林邑多珍宝，自非正人不可委”，李纲当此大任。文帝知纲正直，又不知杨素的真实用心，遂任纲为行军司马。任命已定，杨素与刘方密谋，刘承素意，任意凌辱纲，几乎置纲于死地。从此，李纲远离京都，终隋一代不得升调。杨素借刀杀人，阴毒之手！

一天，杨勇爬到一棵大树上呼喊，希望父皇能够听见。而杨素却散布流言，向文帝诡称说：“勇被癫鬼所迷，神志错乱，不能召见病人。”文帝信以为真，拒不见勇。素诬陷经营，构成其罪，类皆如此。从废勇立广的阴谋活动可以看到，杨素阴险毒辣，不择手段，无所不用其极！杨勇做太子二十年，理政宽平曾得到文帝称道；而杨广好声色犬马较杨勇有过之而无不及，只不过他善于矫饰罢了。名臣李纲曾上书文帝说："今日之事是皇上的过失，非勇之罪。勇器非上品，性是常人，若得贤明之士辅导之，足堪继嗣皇业。"李纲官虽卑微而敢犯颜直谏，与杨素阴谋误国相比，忠奸是何等分明。

仁寿元年（601年）元月，文帝以尚书右仆射杨素为左仆射，苏威为右仆射。威性怯懦，素从来都轻视他，做事独断专行。因此，实际上是杨素一人独掌相权，他梦寐以求的权势如愿以偿了，也在用手中的权力，做更多的坏事。

文帝第四子蜀王杨秀尚武，任西南道行台尚书令，镇蜀州。他平时偏好杨勇，看不惯杨广，传闻他欲起兵拥立杨勇。杨广感到秀威胁到自己，阴令杨素侦其罪过。于是，杨素常向文帝诋毁杨秀。仁寿二年十月，蜀王秀到长安拜见父皇，文帝听信了杨素的谗言，当面严厉斥责秀。仪同庆整从中力谏，文帝大怒，令杨素推治。杨广也在挖空心思制造杨秀的"罪证"。他密作木偶人如杨坚形貌，缚手钉心，埋于华山下，令杨素掘出；又伪作讨京师妖孽"檄文"，置于杨秀文集中。杨素把这些伪证一一上奏文帝。同年十二月，文帝废秀为庶人，囚于内侍省。趁此机会，杨素把凡与自己政见不合的朝臣，一律诬为秀党而严加惩处。杨素欺上瞒下，搬弄是非，制造冤狱，激起正直人士的不满。大理卿梁毗上书说："左相杨素，权势日隆，顺我者昌，逆我者亡，所私皆非忠说，所进咸是亲戚。……夫奸臣擅命，有渐而来。王莽资之于积年，桓玄基之于易世，而卒殄汉祀，终倾晋祚。……陛下若以素为阿衡，恐倾基业之祸为期不远。"

历来诺诺千人之中必有一愕愕之士，可为君者很难听得进去。文帝也是这样。他不仅不听，反而逮捕了梁毗，指责他攻击大臣，毁损社稷。毗理直气壮，命不足惜，恐怕没什么可畏惧的了。他说："杨素擅权滥杀无辜，在废勇、秀之日，群臣震栗，唯独他手舞足蹈，喜形于色，哪有幸灾乐祸的忠臣？"文帝似有所悟，释放了毗，开始疏远素，外示优宠，赏赐金银古玩无以算计，而内则不令素通判省事，并出其弟杨约为伊州刺史，用吏部、兵部尚书柳述参掌机密，以削弱杨素之权。杨素心中自然有数。

仁寿二年（602 年），独孤皇后逝世。独孤夫人一死，隋文帝长期被管束住的骄淫，失去了控制，他更加放任、更为自由了。他将宠爱的陈氏夫人封为贵人，陈氏“专房擅宠，主断内事，六宫莫与为比”，俨然成了一位没有母仪天下的皇后。长得很美，也极讨隋文帝欢心的蔡氏夫人，在独孤皇后在世之时，是“希得进幸”的，独孤皇后不在了，她也“渐见宠遇，拜为贵人，参断宫掖之务，与陈氏相亚”。隋文帝虽放纵自己，但他毕竟年过六旬，又要综理朝政，身体越来越差，终于在仁寿四年四月病倒在仁寿宫。

两年后（604 年），杨坚患了重病，前往长安西北 120 公里外的仁寿宫（今陕西麟游）避暑。七月，文帝病重，杨素与柳述、黄门侍郎元岩入阁侍疾。太子广入居大宝殿，虑父皇不测先作预防，手书封出询问素计，素条录事状以报广，宫人误送给文帝。此状暴露了贼臣逆子的狰狞面目。此时，宣华夫人与容华夫人都侍立在侧。文帝见她们一直侍奉自己没有休息，赶紧让她们更衣小憩。宣华夫人离开仁寿宫往更衣时，遇上了太子杨广。杨广见父皇病重，眼前人又是如此绝色，便恣意妄为上前非礼，宣华夫人哭喊着，好不容易才挣脱了杨广的纠缠，她衣履不整地赶回仁寿宫，哭诉杨广乘她换衣时无耻地调戏她，使文帝更醒悟到受了杨广的蒙骗，老皇帝啮指出血，拍着床子大骂，击床说：“畜牲何足付大事，独孤误我!”又悔恨说：“枉费我儿!”急忙命在旁的大臣柳述、元岩草拟诏书，废黜杨广，重立杨勇为太子。吩咐：“召我儿。”柳述、元岩将召太子广，文帝说：“勇也。”要废广重立勇。杨广得到安插在文帝周围的爪牙的密报，忙与大臣杨素商量后，带兵包围了皇宫，赶散宫人，逮捕了柳述、元岩，勒兵戒严，包围仁寿宫，断绝内外交通。杨广的部属张衡闯进杨坚卧室，把杨坚抱起来，猛击他的胸部。杨坚口吐鲜血，哀号的声音，传入后宫，后宫陈妃以下全体宫女，屏声静息，面无人色。后来张衡被杨广杀掉灭口。“俄而上崩。”更玄乎的是，《史通》载，“（杨素）令张衡入拉帝，血溅屏风，冤痛之声闻于外，崩……”此种记载，类似演义，极力铺陈老皇帝不是善终。谋杀了文帝，杨广又派人假传文帝遗嘱，要杨勇自尽，杨勇还没有作出回答，派去的人就将他拖出杀死，就这样，杨广以弑父杀兄的手段夺取了皇位。史称炀帝。第二年改年号为“大业”。

杨坚临危不乱，知素在殿内与广有预谋，所以没有点破，大概想以缓兵之计，密令述、岩召勇废广，暂时稳住素。殊不知杨素老谋深算，与广策划变起仓促，文帝暴崩。

隋文帝杨坚，为帝24年，崩年64岁。如此惨毒阴狠之人，也有一首四言小流传于世，虽诗意很不吉利，充满夭殇气息，然伤恻哀婉，清丽可观：

红颜讵几，玉貌须臾。

一朝花落，白发难除。

明年后岁，谁有谁无？(《宴诗》)

此诗是老爷子在开皇十年（594年）巡幸并州与秦王杨俊、大臣王子相欢饮时所作。惨丽诗意，氤氲缠绵，转年，陪宴的王子相病死；八年后，秦王杨俊也离世。

七月上十一日，在杨素的拥戴下杨广登上皇帝的宝座，史称隋炀帝。炀帝令素弟杨约入长安杀杨勇，并对素说：“令兄之弟，果堪大任”。

八月，炀帝流放姐夫柳述于龙川，元岩于南海。又令人召幼弟并州总管汉王谅入京，想尽杀诸弟，以巩固帝位。文帝驾崩，宣华夫人的噩梦才刚开始。就在文帝病逝的这一天，杨广派人送了一个金盒给宣华夫人。宣华夫人与宫人们都很惊恐，害怕杨广对当日非礼一事加倍报复而下诏以毒酒赐死众人。可是当宣华夫人打开金盒时，却发现不是毒酒，而是一对表示忠贞爱情的同心结，宫人们知道并非赐死，都感到十分欣慰，可是宣华夫人却不这么想。杨广恐怕是不会放过她了。在众宫人的请求下，宣华夫人勉强收下了同心结。当时同样被杨广强占的还有容华夫人蔡氏。只是，这一切都瞒不过杨广的嫡妻萧氏。结果，萧氏痛斥杨广奸淫父妃的罪状，又威胁他若不送走宣华夫人，便把这丑闻公诸天下，迫得杨广只好把宣华夫人送到远离禁宫的仙都宫居住。但他对宣华夫人念念不忘，不久又把宣华夫人迎回宫中。

皇储分析：

隋文帝杨坚共有五个儿子，分别是：太子杨勇、晋王杨广、老三秦王杨俊、老四蜀王杨秀、老五汉王杨谅，其命运如下：

太子杨勇生性好学，颇通词赋，性情温和。一次，隋文帝打算迁山东之民充实北部边塞，杨勇进谏说，这可能不合适，太扰民了，文帝很高兴，不但停止此次大移民，还多次对朝臣说，太子杨勇有治国的才能。

但性格决定命运，杨勇有个致命的性格弱点。这个弱点决定他非但难继大统，也很难善终。几乎所有的纨绔子弟都喜欢声色犬马，杨勇也不例外，他致命的弱点不是声色犬马，也不是奢侈之风，而是不善掩饰。

独孤皇后最讨厌男人花心，杨勇正好有很多妻妾，不但冷落正房，反而宠爱偏房，以致正房郁郁而死；隋文帝讨厌骄奢淫逸、花天酒地，杨勇偏偏喜欢音乐歌舞，饮宴达旦。杨勇尤其宠爱昭训云氏。开皇十一年九月，他的妃子元氏子息心疾而死。独孤后闻言大怒："杨勇太过分，我给他娶的元妃他一点也不爱念，专宠云妃，还下毒毒死元妃。"

遇冬至日，百官朝拜杨勇，他欣然受贺，仪似天子，违反礼制。文帝下诏禁止，称今后冬至朝贺，免上东宫，开始猜疑杨勇。

公元600年，冬十月，杨坚派人召杨勇入殿。心力交瘁的太子闻命大惊，问使者："不是要杀掉我吧?"进宫后，发现父皇戎服陈兵，百官肃立。杨坚开金口，废掉太子杨勇，押回东宫看管。立晋王杨广为太子，并命杨广负责看押杨勇。

一番苦心，终未白费，杨广终于由晋王成为皇储。杨勇当庭被废，"泣下沾襟"，只言自己罪过，拜辞而去，竟无一言反讦二弟杨广，由此，可见杨勇仍是一个宽仁忠厚之人。

相形之下，晋王杨广更会做人，他是隋文帝杨坚的次子。

这是一个非常狡诈、非常善于伪装、自控能力很强的人。

杨广明白哥哥失宠于父母的原因，就更加刻意娇饰自己。

史载：“晋王（杨广）广美姿仪，性敏慧，沉深严重；好学，善属文，敬接朝士，礼极卑屈；由是声名籍甚，冠于诸王。”

公元581年，杨广被封为晋王，年仅13岁。公元588年，刚满20岁的杨广就做了行军元帅，指挥由六合一方面的军队，节制其他各方面军事长官，连宿将杨素都受他管辖。带领贺若弼、韩擒虎等将领南下灭陈，灭掉陈后，杨广进封太尉。此后，杨广也是屡建战功：开皇十年（590年），他奉命到江南任扬州总管，平定江南高智慧的叛乱；开皇二十年（600年），他率军北上击败突厥进犯，并笼络了一批人才。除了王位外，杨坚还让杨广做并州总管。灭掉陈后，进驻建康，杨广表现得很有气度：杀掉了陈叔宝的奸佞之臣，封存府库，不贪钱财，最后将陈叔宝及皇后等人押回京城。这些功劳是其他皇子所没有的。

一次与军队观猎遇上大雨，左右进上雨衣，警卫员自然为他披上厚厚的雨披，杨广大不以为然，说道：“这是干什么？士兵们都淋得透湿，我为什么要搞特殊化。”命令警卫员拿走雨披，仍冒大雨立马观览，将士们感动得一塌糊涂。

大隋的军队攻入陈叔宝“伪皇宫”的时候，陈叔宝和他的两个漂亮女秘书一起跳了井。跳井以前他搂着两个美人哭着说：“上了天堂，我们也不分开。一二三，跳！”一国之君不去殉国而去殉情，给这样的老板当炮灰，真是冤死了。这三个宝贝并没有淹死，倒是摔得不轻，最后都被弄了上来。陈叔宝作为甲级战犯，被押到长安去受审。他的两个漂亮女秘书，韩擒虎派人送给杨广享用，同时送去的还有一些缴获的金银珠宝。杨广见了两个美女勃然大怒：“南陈之所以有今天，都是你们两个祸水的功劳。来人，拉出去砍了！”

杨坚命杨广主持军事法庭，审判甲级战犯陈叔宝。陈叔宝灰头土脸地出庭受审，以为自己的归宿不是绞刑架就是断头台，最后审判的结果是：陈叔宝战争罪名成立，但考虑到其认罪态度良好，本着吾皇万岁治病救人的原则，予以当庭释放，分配到文史部门做研究员，享受尚书级待遇。陈叔宝听了感激得痛哭流涕，爬不起来。杨广走下来边搀陈叔宝边说：“陈老，我们的目的是改造人，不是惩罚人，请你保重身体，不要太激动。”

杨广最成功的是很善于做人，不仅不近女色，厚以待人，生活节俭，而且天赋甚高，文笔极好，统兵领将无所不能。

杨广的结发妻子萧氏是南朝梁明帝的女儿，天保二十年二月十九日卯时出生，也不知道这个时辰是什么日子，著名的占卜奇人袁天纲曾为她的相貌而惊奇不已，仔细推算了她的生辰八字，得出八个字的结论：“母仪天下，命带桃花。”这个信息不知怎么就被杨广弄得一清二楚，杨广想，萧氏女既然要母仪天下，那么他这个做丈夫的不就是一朝天子了吗？

开皇十三年，隋文帝与独孤皇后商议决定，为其儿子杨广和萧氏女完成了婚事。杨广这年是25岁，新娘才刚满13岁。杨广得到如花似玉的萧氏女，因为有了萧妃这颗希望之星，杨广开始有计划地与大哥杨勇展开储位之争。千般爱怜，万般情怀，也抱着无穷的希望。

文帝夫妻有一次去他家里视察，早有准备的杨广随文皇四处查看，只见殿内乐器灰尘满布，绞弦断绝，一看就知许久不用，而且婢仆们又老又丑，不由得大喜。他只与萧妃居住，文帝到他的居所，他藏美妾于别室，仅留穿粗布老妪侍左右，文帝以为广不好声色。

老夫妇每派人到儿子们那里，杨勇只把他们当仆人看待，杨广却不然，他和妻子一定双双站到门口，亲自迎接，致送厚礼，于是老夫妻耳畔听到的全是赞扬杨广的话。晋王杨广为了达到废去太子杨勇、自己夺得皇位继承人的目的，除了在后宫争取母亲独孤皇后的大力支持外，也没有忘记要讨好父亲的宠妃陈氏夫人。他常常给陈氏夫人送很贵重的礼物，什么金蛇啊，金骆驼啊，讨取陈氏夫人的欢心。陈氏夫人接受了杨广的礼物，自然要向隋文帝吹枕边风，为杨广说好话。所以，杨广夺嫡成为太子，陈氏夫人也起了一定的作用，也是杨广的功臣之一。

杨广出镇江都（今江苏扬州），每次入朝辞行时，都痛哭流涕，依依不舍，父母见儿子如此孝心，也流下眼泪，不忍他远离膝下。杨广读了不少书，有很高的文学素养，对人诚恳，谦虚有礼，尤其曲意交结政府重要官员，包括杨坚最信任的尚书左仆射杨素。他所展示出来的节俭、朴实、谦恭、虚怀若谷、好学不倦、礼贤下士、不爱声色犬马等优良品质，真是集人类美德于一身。

杨广非常聪明，故意在母亲面前极力装出一副仁孝正派、言听计从的样子，还有意做出疏远萧妃不恋男女之情、专心政务的姿态；而聪明识体的萧妃也一本正经地与他配合，假戏真唱，还不时到独孤皇后那里哭哭啼啼，说杨广只顾政务冷落了自己。他们夫妻一唱一和整整演了7年的“苦情戏”，终于使得独孤皇后下决心，废除了杨勇太子之位，把杨广推上了太子宝座。

杨广当上扬州总管后，借入朝还镇的机会与母后独孤氏道别，装出十分依依不舍、万分可怜的样子，伏地流泪不止。独孤后也泣然涕下。杨广趁此机会大倒“苦水”：“儿臣非常看重兄弟情谊，不知哪里得罪太子，一直想杀掉我。每想到我自己不知哪天被毒死害死，真是恐惧得不得了。”

杨广胜利归来后，杨勇看见杨广回来，乐得嘴都合不上了。他大笑着说：“老二，这回你可立了大功了。父王终于了却了统一天下的夙愿，现在不知道有多高兴呐！”杨广连忙说谈不上什么功劳，全是托父王的齐天洪福。杨勇说你这匹马真不错，全身上下一根杂毛没有，比我马厩里所有的马都强。他边说边在马屁股上拍了一下。

杨广的马本来就有点野性未驯，再加上他骑术不精，杨勇一拍之下，那马猛地一尥蹶子，就把杨广从马背上扔了下来。杨广幸好被众军士接住，杨勇则死死抓住缰绳，用力把马控制住。再看杨广，已经是面无血色，连话也说不出来了。

杨广连忙被扶进轿子送回王府，凯旋仪式草草收场。杨素进宫禀报发生的事情，没等杨坚说话，独孤氏“哇”的一声大哭起来，边哭边骂：“我早知道老大没安好心……”

杨坚劝住独孤氏，夫妇二人起驾去看杨广。杨广躺在床上发着高烧，脑门上盖着湿毛巾，不住地哼哼唧唧，也不知道说的是什么。独孤氏进了门就趴在杨广的身上放声大哭。这时杨勇端着一碗药进来，独孤氏把药碗夺过来摔在地上，对着杨勇声嘶力竭地喊：“你是嫌他还没死是不是？

啊?”杨坚看到独孤氏怒了，就也对杨勇怒目而视。杨广痊愈之后上奏老爹，说这次事故全因为自己骑术不精，和杨勇毫无关系。杨坚给杨勇的记过处分，也经过杨广的劝说取消了。全世界的人因此都知道杨广宽厚仁爱，比他那毛手毛脚的大哥强多了。

杨广又采纳了亲信宇文述的计策，去请当朝的重臣杨素来帮忙。杨广让宇文述先找杨素的弟弟杨约，因为杨约和哥哥杨素的关系非常密切。宇文述经常陪杨约赌博，而且故意输给他很多的钱，借机将杨广的意图告诉了他：“你们兄弟俩现在和杨勇矛盾很深，如果将来他继承了皇位，那你们也难逃一劫。”杨约赶忙问怎么办，宇文述便请他说服哥哥杨素，顺应皇上已经有的废太子的意思，推荐杨广继任太子之位。杨素兄弟最终答应了杨广的要求。

在杨素的努力下，逐步清除了支持杨勇的大臣，最后使杨坚下决心将杨勇废为庶人，立杨广为太子。为了进一步巩固太子之位，杨广让杨素编造罪名，陷害弟弟杨秀，使他也被杨坚废为庶人。

“我现在活着他还这样对待你，哪天我死了我不知怎样害你们兄弟呢。等你父皇驾崩以后，想到你们兄弟得向那个云妃小妖精拜跪称臣，为娘我真是心如刀绞!”杨广闻言再拜，呜咽不止。独孤后也抱持着儿子大哭。接着，杨广乘机入宫在独孤皇后面前痛哭失声，伪称太子勇要杀他。独孤氏大怒，咒骂杨勇如“豚犬”，决意废太子勇。

杨广又贿赂宫室，上下称广“仁孝”。看相的术士对文帝说：晋王广“贵不可言”，嗣皇位者，“皇后所最爱者当与之”。在这一系列假象的蒙蔽下，文帝遂有废勇之意。由此，独孤皇后已经下了废掉杨勇的决心，日夜不停在杨坚面前说杨勇坏话，杨素等大臣也推波助澜，加之杨勇在冬至于太子宫中接受百官朝贺，犯了大忌，老皇上最终也决定废嫡。

公元602年八月，皇后独孤氏病逝。太子杨广进宫拜见父皇时哀恸气绝，装出万分悲痛的样子。回宫以后，他饮食欢笑，一如常日。为了表示思母过哀，饮食不思，杨广对外声称每天只吃两勺米，在灵前号哭跪伏，私下派人精制猪鱼肉脯，装在竹管里以蜡封口藏于袖中，瞧见没人就吃上儿口这特制的“压缩干粮”，继续演戏。独孤皇后死后，压抑一辈子的老皇帝终于有机会一畅其情，天天搂着宣华夫人陈氏和容华夫人蔡氏大搞天地一家春。老房子起火，没两年就淘虚了龙体，疾病大生。杨广作为皇太子入居大宝殿，杨素等大臣入内殿侍疾。

大业十四年（618年），杨广最亲信的大将宇文化及率领禁卫军入宫。杨广逃到一个小房间躲藏，被一位恨透了他的宫女指出所在。禁卫军把他拖出来，杨广还恬不知耻说：“我有什么罪，要这样对我?”禁卫军当面把他最心爱的幼子，12岁的杨杲杀掉。杨广这时才发现当公爵已没有希望，他要求服毒自杀，禁卫军不愿浪费时间，将他勒死，这年他正好50岁。

老三秦王杨俊，少年时代“仁恕慈爱，崇敬佛道”，长成之后，逐渐奢侈，盛治宫室，广敛民财，违越制度。杨俊王妃崔氏虽为大族之女，但和自己的婆婆一样，嫉妒成性，看见夫君好色，很少来自己的房中安寝，便于瓜中下毒，想把丈夫毒死。但心慌意乱之间，毒药分量是没下够，结果把杨俊弄得半残，隋文帝知道消息，征杨俊入朝，觉得这个儿子也太窝囊，免去实官，软禁于京，同时赐死胆大包天的崔氏。病榻缠绵，杨俊颇有悔悟，上表向父皇谢罪。杨坚不仅不安慰要死的儿子，反而下诏“切责之”。惭怖之下，杨俊终于死去。虽不算善终，也称得上是“安死”。杨俊有两子，杨浩、杨湛。宇文化及弑隋炀帝后，杨浩曾经当过数日“皇帝”，后来觉得没用，就把两兄弟全部杀掉了。

老四蜀王杨秀，“有胆气，容貌瑰伟，美须髯，多武艺”，不知为何，隋文帝很厌恶他，常对独孤皇后讲：“杨秀必不得好死。我活着的时候他不敢闹事，等他哥哥当皇帝后这小子肯定要造反”。杨秀自己也不检点，在蜀地“违犯制度，车马被服，拟于天子”，真是关起门来做皇帝。大哥杨勇被废，二哥杨广成为皇太子，杨秀“意甚不平”。杨广闻知，指派杨素向老皇帝进言，搜集罪状，说四弟有异心，把杨秀征还京师，锁进大牢。盛怒之下，杨坚愤言：“当斩杨秀于市，以谢百姓!”杨广也火上加油，派人做两个小木人，分别写上杨坚和汉王杨谅的名字，“缚手钉心，令人埋之于华山下”。然后，杨广又指派杨素等人把偶人挖出，诬称杨秀所为。杨坚暴怒如狂，马上废杨秀为庶人，禁锢终身，诛杀他手下数百僚属。炀帝继位，仍维持对四弟“无期”徒刑的原判，巡行各地时总把杨秀押在队伍之中。宇文化及弑逆，杨秀与诸子也被杀。

老五汉王杨谅，特为杨坚宠爱。开皇十七年，出任并州总管，老皇帝亲自出宫饯送。“自山以东，至于沧海，南拒黄河，五十二州皆隶焉”。大哥杨勇被谗废后，杨谅“自以所居天下精兵处，居常怏怏，阴有异图”，并以防突厥为名，缮治甲兵，大发器具。杨坚死后，隋炀帝征杨谅还京。杨谅在南陈旧将萧摩诃等人协助下，扯旗造反。可惜的是，杨谅无远谋，无胆识，又不听手下文臣武将的谏劝，很快就被隋炀帝派来的老将杨素击败。穷蹙之下，只能出降。押送京师后，隋炀帝还假意说自己兄弟无多，饶杨谅一命，“除名为民，绝其属籍”。炀帝任命素为并州道行军总管、河北道安抚大使征讨谅。临战前，杨素先杀军士三百余人，然后进军破谅于晋阳，谅被囚禁而死，所部吏民坐谅死徙者二十余万家，杨素平谅之时，炀帝派约送手诏嘉奖，“公乃建累世之元勋”，忠心可鉴，有如隋之周勃、霍光。素上表答谢曰：我建立功勋并非由于才能，而是“伏惟陛下照重离之明，养继天之德，收臣于疏远，照臣以光辉”。随后，炀帝就把这位五弟幽禁，活活饿死。杨谅只有一子杨颢，宇文化及大杀宗室时也遇害。

因此，史官叹道：“高祖之子五人，莫有终其天命，异哉!”

隋文帝在遗诏中说：“人生子孙，谁不爱念，既为天下，事须割情。勇及秀等，并怀悖恶，既知无臣子之心，所以废黜。古人有言：‘知臣莫若于君，知子莫若于父。’若令勇、秀得志，共治家国，必当戮辱遍于公卿，酷毒流于人庶。今恶子孙已为百姓黜屏，好子孙足堪负荷大业。此虽朕家事，理不容隐，前对文武侍卫，具已论述。皇太子广，地居上嗣，仁孝著闻，以其行业，堪成朕志。但令内外群官，勠力同心，以此共治天下，朕虽瞑目，何所复恨。”也就是说，他自己认为，杨勇不堪重用，只会贻害后世，而杨广仁孝，能够担当大任。对于这一点，后世史家当然眼睛明亮，毫不客气地给予批评，慨叹道，隋文帝听信妇人的话，受到邪臣的蛊惑，立杨广，废杨勇，结果托付失所，灭父子之道。

继位布局：

杨广即位后，开始审视古今风流人物，自隋朝上溯，只有秦皇汉武勉强可以加入他的法眼。史书记载：杨广“以天下承平日久，士马全胜，慨然慕秦皇、汉武之事”，他觉得自己完全有能力担当更大的历史责任，所谓“奄吞周汉，振古以来，一君而已”，他的目的是实现“日月所照，风雨所沾，孰臣非我”的政治理想，成为“子孙万代，人莫能窥”的千古一帝，秦始皇只留下了万里长城这项没有多大实用价值的“面子”工程，他要给子孙万代留下远比万里长城更实用的大运河。隋炀帝非常有才，也相当自负，他经常对侍臣说：“天下皆谓朕承藉绪余而有四海，设令朕与士大夫高选，亦当为天子矣。”意思是世人都说，我是天子才有天下的，其实如果通过科举考试选皇帝，那我也是第一。此外，杨广的嫉妒心也非常强。他的诗写得好，只要碰到诗比他写得还好的大臣，一定要找借口杀掉。内史侍郎薛道衡才华横溢，冠绝南北，著作郎王胄的文词几乎是天下士子的准则，杨广看到他们就极不舒服，找了点小错就把他们杀掉。薛道衡死后，隋炀帝幸灾乐祸道：“你还能做‘空梁落燕泥’的诗句吗？”王胄死了，隋炀帝也不放过他，调侃道：“‘庭草无人随意绿’写得多好啊，你再写一首我看看？”构思完自己伟大的政治理想后，一场轰轰烈烈的基建运动在隋帝国开展起来。隋炀帝认为，作为伟大的君主，完全有能力自己决策，用不着那些智力底下的臣子说三道四，他从容不迫地对秘书郎虞世南说道：“我性不喜人谏，若位望通显而谏以求名者，弥所不耐。至于卑贱之士，虽少宽假，然卒不置之地上。汝其知之！”意思是，我这个人天生不喜欢直言进谏之人，都说他们忠诚，但我最不能容忍，如果你们想升官晋爵，少说废话，听我的就行。

炀帝大业元年（605 年）二月，一口气干了八年的宰相杨素终于老态龙钟了，在过去谋权篡位的过程中，隋炀帝和他可谓是同舟共济，两人狼狈为奸，结下了深厚的友谊，合作得非常愉快，杨素如日中天的时候，除了牛弘等少数官员外，朝中百官无一不遭到他的凌辱践踏。隋炀帝登上大位，坐稳江山后，感觉杨素对他的作用已经消失。他开始思考解决杨素的问题，杨素位极大臣，独揽大权，亲戚、子弟满朝廷，门生故旧遍天下，可以说严重威胁着他的皇位。更可怕的是，他政变的黑幕几乎都是杨素一手策划的，所有政变的前因后果、细枝末节，杨素可以说了如指掌，所谓水能载舟，也能覆舟，任何事情都是双刃剑，杨素既然能帮助他篡位，自然也可以让人取而代之。

一想到这里，隋炀帝就心惊肉跳，遂有剪除杨素之意。杨素是精明的，他太熟悉杨广了，从杨广对他的细微变化中揣摩到了炀帝的本意，他的头脑由狂热趋向冷静，联想到自己的所作所为，及目前的处境，他预感将有灭顶之灾。杨广可以杀兄弑弟，也可以逼父淫母，这家伙可以说是丧尽天良的衣冠禽兽，没有他做不出来的事情，一想到这里，杨素直冒冷汗，此时隋炀帝还派名医诊断，并赐药治疗，暗地里，却询问杨素何时能死，唯恐杨素不死的心情昭然若揭。杨素知道自己的名位到了极限，已使皇帝感到不安。此时，只希望自己快些死，所以拧着脖子死也不肯服药，还对兄弟杨约说："我难道还想继续活下去吗?"

大业二年（606 年）七月二十三日，杨素忧郁而亡，卒年约六十六岁。对于杨素之死。还有一说，元德太子与素侍宴，炀帝令人进毒酒，太子误饮毒酒而亡，"素亦竟以毒毙"。他的死与文帝一样，也是一个谜，但均非善终。杨广对杨素之死，有八个字的评论："使素不死，终当夷族。"

大业元年（605 年），杨广即位的第一年，他准备迁都洛阳，下令扩建东都洛阳。他命杨素营建东京宫室，又下令宇文恺与封德彝等造显仁宫。宇文恺不但是工程师，也是了不起的心理学家，他迎合隋炀帝好大喜功、穷奢极欲的心态，把工程搞得气势宏伟，雄伟庄严，所有的宫殿都富丽堂皇，建造宫殿的高级木材、石料，都是从大江以南、五岭以北地区运过来的，一根柱子就得用上千人拉，建筑工人大约有 200 万人，这几乎相当于现在一个中等城市的人口规模，如此多的人日夜不停沿河进行施工，还在洛阳西面建造了专供隋炀帝玩赏的"西苑"，苑里亭台楼阁，曲折盘旋，奇花异草，应有尽有；到了冬天，万木凋敝，花草衰败之际，会有人用彩绫剪成各种花叶，扎在树上，使得这座花园四季长春。另外，还有人工运河，运河两岸，建造皇宫十六座，称为“十六院”，每院美女两三百，布置豪华，犹如天堂。扩建后的洛阳城气势恢宏、道路宽敞，极具大国的气派。《隋书》对此评价甚为精湛：“岂谓瑶台琼室，方为宫殿者呼？土阶采椽而非帝王者呼？是知非天下以奉一人，乃一人以主天下也。”

隋炀帝曾经和给事郎蔡征讨论天下兴亡的道理，他说：“自古天子有巡狩之礼，而江东诸帝多傅脂粉，坐深宫，不与百姓相见，此何理也?”蔡征也和宇文恺一样，也喜欢隋炀帝心理学，他早摸准了隋炀帝的心思，赶紧对曰：“此其所以不能长世。”于是，为了大隋天下的长治久安，杨广准备巡视天下，他喜欢江都，喜欢江都的吴语，喜欢人们看到他的排场流露出的惊羡的目光，和那种惊心动魄的心跳。

大业元年（605 年）八月，炀帝开始了登基以来的一次南下江都。他所乘坐的船叫龙舟。龙舟分为四层，有六层楼高，上层有正殿、内殿、东西朝堂，可以举行朝会；中间两层有 100 余间房子，供炀帝休息、娱乐之用；下层是宦官、宫女等近侍的住处。船上雕梁画栋、金碧辉煌，与宫殿没有两样。皇后、后宫、王侯、大臣、僧尼、道士等等，分乘不同船只，还有其他不同用途的大小船只数千艘随行，最后还有兵船数千艘护驾。陆地上，几万名纤夫、骑兵一路相随。船队前后绵延二百余里，水陆共有二十几万人同行。所过州县，都要为船队献食。骑兵夹岸护卫，万马奔腾，旌旗遍野，蔚为壮观。而宫女们梳妆洗下的脂粉流满了运河，香气数月都没散尽。饮食供应由 215 公里以内地方政府奉献，宫人们无法吃完，临走时一概抛弃。到了江都，各地官员朝见，杨广也不问他们的政绩，只问他们奉献了多少礼物钱粮，多的自然升官，少的立马贬黜。江都郡丞王世充不知道从哪里搞了一个铜镜屏风，非常好看，杨广很稀罕，马上提拔他为通守，历阳郡丞赵元楷对吃喝很有研究，杨广很喜欢他的饮食作品，赵元楷很快被派到江都做郡丞了。

大业六年（610 年）正月十五，隋炀帝在东都举行了盛大的庆典，为了向入京的诸国使节、商人，展示大隋帝国的强盛与富足。东都皇城外的定鼎门大街被开辟成戏场，从正月十五夜间开始，杨广命令在皇城端门外大街上置设盛大的百戏场，为西域人演奏百戏，戏场大至周围五千步，奏乐人多至18000人，几十里外都能听到乐声，灯光通明如同白昼，直演奏到正月底结束。西域人到洛阳东市做交易，杨广命令本市商人盛饰市容，广积珍货，商人都服装华美，连地摊上的卖菜人也得用龙须席铺地。西域人经过酒食店门前时，店主都得邀请他们入座吃饱喝足，不收分文，还说隋朝富饶，酒食照例不要花钱。市内树木也都用帛缠饰，以示富足。

大业三年（607年），杨广北巡到突厥汗国启民可汗的王庭，无意中见到高句丽王国派到突厥汗国的使节，杨广吩咐那使节说，他将于大业七年（611年）前往涿郡（今河北涿州），命高句丽王高元亲自到涿郡朝见。四年后，杨广真的前往涿郡，高元竟然没有到。杨广恼羞成怒，觉得高元不识抬举，谓侍臣曰："高丽小虏，侮慢上国；今拔海移山，犹望克果，况此虏乎！"心说，我叫你来，你不来，你不来就是不给我面子，不给我面子，就是跟我过不去，跟我过不去，你就休想安生。于是，经过一番准备，隋炀帝决定动员全国士兵集中涿郡，讨伐高句丽，粮秣集中在辽西郡（今辽宁义县）。左光禄大夫郭荣不同意，进谏道："戎狄失礼，臣下之事；千钧之弩，不为鼷鼠发机，奈何亲辱万乘以敌小寇乎！"但杨广哪里肯听？他要亲自抓住高元碎尸万段才解气，于是，一场波澜壮阔旷日持久的战争爆发了。

大业八年（612年），隋炀帝率领一百三十万军队出国征战，辽东是高句丽王国西境第一大城，在隋朝兵团的猛烈攻击下，很快悬起白旗乞降，但前方将士们没有接到隋炀帝的旨意，谁也不敢受降，但人家投降了，也不好继续攻打，双方只好暂时停战，隋朝将士只好派出"通信员"向隋朝集团最高军事长官杨广汇报。等到杨广的指示回来，战局又发生了变化，辽东守军竟然又恢复元气，开始抵抗，隋朝将士一看这家伙又抵抗了，只好再次开打，如此反复，那个本来并不坚固的辽东，竟然牢不可破，加上隋朝集团深入高句丽另一支军队也战败，杨广只好狼狈撤退，这是第一次东征，隋朝军队损失三十万人。

大业九年（613 年），杨广第二次御驾东征。这一次他吸取了经验，准备一举歼灭辽东守敌，但天有不测风云，杨素的儿子杨玄感不安分，竟然起兵叛乱，杨广只得放弃辽东，回军迎战，第二次东征也草草结束。好在杨玄感战斗力不行，最终兵败而死，杨广因此设立了特别“军事法庭”，展开大规模逮捕处决，促使民变更加激烈，不可遏止。

大业十年（614 年），全国已经一片沸腾，农民起义风起云涌，四方响应。但杨广一咬牙，决定第三次东征，但高句丽王国受不了，一连三年受到攻击，高句丽已精疲力尽，只好屈膝求和，杨广总算争到一点面子，但当他回到洛阳，征召高元入朝时，高元吓得不敢来，杨广火冒三丈，下令准备第四次东征。

大业十一年（615 年），杨广从洛阳出发，先到汾阳宫避暑，休息一阵子，然后打算顺着御道前往涿郡，开展第四次军事打击，想不到又被突厥汗国坏了事，突厥汗国得到消息，亲率几十万骑兵来袭，杨广被迫退到雁门关（今山西小代县），被突厥汗国军士团团围住，流箭堕到杨广面前，此时城内存粮仅够 20 余日。此前，隋炀帝还向士兵许诺：“努力击贼，苟能保全，凡在行陈，勿忧富贵，必不使有司弄刀笔破汝勋劳。守城有功者，无官直除六品，赐物百段；有官以次增益。”于是，众皆踊跃，昼夜拒战，死伤甚众，使他才得解围。但是，他回到洛阳后竟然推翻诺言，不给赏赐，对当初所作的重赏有功将士的承诺，全部不认账，尽失人心，并下令再次攻打高丽。

这时大隋帝国已经乱七八糟了，各地起义军风起云涌，起义军逐渐汇合为三大主力，即河北的窦建德、瓦岗的翟让以及江淮的杜伏威。在三大农民起义军中，瓦岗军最为强大，他们攻下兴洛仓，开仓赈济，四方饥民归之如流，瓦岗军还发布檄文，声讨隋炀帝的十大罪状，文曰：“罄南山之竹，书罪未穷；决东海之波，流恶难尽。”江淮起义军也打败隋军，接克高邮、历阳、丹阳，控制了江淮流域的广大地区，严重威胁了隋朝的军事重镇江都。但隋炀帝危急时刻却表现得非常镇定，甚至很有风度，他不顾天下汹汹、盗匪四起的社会现实，决定出去散散心，带着萧皇后再游江都，众大臣苦苦劝谏：“若再纵情游乐，天下恐生变故!”隋炀帝不以为然，对于固执己见者，隋炀帝把他们一律斩首，还说了一句很有哲理的话：“人生自古谁无死，年过半百不为夭。”一些感情丰富的宫女“牵衣顿足拦道哭”，有的还撒痴撒娇地拥住车驾，不肯放行。杨广很潇洒，临出发时，还作了一首近似于“床前明月光”+“野火烧不尽”的诗，告别的洛阳的“留守宫女”，他说：“我爱江都好，征辽亦偶然。但存颜色在，离别只今年。”

公元618年，隋王朝的势力已土崩瓦解，只剩下洛阳和江都两地，隋炀帝在江都极度恐惧，天天打卦问卦，以酒浇愁。用自己喜欢的吴语对萧皇后说：“痛痛快快地喝酒吧，不管怎样，朕不失为长城公，卿亦不失为沈后。”长城公，是南朝亡国之君陈后主降隋以后隋给他的封号，沈后即陈后主的皇后。

杨广预感到世界末日即将到来，更变本加厉地享乐。皇宫内分一百余房，称为“迷宫”，跟洛阳十六院一样，每房美女数百人，由地位最高的一位美女主持，每天由一房作主人，杨广和随驾的一千余宫女作客人，酒不离口，宾主全醉。仅江都宫美女，至少三万人。如连同其他各宫，全国供杨广一人享乐的美女，总在十五万人以上。但杨广内心非常恐惧，总是睡不着觉，一定要几位美女作全身按摩，他才能睡一小会儿。他常对着镜子自言自语道：“好头颅，由谁来砍!”还备下了一缸毒酒，对他的宠妃们说：“贼兵若来了，你等先饮，然后朕也饮之。”

萧皇后看他紧张，安慰他，他以近乎哲学家的口吻回答道：“贵贱苦乐，互相交换，没有什么好伤心的!”但有时他又对未来充满希望，希望自己完蛋时，还能像陈叔宝一样被封个公爵。

不久，这一天真的来了，大业十四年（618年），虔通与元礼等引兵从玄武门入，隋炀帝急忙换掉服装逃到西阁，逃到一个小房间躲藏，被一位恨透了他的宫女指出所在，禁卫军把他拖出来，此时，隋炀帝最心爱的幼子杨杲，才12岁，站在旁边吓得哇哇大哭，虔通大怒，抽刀斩之，血溅屏风，杨广这时才发现当公爵已没有希望，他要求服毒自杀，禁卫军不愿浪费时间，将他勒死，这年他正好50岁。

对话：秦始皇与隋文帝关于亡国之君的对话

王熙凤：不管是胡亥还是杨广都不是合适的接班人，一个无意间继承皇位，既没有政治责任，也没有最起码的政治素质，贪图享受，另一个可以说穷奢极欲、爱慕虚荣，而且好大喜功。他们都是通过阴谋政变的方式取得政权，都害死其兄长，都留下历史疑案，其结局也惊人的相似：一个被自己最亲近的手下人结束性命，杨广希望，自己将来完蛋了，还能像陈叔宝一样被封个公爵；胡亥只求做一个郡王、一个万户侯吧，最后愿意同妻子做普通百姓，纳税服役，总可以吧？“不行！”行废立，毁家国。隋文帝一生最大的错误莫过于废立太子一事。杨坚行废立的主观动机是好的，是想把江山传给一位有治国之才的君主。可事实却恰恰相反，继承者隋炀帝杨广成了后世帝王引以为戒的反面典型，成了百姓心目中十足的昏君形象。这是杨坚始料不及的，但却是他一手造成的。我们今天请来秦始皇与隋文帝就当初接班人的选择情况进行分析，大家欢迎。现在先请二位对自己的接班人进行一下简单的点评，嬴政先生先请。

秦始皇：谢谢大家。关于大秦帝国的灭亡，我认为，让胡亥来承担责任是有失公允的，胡亥自小娇生惯养，生活优越，本身就没有搞政治的基本素质，我也从来没有把他作为接班人培养，所以，发生后面的情况我觉得是正常的，不能怪他。后人把胡亥参加宴会踢鞋的事情任意发挥，其实，你对于一个根本不把他当一回事的公子，又能怎样？

杨坚：我对于以杨广不想说什么，我觉得，任何人处于我这个位置，可能都会考虑让杨广作接班的，这是大势所趋，也是现实所迫，所以，尽管对于他的所作所为，我不能苟同，但假如让我重新选择接班人，我可能还会选他。但可能在其他方面对他有所节制。

王熙凤：谢谢二位。先请教嬴政先生，难道二十几个儿子中，真的没有合适的接班人吗？

王熙凤：我觉得，生死是正常的事情，嬴政先生怎么会忌讳谈这个问题，让人匪夷所思，以嬴政先生的智慧及人生经历应该参透这个问题。

秦始皇：这纯属后人的误会，是给我的“暴君”称谓寻找证据，我不想说什么，相信“谣言止于智者”。

王熙凤：但“无风不起浪”，还希望嬴政先生对这件事情谈谈自己的看法。

秦始皇：这种想法非常可笑。关于没有人敢在我面前谈论生死后事的主要原因是，我当时还不到五十岁，还有许多事情要做，秦国根本没有确定接班人的必要，李斯、赵高、蒙氏父子等人随时窥伺我的思想动态，时不时以这个问题揣测我的王储意向，我如果稍有不慎，在这个问题上流露出某种倾向，很可能给他们造成结党营私的，这是我之所以严禁谈论生死的直接原因，并不是你们说的害怕生死。

王熙凤：呵呵。看来后人真的有许多误会。那么，嬴政先生认为，谁应该继承皇位呢？

秦始皇：我现在很难回答这个问题，胡亥固然不适合继承皇位，但扶苏也绝对不是皇位当然的继承人，他既没有雄才大略，也没有非凡的胆识魄力，你想想，拥有30万兵马，却在区区一张废纸的逼迫下，自杀身亡，不但没有脑子，更没有心肝，他要对秦国的悲剧负主要责任。

王熙凤：为什么这么说？

秦始皇：妇人之仁，书生气十足，这都是儒家文化的影响。他要担负秦国二世而亡的主要责任。所以，对于他没有成为皇位继承人，我还是有点欣慰。

杨坚：文质彬彬的人是不适合继承皇位的，呵呵。

王熙凤：这是接班人培养的问题，主要责任应该在嬴政先生。

秦始皇：派皇长子扶苏到上郡作监军，固然起因于扶苏的劝谏，但真正的原因还是为扶苏接班布局，上郡离首都咸阳不远，是大秦帝国最重要的军事基地，还有军事意义的高速公路，因此，扶苏到上郡监军与大将蒙恬共事，直接掌握大秦帝国的军事大权，得蒙氏兄弟内外相助，可以形成不可动摇的接班态势，遗憾的是扶苏没有理解我的一片苦心，也没有听从大将军蒙恬的苦心劝阻，看见诏书后，不及细想，就匆匆自杀，留下千古遗憾。

王熙凤：对于大秦帝国的覆灭，谁应该负主要责任？赵高还是胡亥？

秦始皇：都不是，我应该承担最主要的责任，另外，就是扶苏，他的迂腐、愚忠一根筋以及不会权谋之变才是我们真正应该思考的问题。至于赵高，手无缚鸡之力的宦官根本不算什么。

王熙凤：能听出来，嬴政先生对于扶苏的悲剧有着深深的哀痛。但以李斯的能力竟然敌不过区区赵高，可见，赵高的能量是不可小觑。为什么会出现这种状况呢？

杨坚：我觉得，嬴政先生没有给李斯留下制衡赵高的本钱，李斯举荐了那么多人，却不敢在秦始皇的英明领导下，建立自己的利益集团，而赵高恰恰相反，他利用自己的权势，指鹿为马，结党营私，成为大秦帝国的掘墓人。

秦始皇：赵高的结党营私是以后的事情，客观来讲，我的确忽视了赵高的能量，只知道他是个法律专业人士，想不到，他还是个阴谋家。呵呵。至于李斯，的确有治世之才，但一个人的才能和他的权谋是不一样的。刚才我们说过儒家害人不欠的事情，看来法家也有这方面的嫌疑。

王熙凤：怎么解决赵高的问题？另外，你对李斯怎么看？

杨坚：有人喜欢拿他与秦二世胡亥相比，有人喜欢拿他与陈后主陈叔宝相提并论，但都有些不伦不类。胡亥与陈叔宝，都是不通世事的富贵王孙，杨广却不是，他曾领兵打仗，他开凿大运河，他创立科举制，他兴办学校，他修订法律……他是一个文韬武略都很雄厚的绝顶聪明的人，论个人素质，胡亥与陈叔宝实在难以望其项背。杨广也曾多次领兵打仗，连陈国都是他统帅军队去灭的。而在文化修养方面，他与李世民的诗集都留传下来，可懂文学的人一比较，就会发现杨广要超出李世民许多。隋炀帝更为恃才矜己、傲狠、险躁、暴虐、好大喜功，“骄怒之兵屡动”。

王熙凤：我觉得杨广和李世民有点相似，是老二，李世民也是老二，在兄弟中的排行一样，政治道路也有相似之处。他们都夺了作为顺理成章的帝位继承人的哥哥的位子，才当上皇帝。杨广杀了哥哥，李世民也杀了，杨广杀了爸爸杨坚，李世民虽然没杀，但对父亲李渊也形同软禁。

秦始皇：文帝杨坚选立杨广为继承人，无疑是经过反复考虑的。隋炀帝后来断送隋王朝，并不能因此就断定隋文帝杨坚择非其人，隋文帝在立嗣问题上仍然显示出他不同于常人的心术。

王熙凤：怎么看杨勇？我们应该从中得到什么教训？

杨坚：杨勇好学，喜词赋。北周时，曾任洛州总管、上柱国、大司马，统领禁卫。隋建国后，立为太子。虽性奢华，又多内宠，但当参预国政时，每多建议。其后渐受猜忌，弟杨广欲谋夺太子之位，遂乘机构陷杨勇。最惨痛的教训是我们不应该用自己的好恶标准来衡量自己的接班人，毕竟每一代人都有自己的使命，上一辈人不管你有多少能耐是绝对代替不了下一辈人。杨勇的奢侈根本不算什么，所谓“上有所好，下必甚焉”，真的应该好好深思。

王熙凤：这可能就是陛下临终前喊的“独孤误我”的真正含义，现在想来，真的让人心痛。

杨坚：（表情很激动）真的是这样。

王熙凤：独孤皇后本性俭约，不好华丽。又好读书，识达古今，言事论人都和隋文帝想的一样，宫中称为二圣。为人非常仁爱，每次听说大理寺斩决犯人都为之流泪。但天性嫉妒。不仅对丈夫防护甚严，对儿子们也管束甚严，要求他们学她和杨坚一样从一而终。她为杨勇挑选的妃子元氏很受杨勇冷落，多年不得召见，突发心脏病而死。杨勇宠爱云妃、高妃和成妃等人，并和这几个妇人生下一大堆孩子。对此，独孤皇后非常生气，不断派人伺察自己这个儿子，访探他的举动，还不断在文帝耳边吹风，指摘杨勇的过失。太子杨勇虽然有些好色、奢侈，但为人宽厚，率意任情，没有矫饰假装的性格，常常优礼士人，宽接大臣。作为长子，总是这样的性格，其后唐朝的太子李建成，性格脾气也和杨勇相仿佛。

秦始皇：杨广能文能武，有勇有谋，绝顶聪明，但性格中却有作为一个帝王最致命的许多弱点，就是虚荣心。杨广非常爱面子，他奢靡浪费到极点，其实不光是图享受，更是为了讲排场，讲阔气，显示帝国的富有和帝王的威严。比如与西域的贸易应该是双方互利的，但在杨广朝贡式贸易的思想指导下，主要是向西域炫耀隋朝的富有，所以隋朝政府基本上是赔钱的。

王熙凤：隋炀帝还是一个出色的诗人，自小善属文，诗赋雄丽；又倡导艺术，赏析书画，繁盛百戏。在文治方面，创设进士科，正式确立科举取士制度，并且兴办学校，敦奖名教，统一经学，整理图籍，将儒道佛三教并重，积极影响了中国古代思想文化的发展。

王熙凤：最后一个问题，怎么对待这种有些混蛋的儿子？

秦始皇：没有任何人愿意挑选混蛋做自己的接班人，但没有天生的混蛋，有的人因为生活方式变化而混蛋，有的人则因为周围的人而混蛋。混蛋，这是你们的说法，我不会选择混蛋做自己的接班人，相信杨先生也不会。呵呵。

杨坚：对。说实话，我也不承认杨广是混蛋的说法。

王熙凤：二位对于企业家选择接班人有什么忠告？

杨坚：不要用自己的标准衡量、要求自己的接班人，每一代人都有自己的使命。

秦始皇：我感受最深的还是接班人的培养问题，权力角逐中，必然有阴谋家，也只有阴谋家才能担当大的使命，最重要的还是人品问题。

王熙凤：谢谢二位。

第三篇
老子英雄儿笨蛋
——托孤保驾　贻患无穷

蜀汉后主刘禅“乐不思蜀”的故事为人皆知，晋惠帝司马衷“何不食肉糜”的愚昧令人捧腹。客观来讲，历史对刘禅的误会可能更多一些，以中人之资，能做太平皇帝几十年已经是一个奇迹了，用强硬手段把自己两个弟弟刘永、刘理封王后迁到了边地，可以看出他政治上的远见卓识，至于他在洛阳做安乐王的所作所为，应该是韬光养晦的策略，不然以司马氏之智，他不可能活得下来。至于晋惠帝，我们不能把如此大的历史责任放在一个智商不全的人身上，他的一生处于半傻半愚之间，知冷知热，知苦知痛，既能因司马威掰他手指而怒，也能因嵇绍血溅己衣而悲，但就是不能像常人那样有条理地行事，其最大的优点是昏而不虐，祖逖曾讲：“晋室之乱，非上无道而下怨叛也。由藩王争权，自相诛灭，遂使戎狄乘隙，毒流中原。”最令人痛心的就是雄才大略的晋武帝，他才是这场悲剧中最令人沉思的主角。

晋惠帝司马衷——白痴皇帝　大乱之源

惠帝司马衷智商极低，“何不食肉糜”的笑话令人捧腹，这样的皇帝怎么继位？作为白痴皇帝的父亲，雄才大略的晋武帝又是怎么想的？他有个聪明过人的儿子叫司马遹，他才是司马炎最大的希望。但司马炎死后，贾南风先下手为强，捏造罪名，陷害司马遹致死，此后，诸侯讨伐贾后，致使晋朝酿成连续16年之久的八王之乱，这是晋武帝始料不及的。我们不能把如此大的历史责任放在一个智商不全的人身上，他的一生处于半傻半愚之间，知冷知热，知苦知痛，既能因司马威掰他手指而怒，也能因嵇绍血溅己衣而悲，但就是不能像常人那样有条理地行事，其最大的优点是昏而不虐，祖逖曾讲：“晋室之乱，非上无道而下怨叛也。由藩王争权，自相诛灭，遂使戎狄乘隙，毒流中原。”最令人痛心的就是雄才大略的晋武帝，他才是这场悲剧中最令人沉思的主角。

继位背景：

东汉之后，中国历史出现魏、蜀、吴三国鼎立的局面，这就是中国历史上著名的三国演义时期。北方的曹魏政权存在46年，共有5个皇帝，到了第三个皇帝曹芳的时候，司马懿于正始十年（249年）年发动政变成功，司马家族从此控制了政权。曹芳被司马懿之子司马师废掉，司马师改立曹髦为帝，公元260年，在加封司马昭为晋公一事上，年仅19岁的少年天子曹髦与司马昭发生了冲突，曹髦也说出了“司马昭之心，路人皆知也！吾不能坐受废辱，今日当与卿等自出讨之”的话，他不顾郭太后及众臣的反对，率领童仆数百人鼓噪而出，直奔司马家，准备为国除奸。有近臣向司马昭告密，司马昭马上派中护军贾充领兵镇压，双方在宫内相遇，贾充一直等待机会在司马昭面前表现，这回可有了，一声令下，太子舍人成济是一位没有头脑的蠢猪，他还以为犯上作乱、谋弑皇帝是头功一件，接到命令后，奋不顾身地往前冲去，所谓“射人先射马，擒贼先擒王”，成济跃马上前，一咬钢牙，一把利剑从曹髦的胸部穿过，曹髦大叫一声，死在车上。司马昭当时正躲在楼上静观战况，看见曹髦已经玩儿完，一路小跑出来，抱着曹髦的尸体号啕大哭，还咬牙切齿地发狠，要灭掉成济三族为君报仇，成济这才恍然大悟，赶紧逃到屋顶为自己辩护，他大叫：“是丞相指示我杀皇上的！”至此，真相大白，但成济也因此成为司马昭的“替罪羊”。

公元265年8月，司马昭病逝，同年12月，司马炎通过“禅让”形式取代了曹魏统治，建立了西晋王朝，都城在洛阳，历史上根据庙号称司马炎为晋武帝。在选择继承人方面，司马昭最早考虑的是自己的二儿子司马攸，主要原因就是司马师。司马昭生前和自己的哥哥司马师感情极深，篡魏后，常对左右说：“天下，景王（司马师谥号）之天下也!”因此，他把自己的二儿子司马攸过继给司马师为世子，司马攸为人“清和平允，亲贤好施，爱经籍，能属文，善尺牍，为世所楷。才望出武帝之右，宣帝每器之”。因此，司马昭每次召见二儿子时，都会拍着自己的座位亲昵地称呼司马攸小名说：“此桃符座也”。因此，司马攸“几为太子者数矣”，由于司马昭亲信左右何曾、贾充等固谏，称“中抚军（司马炎）聪明神武，有超世之才。长发委地，手过膝，此非人臣之相也”，最终打动了犹豫不决的司马昭，还是把司马炎立为太子。

所谓“人之将死，其言亦善”。司马昭临死前，挣扎着向司马炎、司马攸兄弟讲曹植“七步诗”的事，劝诫兄弟二人要友爱相扶，“临崩，执攸手以授帝”曰：“桃符性急，而汝为兄不慈，我若遂不起，恐必不能相容。以是属汝，勿忘我言。”司马炎践位后，牢记父亲的教诲，也确实对得起自己的兄弟，让齐王司马攸“总统军事，抚宁内外，莫不景附焉”，司马攸也很争气，干得不错，“每朝政大议，悉心陈之”，“文武官属，下至士卒，分租赋以给之，疾病死丧赐与之。而时有水旱，国内百姓则加振贷，须丰年乃责，十减其二，国内赖之”，对晋朝初年的统治作出巨大的贡献。

公元266年，即泰始二年，晋武帝立杨艳为皇后。杨艳，字琼芝，弘农郡人。她的父亲名叫杨文宗，曾在魏国出仕为通事郎，母亲赵氏在生下她之后不久去世。杨艳秀外慧中，自小博览诗文，不但写得一手好字，对女红也极为娴熟，魏国权臣司马昭听说杨艳的娴淑，便为儿子司马炎娶了杨艳做儿媳。晋武帝“长发委地，姿容甚伟”，皇后杨艳则“少聪慧、善书，资质美丽”，就这样一个强强联合的夫妻，阴差阳错，一不小心，竟然生下一个智商极低的儿子，这个儿子不但茁壮成长，而且还继承了皇位，他就是历史上著名的傻皇帝晋惠帝司马衷，司马衷刚生下来时，并没有表现出痴呆的症状，别的孩子抱出来不是哇哇啼哭，就是胡踹乱蹬，但司马衷不一样，他不哭不闹，安静得像一位正在沉思的哲人，司马炎还挺没美，觉得这个孩子肯定不同寻常，你想想，一出生就像哲人，那长大了还不是圣人？七八岁后，这个孩子果然不同凡响，不用说什么《四书》《五经》《大学》《孟子》了，即便简单的1+2=3，也半天搞不清楚。司马炎对太子的智商忧心忡忡，就试探着和杨皇后商量皇位继承问题，武帝表示，皇太子不堪继奉大统，想换个儿子继统。杨后闻言大惊，劝说："立嫡以长不以贤，岂可动乎！"晋武帝对杨皇后的感情很深，听见老婆这样说，只好暂时作罢。咸宁初年，司马衷出居东宫，由于接触外廷大臣渐多，众位大臣对其治理国家的能力质疑起来。第二年，晋武帝忽然患病，大家看好的皇位继承人就是齐王司马攸，史载："朝野皆属意于攸"，司马攸的妃子正是贾充的长女，而他的次女贾南风则嫁给了太子司马衷，因此，河南尹夏侯和开玩笑地对贾充说："二位继承人都是你女婿，亲疏相等，立人当立德，你要好好想想啊。"贾充对此未置可否。但想不到晋武帝又好了，听说此事，十分震怒，不但褫夺夏侯和的光禄勋，还剥夺了贾充的兵权，搞得满朝文武都成了惊弓之鸟，太子太傅卫瓘不以为然。卫瓘，出生于儒学官宦世家，以"负静有名理，明识清允"闻名乡里，"每欲陈启废之，而未敢发"，有一天，他假装酒醉，跪在司马炎床前曰："臣欲有所启。"晋武帝说："你想说什么?"卫瓘假装欲言又止，反复三次，还是未说，最后以手抚床曰："此座可惜"。帝意乃悟，也假意说："我看你真醉了。"卫瓘便不敢再说什么。

平定东吴后，和峤转为侍中，"峤少有风格"，见太子不令，因侍坐曰："皇太子有淳古之风，而季世多伪，恐不了陛下家事。"和峤的话说得非常漂亮，但"帝默然不答"。过了一段时间，晋武帝洋洋得意地对和峤、荀勖、荀顗说，太子这几天入朝办差，很有长进，如果不信，你们去考察一下。三个评委果然兴致勃勃地前去考察。回来后，荀顗和荀勖不忍心打击晋武帝“望子成龙”的积极性，上前说道：太子“明识弘雅、诚如明诏”，和陛下说得果然一样。晋武帝很高兴，刚想自得一番，和峤却来了个实话实说，他说：“圣质如初耳!”惹得帝不悦而起。其实，晋武帝心中也不踏实，有一次，他把太子东宫大小官属招到皇宫宴饮赐酒，然后用大信封密封文件数件，派人送给太子断决，想考考在没有助手帮忙的情况下，太子处理政务的能力，并让使臣就在外面坐等太子的文件批复。太子妃（贾南风）“大惧，倩外人作答。答者多引古义”。匆忙之间找了个书呆子帮忙，在文件上旁征博引，大谈特谈治国平天下的道理，偏偏宫内有个名叫张泓的小太监“素有小才”，进言说：“太子不学，而答诏引义，必责作草主，更益谴负。不如直以意对”，意思是太子不好好学习是人所共知的事情，在御批文件上广引古文典故，必定会被皇帝看穿，最终会怪罪下来，不如就事论事，写上判断意见就可以。贾南风认为有理，对张泓说：“便为我好答，富贵与汝共之。”张泓立即“具草，令太子自写”，司马衷依此照猫画虎誊写一遍，派使臣送交正在皇宫等待的晋武帝，晋武帝本来对太子司马衷的期望值很低，看见傻儿子亲笔写的判词立意清楚，处事得当，大喜之余，把文件随手递给太子少傅卫瓘。“瓘大踧踖，众人乃知瓘先有毁言，殿上皆称万岁”。贾充秘密派人对自己的女儿贾后曰：“卫瓘老奴，几破汝家。”由此，贾家上下暗中给太子少傅卫瓘记上一笔。其实，以晋武帝的英明睿智，不可能不知道其中的奥秘，他之所以选择司马衷做太子，恰恰是为了他的孙子司马遹。司马遹，为晋惠帝长子，其母谢玖清惠贞正，原来是晋武帝的才人。因为聪慧机敏、善解人意，考虑到太子司马衷“尚幼，未知帷房之事，乃遣往东宫侍寝”。即被晋武帝指定作了其性启蒙老师，谢玖“由是得幸有身”，“遂生愍怀太子（司马遹）”。关于司马遹，史载，他“幼而聪慧，武帝爱之，恒在左右”，一次皇宫内半夜失火，晋武帝登楼观望，司马遹当时才五岁，在一旁牵武帝的衣带把爷爷拉入暗影之中。晋武帝觉得很好奇，问小孩子为什么这样做，司马遹说：“暮夜仓猝，宜备非常，不可令照见人主。”武帝因此对司马遹更加称奇。司马遹六七岁时，又陪晋武帝到太牢（祭祀部门）养猪的地方观玩，他对武帝说：“这些猪又肥又大，为什么不杀掉给臣下们吃呢？留在这里浪费五谷粮食。”武帝大喜，马上派人杀猪分赐众臣，并抚着小孩的后背对大臣傅祗说：“此儿当兴吾家。”不仅如此，武帝经常对群臣表示司马遹人品样貌与司马懿类似，“尝对群臣称遹似宣帝，故天下咸归仰之”，晋武帝只把这位傻儿子做个过渡，内心盼望司马遹以皇太孙继承帝位。但让晋武帝始料不及的是，太子妃贾南风太阴毒，朝中大臣太没用，自己的司马氏子弟太子不争气，因此，他撒手一死，不仅晋朝很快分崩离析，自己最喜爱的皇太孙（或皇子）也最终死于贾南风屠刀之下，这是后话。

为了理清头绪，承上启下，我们还是要谈一下贾充，以及由他亲手缔造的这桩政治婚姻对西晋王朝的影响。贾充，字公闾。平阳襄陵（今山西襄汾东南）人。少孤，以孝道闻名。曹魏时官至大将军司马、廷尉。贾充文思敏捷，“有刀笔才”，善于察言观色，随机应变，忠直之士恶之者多。司马昭临死前，本想传位给侄儿司马攸，贾充坚称，司马炎宽厚仁义，且是嫡长，力保司马炎为世子，这是第一功。后来，魏帝曹髦持剑登车，以“士可杀不可辱”的勇气，亲自从宫中杀出，准备伐权臣司马昭。由于曹髦打的是正义之战，一身正气且义正词严，司马氏作为反叛之徒从理处于下风，在部属崩溃散逃之际，关键时刻，又是贾充一句话：“司马公豢养汝辈，正为今日之急，你还等什么！”一句话扭转乾坤，司马昭虽然诛杀成济三族，但对贾充非常感激，把他列为心腹，先封为鲁国公，后转为车骑将军、散骑常侍、尚书仆射等等。一时间，老贾官场显贵，说一不二。但是，家家都有本难念的经，别看老贾官场春风得意，但在家里却是个标准的窝囊废，深患特级“妻管严”，其严重程度让人瞠目，其河东狮吼就是后妻郭槐。郭槐，字媛韶，太原阳曲人也，城阳太守郭配之女，因为是续弦，贾充对她过于宠溺，养就了她骄横霸道、妒狠泼辣的性格。贾、郭二人原有两个儿子，皆因郭槐嫉妒而死。长子贾黎民三岁，其乳母抱于怀中，有一天，贾充从外面进来，小孩子见到爸爸乐得手舞足蹈，贾充闲暇之余，自然享受天伦之乐，和乳母嬉笑一下，开始逗孩子玩耍，郭槐远远望见，以为贾充与保母有龌龊苟且之情，当庭就抢下孩子，把乳母鞭打而死，小孩子整日和乳母朝夕相处，感情极深，亲眼看见自己的奶娘被打死，惊恐交剧，很快便死掉了，史书说“黎民恋念，发病而死”。后来，郭槐又生一男孩，已有一岁多时，老贾这次吸取教训，不再和乳母嬉笑，只随意地用手抚摸孩子的脑袋，谁知悲剧还是难以避免，“郭（槐）疑乳母，又杀之，儿亦思慕而死”，好好两个活泼可爱的儿子，皆因郭槐猜忌妒忌，被惊吓而死，贾充从此没有了继承人，只好把自己的外孙韩谧改为贾谧过继给自己。贾谧是贾充小女儿贾午的儿子，其父亲是南阳人韩寿。说起来，这也是一段富有传奇色彩的孽缘，正因为贾午的婚姻，中国历史上才有“窃玉偷香”的典故。韩寿是一位美男子，史载“美姿貌，善容止”，出身高贵，也算是“高干”子弟，小伙子二十岁左右，即被贾充辟为司空掾，成日与贾充一帮僚属在府中宴饮论事，贾午少女思春，偶然间窥探到韩寿的美貌，这一看不要紧，结果竟然一见钟情，“女大感想”，上演了魏晋南北朝的“西厢记” + “司马相如与卓文君的故事”。贾午大胆泼辣，开始勇敢地追求自己的爱情，私下遣一婢女往韩寿处充当红娘。这位婢女果然不凡，伶牙俐齿，唇枪舌剑，不知用怎样的词语，把贾午说的“光丽艳逸，端美绝伦”。歌德说：“哪个少女不怀春，哪个少男不钟情”，韩寿家世很高，但和贾充相比，又差一大截，小伙子看见领导的女儿相中自己，而且还“光丽艳逸，端美绝伦”，哪有不动心的，小伙子风华正茂，身体又很强健，在爱情的感召下，浑身充满力量，“寿劲捷过人，逾垣而至，家中莫知”，高大的府墙，竟也能跳过，几番云雨后，贾午爽得不得了，一番海誓山盟，“其女密盗以遗寿”，竟然把晋武帝御赐给老爸的西域异香偷出来赠送给韩寿，导致韩寿身上奇香扑鼻，经月不歇。贾充大惊，知道这种香一般人不会有，晋武帝“惟以赐充及大司马陈骞”，想到自己“门阁严峻，不知所由得入”，这家伙从哪里跳进来竟然不得而知，就派人做调研，这才发现“惟东北角如狐狸行处”，又联想小女儿近来“悦畅异于常日”，明白是女儿偷了汉，就借坡下驴，“遂以女妻寿”，一年后，就生产了即将登台亮相的韩谧，这是贾充的家事，本来不应该在此絮叨，但因为与司马衷的命运息息相关，也就在此多说几句。回过头来，再说贾充的政治命运，贾充最大的政治对手是任恺。任恺，字元褒，魏乐安（今山东博兴）人，自幼胆识过人，才能出众，晋武帝非常器重，任命他为侍中，令其参与朝政。贾充时为尚书令，自以为对司马父子有大功，常常肆无忌惮，恃功倨傲，对任恺心怀嫉妒；任恺也看不惯贾充的倚老卖老，两人自此结怨。因为侍中为皇帝近臣，贾充便挖空心思地想让晋武帝解除任恺的侍中职务，有一次，他上书向皇帝提出建议："任恺忠贞，宜在东宫，使护太子。""帝从之，以恺为太子少傅，而侍中如故"。这下贾充弄巧成拙，不但计谋落空，任恺还因祸得福，捞到太子少傅；看见贾充如此"深爱"自己，任恺心里岂能不知，他总想找机会"报答"他一次。元康四年（294 年）秋八月，秦、雍的氐、羌悉反，还立扶风人齐万年为帝，秦、雍两州的羌人纷纷响应，聚众 10 余万，武帝甚忧，任恺马上向晋武帝建议：此诚国家之所深虑，宜速镇抚，非威望重臣有计略者不可担此任，只有"德高望重"的贾充可以担当大任，劝武帝派贾充都督秦、凉二州诸军事。贾充自然知道任恺的良苦用心，愤懑之际，向其私交好友荀勖诉说，荀勖看见贾大人如此信任自己，感激之情难以言表，就给他出主意："公为宰相，乃为一夫所制，不亦鄙乎！……独有结婚太子，可不辞而自留矣。"贾充说："好是好，但谁能办这件事？"荀勖就推荐了具有"奸佞"之称的冯紞，还亲自为贾充游说冯紞，谓冯紞曰："贾公远出，吾等失势。太子婚尚未定，何不劝帝纳贾公之女乎！"紞亦然之。

晋武帝本来想为太子迎娶卫瓘之女，"卫氏种贤而多子，美而长、白；贾氏种妒而少子，丑而短、黑"，但郭槐与杨皇后关系很好，可能还是干姊妹，又私受了不少奇珍异宝，杨皇后就在皇帝面前盛赞贾充之女贾南风"才质令淑"，可为太子妃，晋武帝尽管好色如命，但对皇后的感情还是真的，加上荀勖、冯紞的劝说，就把"貌陋而心险"的贾南风迎进宫中，成为司马衷的终身伴侣。

本来做太子妃的应是贾南风之妹贾午，贾午当年十二岁，比司马衷小一岁，毕竟贾家的人种，长的还是"丑而短黑，短小未胜衣"。于是，杨后和郭槐一合计，就把时年十五岁的贾南风娶进宫中当太子妃。贾南风

“妒嫉多权诈，太子畏而惑之，嫔御罕有进御者”。同时，贾南风生性酷虐，曾亲手杀掉左右侍女数人。有一次她发现有个宫女偷偷怀上了太子司马衷的孩子，妒怒之下，以锐戟刺人，已经成形的胎儿应声堕地而死。（“或以戟掷孕妾，子随刃堕地。”）晋武帝闻讯大怒，欲废黜贾妃，赵粲以“贾妃年少，妒是妇人之情耳”来加以劝解。杨皇后（杨艳死后，其堂妹杨芷成为新的皇后）也好言相劝：“贾公有大功于社稷，其家即使有罪也应再三宽赦，更别说他的亲生女儿了。现在贾妃年轻，正是嫉妒的年龄，不该以其小过掩其父大德。”晋武帝闻此言，才打消怒气。就这样，贾充如愿以偿，自己的一把老骨头终于留在了京城，还制造了一段足以影响江山社稷的婚姻，这就是晋惠帝司马衷和贾南风的“爱情”故事。

皇储分析：

在个人生活方面，司马炎最大的特点就是好色有术。在他统治的中后期，国家无事，文恬武嬉，其后宫佳丽超出万人之多，他在解决性生活方面也很有创意。男人没有不好色的，但用山羊驾车，四处游荡，山羊停在哪里就在那里就寝，这种潇洒可谓空前绝后。搞得深宫佳人纷纷研究山羊的生活习性，研究结果是，羊生性喜欢吃竹叶，也喜欢吃咸的东西，于是，她们把竹叶插在门口，用盐水洒地，吸引山羊停下来不走。史载“帝既平吴，专事游宴，怠于政事，掖庭殆将万人。常乘羊车，恣其所之，至便宴寝，宫人竟以竹叶插户，盐汗湿地，以引帝车”。因此，司马炎并不缺儿子，他共有二十六个儿子，长子毗陵悼王司马轨两岁早夭，次子就是晋惠帝司马衷，老三是秦献王司马柬，老四城阳怀王司马景、五子楚隐王司马玮、老六长沙厉王司马乂、老七城阳殇王司马宪、老八东海冲王司马祗，另外还有淮南王司马允、成都王司马颖以及后来的晋怀帝司马炽等。由于其部分子侄、兄弟在八王之乱时起过重要作用，我们在皇储分析中也对其个性命运进行简单叙述。

晋武帝病危弥留之际，在禁宫内侍疾的是续弦杨皇后的父亲杨骏，此公“严碎专愎，中外多恶之”，有点像三国时期的袁绍好谋无断，外刚内怯，一临大事，就慌乱无主，能力不行，官瘾还挺大，趁女婿病危之际，大过一把皇帝瘾，先任命自己为太傅，都督中外诸军事，集党政军大权于一身，同时，把内宫侍卫都换成自己人，为了防止贾南风因势坐大，杨骏任命外甥段广为散骑常侍，主管军国机密；任命亲信张邵为中护军，主持禁卫军，反正玉玺在自己手中，想封谁封谁，同时，下诏急催自己的政坛对手汝南王司马亮（武帝叔父）马上外出许昌就任。冯翊太守孙楚见杨骏如此行事，进谏曰："公以外戚居伊、霍之任，当以至公、诚信、谦顺处之。今宗室强盛，而公不与共参万机，内怀猜忌，外树私昵，祸至无日矣！"但杨骏不以为然，汝南王司马亮听说武帝驾崩，不敢入宫临丧，上表请求侍奉武帝入葬后，再到封地上班。杨骏没有主见，忙和皇后女儿商议，杨皇后倒也爽快，既不说行，也不说不行，思虑半晌，干脆让司马衷写诏书，命令太子太傅石鉴和张邵立即率兵擒拿司马亮，张邵是杨骏的外甥，当然一切行动听指挥，闻诏后，马上披甲上马，急冲冲赴石鉴处，要他立即出兵，石鉴认为，不管怎么讲，司马亮毕竟是皇室尊亲，哪能随便抓人？就拒绝出兵。再说汝南王司马亮，史称"少清警有才用"，几乎所有的手下都劝他起兵勤王，但老王爷思虑再三，最终还是决定顾全大局，连夜驰赴许昌，亡命而逃。

看见杨骏父女如此飞扬跋扈，贾南风心中不爽，朝中大臣也怨言颇多，特别是殿中中郎孟观和李肇二人，经常骂骂咧咧发泄不满，贾南风闻知此事，立即派亲信太监联络孟、李二人，准备发动政变除掉杨骏父女，李肇和孟观一看正中下怀，但仍然觉得力量不够，就分别联系汝南王司马亮和坐镇荆州的楚王司马玮准备联合起义。听说宫内有人准备发动政变，杨骏有些惊慌失措，马上向众人问主意，太傅主簿朱振聪明睿智，他一针见血地指出，一定是贾南风作乱，并建议"火烧云龙门，大造声势，然后派兵入宫抓人！"这本来是一条妙计，但值此生死存亡之秋，这个集党政军大权于一身的国家负责人，竟然成为文物保护者，思虑半天，冒出一句话："云龙门是明帝时候建造的文物，费工又费钱，烧掉它，岂不可惜么！"众大臣大失所望，一哄而散。这时候，杨骏的党羽左军将军刘豫早已跃跃欲试、蓄势待发了，他正率领大队军马日夜操练，准备随时执行杨骏入宫抓人的命令。这一天，正好碰见著名哲学家裴頠，裴頠以“言谈之林薮”见称于时，看见哲学家来了，刘豫忙问，太傅何在？裴頠是贾南风的表兄弟，见有机可乘，随意说道：“早就乘坐小车，带着两个人从西城跑了。”刘豫也没有问个究竟，忙向哲学家讨主意，问自己该怎么办，裴頠说：“坦白从宽，抗拒从严，您应该去廷尉自首，争取宽大处理。”刘豫听见哲学家这样说，那还有错，就放弃自己统领的重甲劲卒，真的去廷尉投案自首去了。这时候，身居大内的杨皇后知道了有人叛乱的消息，苦于禁宫各门都是贾南风同党，难以传递信息，无奈之余，只好在丝帛上书写“救太傅者有赏”，让太监用弓箭射出宫城外，但不巧的是帛书被贾后的同党拾得，贾南风趁机囚禁太后。政变开始后，乱军很快冲入杨骏家的大门，杨骏惊慌失措地躲在马厩里，但还是被人发现，一刀结果了性命。孟观等人一鼓作气，连夜逮捕了杨骏的弟弟杨珧、杨济以及段广、刘豫等多名同党，诛夷三族，一口气杀掉数千人，老幼不免。皇太后杨氏因“图危社稷”被废为庶人，西晋王朝正式步入贾南风时代，贾南风的族兄贾模、堂舅郭彰以及外甥贾谧也都鸡犬升天，入朝辅政了；汝南王司马亮、楚王司马玮以及东安王司马繇因为立有军功，也都成了功臣，太保卫瓘也被任命为录尚书事。

汝南王司马亮做了这么多年的王爷，还没有做过这么大的官，好不容易执掌大权，为了过过官瘾，取悦众人，竟然大肆封赏，只要自己看着顺眼，不管有无功劳，都予封赏，一口气封了“督将侯者千八十一人”。御史中丞傅咸看见司马亮封得有点离谱，就劝说司马亮：“今封赏熏赫，震动天地，自古未有。无功而获赏，则人莫不乐国之有祸，是祸原无穷也!”司马亮均不纳，却对堂侄儿东安王司马繇看不顺眼，觉得这家伙迟早是自己的劲敌，就密奏贾后，说：“东安王兵权太重，更有异志，宜早废之，免贻后患。使楚王玮代领其兵，万无一失也。”贾南风正考虑这件事情，“从之”，矫诏称东安王司马繇谋叛之故，废为庶人。司马繇非常气愤，但看见叔父司马亮权大势大，自己惹不起，只得垂头回乡做了农民。解决司马繇后，楚王司马玮代替司马繇的职务，身为武帝第五子的司马玮“开济好施，能得众心”，但年轻气盛，因为在诛伐杨骏一事中居功至伟，“刚愎好杀”，刑威更甚于司马繇，而且常忤汝南王司马亮之意，终于导致司马亮和卫瓘“恶之，欲夺其兵权”。司马玮知道后，怒火冲天，在长史公孙宏、舍人岐盛等人的策划下，向贾后诬陷司马亮，说：“臣闻汝南王司马亮、太保卫瓘同谋，欲行伊、霍之事，娘娘知也未？”贾后大惊曰：“你怎么知道这个消息？”司马玮说：“臣心腹人窃而知之，以报臣耳。”贾南风想起来当年在晋武帝面前说自己坏话的卫瓘，心里窝火，大骂道：“吾重用彼二人，何敢异心谋我耶？必杀此二贼。”随后，贾南风让惠帝手诏给司马玮：“汝南王及太保卫瓘欲行废立，楚王可宣诏，令淮南、长沙、成都三王屯兵诸宫门，免亮及瓘官。”司马玮派自己的部属李肇引禁兵五百人，围住太保卫瓘府，奉旨拿人，将卫瓘并其子卫恒及其孙九人去市曹斩讫，又准备领兵生擒司马亮。司马亮闻大兵围府，大惊失色，侍卫长李龙请命，要率卫兵拒战，司马亮不听。很快，司马玮的兵士登墙高呼，司马亮立于中庭，大声发问：“吾无二心，何至于是！若有诏书，其可见乎？”李肇等人当然不会给他看诏书，促兵进攻，长史刘淮劝司马亮“尽力拒战”，但司马亮还想做忠臣，不听。楚王兵马一拥而入，把这位老实巴交的王爷一阵刀劈剑捅，“鬓发耳鼻皆悉毁焉”。杀掉汝南王司马亮和太保卫瓘后，楚王司马玮的舍人岐盛杀得兴起，劝言道：“宜将剩勇追穷寇，索性连贾后等人一起杀掉，自己干好了。”司马玮刚刚诛杀一位亲王，不想再做恶人，还在彷徨犹豫的时候，贾南风却做了一次民意调研，她私下问李肇曰：“汝南王死有何言？”李肇曰：“汝南王临刑，道我之忠心可剖示天下也，如何无道枉杀不辜？”贾后闻言，方悟司马玮之谗谮，这就有了诛杀司马玮之意。几天后，太子少傅张华派人对贾后曰：“楚王既诛二公，则天下威权尽归之矣，人主何以自安？宜以玮专杀之罪诛之。”贾后本来就想除掉司马玮，欣然同意，立刻让司马衷草诏除掉司马玮，张华乘机入朝，派殿中将军王宫高举驺虞幡出殿解兵，司马玮只能束手就擒，最后被押至闹市问斩，时年二十一岁，其谋士公孙宏、岐盛皆三族被杀。贾南风大权在握，开始委任亲党，为了调和矛盾，她任命张华为侍中、中书令等高官，掌管机要。张华是名垂青史的文学家，“尽忠帝室”，贾后虽凶险，但还是敬重张华，加上贾模、裴頠等人尽心辅政，数年之间，尽管上边坐着傻皇帝当政，但将近十年，朝野安静，西晋政局还算平静，没有太大事件发生。

公元299年冬天，贾南风终于下定决心废杀太子司马遹，她以惠帝生病为由，遣人唤太子入朝。司马遹坐定后，贾南风派侍女陈舞一手持一杯酒，一手托一盘枣出来，让司马遹将酒饮尽，把枣吃完，司马遹推辞不胜酒力，但贾南风不许，司马遹不得已喝下三升老酒，即感“体中荒迷，不复自觉”。这时，另有侍女拿来笔墨纸砚，让司马遹抄写一份文书，醉迷之间，太子司马遹抖手抄录，“其字半不成，后补成之”。书云：“陛下宜自了，不自了，吾当入了之，中宫（指贾南风）又宜速自了，不了，吾当手了之”，这显然是一份伪造手法拙劣的恐吓信，逻辑混乱，而且前言不搭后语，出自太子之手简直让人匪夷所思。在第二天的朝会上，贾南风先派太监手持太子抄写的恐吓信，遍示众人，最后说出自己的处理意见：“（司马）遹书如此，今赐死。”众臣皆不敢有异议，只有张华和哲学家裴頠有点正义感，力保太子无辜，两人还旁征博引，反复议争，张华的学问自然不用说了，哲学家的口才我们便已在前文领教了。贾南风眼看越不过这两座大山，惧怕日久生变，急忙给自己找台阶下，先上书请废太子为庶人，然后自作皇帝诏书“许之”。张华、裴頠见事已至此，毕竟保全了太子一命，只得退朝再议，最后的处理意见是以谋反罪将司马遹太子废除，遣出宫中，住到许昌。司马遹被废黜后，一直怕被毒杀，天天自己在屋内煮食。第二年三月，贾南风让太医用巴豆和杏仁制成毒药，派宦官孙虑携药至许昌，阴谋毒死司马遹，孙虑到许昌后，看见司马遹如此作为，很难下手，就与监守太子的刘振商议，派人把太子迁移到一处小黑房子里，断绝他的食物来源。但宫中侍女及太子随从对太子很忠心，不时隔墙抛扔食物，司马遹因此又苟延了几日，孙虑等得不耐烦，破门而入，拿出毒药逼太子喝。司马遹不肯，太监也急了，凶相毕露，顺手操起一个棒球棒一样的药杵，“以药杵椎杀之”，这一年，司马遹才二十三岁。

永康元年（300年）五月，赵王司马伦（惠帝叔祖）发动政变，他全身披挂，率领大队禁军夜入皇宫，派兵控制宫中各个要害处，假称惠帝诏敕，召集禁卫军三部长官开会，以惠帝名义宣诏：“中宫与贾谧等杀吾太子，今使赵王入宫废贾后，汝等皆当从命，事毕，赠爵官中侯，不从者诛三族。”众人遵从，赵王司马伦又派惠帝的堂兄齐王司马冏冲入内宫，把司马衷架出来了，还“迎帝幸东堂”。众人坐定后，赵王司马伦以惠帝名义下召贾谧议事，贾谧兴致勃勃地走进宫中，只见傻皇帝司马衷坐在中间左顾右盼，赵王司马伦等人杀气腾腾，各执利剑在手，顿感大事不妙，赶紧逃命，还没有跑出去，就被兵士砍得七零八落。贾南风正睡得舒坦，忽听殿外喧哗，惊起一看，只见齐王司马冏正带领兵士猛撞殿门，贾后吓坏了，忙问：“爱卿何事?”司马冏回答：“有诏令逮捕皇后!”贾后问：“诏令都是出自我手，爱卿遵的谁诏?”司马冏也懒得再理她，执剑指挥兵士猛撞大门。贾后狼狈不堪，直逃上殿中高阁，远远看见自己的老公惠帝正在中间坐着，便高声喊道：“陛下有妇，使人废之，亦行自废矣!”话音未落，齐王司马冏已冲奔到她身后，一脚踹个马趴。事已至此，贾南风倒冷静下来，问司马冏：“起事者是谁?”司马冏回答：“赵王和梁王。”贾南风闻言，后悔不迭，拍地大叫：“系狗当系颈，反系其尾，何得不然!”悔之晚矣，然后被立废为庶人，幽禁于建始殿。同时，在京城逮捕了贾氏亲党，全家诛死。该废的废了，该杀的杀了，该关的都关了，赵王司马伦“称诏赦天下，自为使持节、都督中外诸军事、相国、侍中，一依宣、文辅魏故事”，也来了个集党政军大权于一身，“文武官封侯者数千人”，此外，还命令自己的心腹孙秀和他的几个儿子担当禁卫高官，完全控制了禁卫军。赵王司马伦是一代奸雄司马懿的九子，算起来，是惠帝的叔祖辈，六十好几的人，依然“素庸愚”，几乎没有什么主见，对心腹孙秀可以说言听计从，“秀起自琅邪小史，累官于赵国，以谄媚自达。既执机衡，遂恣其奸谋，多杀忠良，以逞私欲。”因此，所有的军国大事几乎都是孙秀拿主意，导致“秀为中书令，威震朝廷，天下皆事秀而无求于伦。”为收买人心，在孙秀的指点下，赵王司马伦下诏追复太子司马遹位号，封其二子司马臧和司马尚为王，并以梁王司马肜为太宰，淮南王司马允为骠骑将军，兼领中护军，最后，派人将幽禁在金墉城的贾南风以金屑酒赐死。

孙秀“狡黠贪淫，所与共事者，皆邪佞之士，惟竞荣利，无深谋远略，志趣乖异，互相憎嫉”，引起晋惠帝的弟弟淮南王司马允的不满。司马允“性沉毅，宿卫将士皆敬服之”，他知悉赵王司马伦有篡逆之志，便称疾不朝，畜养死士，准备诛掉赵王司马伦和孙秀等人，司马伦也很忌惮这位年轻英武的亲王，便加封司马允为太尉，外示尊崇，实际上是剥夺他的兵权。司马允言称自己有疾，不接受太尉官号。司马伦忍耐不住，派御史持诏没收司马允的中护军印笺，并弹劾其大逆不道，司马允接诏后，仔细观看，“乃秀手书也，大怒”。并厉声对左右宣言：“赵王欲破我家!”于是带领七百多人从王府杀奔而出，准备围攻司马伦，沿途大呼曰：“赵王反，我将讨之，从我者左袒。”结果竟然有一大批追随者，“（司马）允所将兵，皆淮南奇才剑客也”，这些人武艺高强，能打善战，一举杀掉司马伦护兵一千多人，司马允又于承华门前施放箭弩，飞矢如雨，正在司马伦府中上班的文武官员无法走避，都躲于树后，“每树辄中数百箭”。太子左率陈徽早就想帮助淮南王了，连忙集结东宫兵马鼓噪呐喊，为司马允助威，但他没有诏令，不能发兵参战，只好找他的兄长中书令陈淮想办法，陈淮也想帮助司马允，便对惊慌失措的傻皇帝司马衷说：“宜遣白虎幡解斗”。惠帝什么也不懂，只要有人出主意就点头，白虎幡是率兵进军的旗帜，按照陈淮的谋划，只要派人手持白虎幡授其弟陈徽，出兵助战自然合情合理，这样一来，司马伦军队看见宫中白虎幡归对方，肯定不战自溃。但是，人算不如天算，当陈淮派司马都护伏胤带领四百多人高举白虎幡准备参战时，正好被司马伦的儿子汝阴王司马虔叫住，司马虔哀求说：“富贵当与卿共之!”司马都护伏胤本来就是一贪图富贵之人，一看富贵唾手可得，来了个临阵倒戈，携带空白诏书出宫，诈称“有诏助淮南王”，淮南王司马允见皇帝哥哥的诏书，心中不疑，开阵让伏胤进来，还亲自从兵车上跳下，准备跪地接诏，伏胤是标准的职业军人出身，身手敏捷，抽刀一砍，就把司马允的脑袋砍下，时年二十九岁，司马允左右尽管有千人之众，只能眼睁睁看着主公被杀。伏胤接着口宣诏令，他受惠帝命令，斩杀司马允。事后，司马伦、孙秀广为株连，“杀允子秦王郁、汉王迪，坐允夷灭者数千人”，京城百姓“闻允死，莫不叹息”。

解决了淮南王司马允，孙秀发现齐王司马冏“以位不满意，有恨色”，怕他在京城内会生出什么事端，就一纸诏书把他外调，让其坐镇许昌。同时，为了抬高赵王司马伦的威望，在朝议上提出为司马伦加九锡，晋惠帝自然同意，司马伦得了“九锡”，诸子又皆握各路禁军大权，孙秀自然也水涨船高，加侍中、辅国将军、相国司马等官。永宁元年（301 年）春正月，在一帮邪佞之士的诱导下，孙秀与司马伦再也等待不了，他们准备再上一层楼，使牙门赵奉诈传司马懿神语说：“伦宜早入西宫”，还派惠帝的堂叔义阳王司马威去司马衷那里劝其“禅让”，晋惠帝稀里糊涂大半辈子，这一次却异常清醒，他知道玺绶很重要，任凭司马威怎么劝说，抱在怀里死不撒手，司马威没有办法，为了不辱使命，只好硬抢，几乎把惠帝手指掰断，司马衷嗷嗷大哭。最后，被尊为“太上皇”，护送至金墉城居住。说起来可笑，司马伦本来是惠帝爷爷辈，为了皇位，竟然尊侄孙为太上皇，同时，斩草除根，把已经立为皇太孙的司马遹之子送入密室，一刀结果了性命。司马伦正式即位，改元建始。人封“功臣”，孙秀、张林、司马威自然加官晋爵，“其余党与，皆为卿、将，超阶越次，不可胜纪；下至奴卒，亦加爵位。每朝会，貂蝉盈坐，时人为之谚曰：貂不足，狗尾续。”孙秀专擅跋扈，处理朝政经常当仁不让，经常越过司马伦直接行事，随意改动增删司马伦的诏令，甚至自己也在青纸上作诏书。有时朝令夕改，百官像流水一样换来换去，张林一直与孙秀不和，怨恨没有得到开建府署的资格，暗地里给太子司马一封密信，说：“孙秀专权不能服众，而功臣都是小人，扰乱了朝廷，应当把他们全部诛杀。”司马将这封信告诉了司马伦，司马伦又把信交给孙秀看。孙秀就劝说司马伦杀了张林，还夷灭三族。为了安抚宗室，孙秀加封齐王司马冏、成都王司马颖以及河间王司马颙大将军名号，还把司马伦的亲信派给三王充当僚佐，以为监视。

所谓一波未平，一波又起，两个月后，坐镇许昌的齐王司马冏又不安分，他遣使告成都、河间、常山、新野四个王爷，昭檄天下，讨伐赵王司马伦，声称“逆臣孙秀，迷误赵王，当共诛讨，有不从命，诛及三族”，一时间各地云集响应，赶至朝歌县（今河南淇县）时，已汇集二十多万人。孙秀、司马伦听说有人起兵，惶恐不安，但不得已，还得硬着头皮迎战，他们派亲信将领张泓、士猗、许超等人率领京中禁军出战，为了助威，司马伦、孙秀还“日夜祈祷，厌胜以求福”，派人昼夜拜谒宣帝司马懿的庙宇，辄言有宣帝保佑，某日当破贼，拜道士胡沃为太平将军，以招福祐。又男巫确定决战的日期，派人穿上羽衣到嵩山，自称仙人王乔给司马伦写信，坚信他的帝位永不变色，以此激励士气。也不知道是运气好，还是他们的虔诚感动了上苍，“成都王颖前锋至黄桥，为孙会、士猗、许超所败，杀伤万余人，士众震骇”，征虏将军张泓那里也捷报频传，“进据阳翟，与齐王战，屡破之”。孙秀、司马伦大喜，大赏黄桥之功，让“士猗、许超与孙会皆持节”，这样一来，三位将领地位相当，“各不相从，军政不一”，谁也不听谁的指挥，对于败军之将成都王司马颖更是不放在眼里，司马颖在黄桥大败后本想退保朝歌，但卢志、王彦劝曰：“今我军失利，敌新得志，有轻我之心。我若退缩，士气沮衄，不可复用。且战何能无胜负！不若更选精兵，星行倍道，出敌不意，此用兵之奇也。”颖从之。于是，乘孙会等人松懈之机突然进攻，大败对方，乘胜长驱渡过黄河。

三个败将带数名残卒狼狈不堪跑回城内，孙秀“及闻河北军悉败，忧懑不知所为”，几个人连夜商量对策，你争我吵，意见还是难以统一，不服气的慷慨激昂，决定收拾残兵重新战斗；服气地说，不打了，干脆焚烧宫殿逃跑了事；还有的准备挟持司马伦南逃，有的干脆劝说孙秀“乘船东走入海”。计未决，左卫将军王舆与尚书广陵公王漼帅营兵七百余人，自南掖门入宫，攻孙秀、许超、士猗于中书省，皆斩之。并召集八个部门的负责人入殿，强迫司马伦发诏：“吾为孙秀所误，以怒三王；今已诛秀，其迎太上皇复位，吾归老于农亩。”于是，宫内高举驺虞幡解兵，“遣甲士数千迎帝于金墉城”，傻皇帝司马衷又回来了，稀里糊涂地又做了皇帝，主事者是齐王司马冏。事定之后，三王入城，“赵王伦父子凶逆，宜伏诛。”“（司马）伦惭，以巾覆面，曰：‘孙秀误我！孙秀误我！’”最终，和贾南风一样，饮金屑酒身亡。赵王司马伦被赐死后，朝廷自然也要大赏“功臣”，齐王司马冏获封大司马，加九锡；成都王司马颖为将军，加九锡；河间王司马颙为太尉，加三锡；常山王司马乂改封长沙王，为抚军大将军，几位领导人都是二三十岁的青壮年王爷，河间王司马颙是惠帝堂叔，稍长，但也在四十岁左右，可以想象，这些人在一起，宫中横坐的又是个智商不全的皇帝，谁也不服谁。当年，手夺惠帝玺绶的义阳王司马威听说赵王司马伦倒台，慌忙丢下所统军队，逃归洛阳待罪，诸王商议想饶他不死，一直呆坐不语的惠帝忽然发话：“阿皮掰我手指，夺我玺绶，不可不杀。”诸王当然无话，派人杀掉司马威，算是“君无戏言”。

惠帝永宁二年（302 年），河间王司马颙对自己的“加三锡”不满，在长史李含的怂恿下首先起兵，司马颙本来是赵王司马伦的人，叔侄之间处得不错，因形势所逼加入讨赵联盟，齐王对他一直心怀忌恨。起兵后，司马颙派部将李含、张方为先锋直奔洛阳，同时，遣使邀成都王司马颖一起发兵，卢志不愿意得罪齐王，再三谏劝，但司马颖不听，执意发兵。长沙王司马乂和齐王司马冏同时在京，本来关系不错，但齐王认为长沙王与成都王是同父异母的兄弟，打断骨头还连着筋，索性先下手为强，派人攻袭长沙王。于是，齐王称“长沙王矫诏”，长沙王称“大司马（齐王）谋反”，大战之时，飞矢雨集，火光冲天，“矢集御前，群臣死者相枕”，在上东门楼上避难的惠帝被吓得浑身哆嗦，长沙王司马乂“开朗果断，才力绝人，虚心下士，甚有名誉”，苦战三日，齐王大败，司马冏被自己的长史赵渊执送入宫，司马衷忽然能想起这位堂兄曾经拥立自己复位，很想饶其不死，（冏至殿前，帝恻然，欲活之），但司马乂不答应，将其斩于阊阖门下，徇首六军示众，齐王司马冏就此玩儿完。惠帝太安二年（303 年）八月，河间王司马颙不甘心自己的胜利果实被别人抢走，又起兵讨伐长沙王司马乂，成都王司马颖也附和河间王加入战争，共同前往讨伐长沙王。

河间王司马颙以张方为都督，将兵七万自幽谷东趋洛阳；成都王司马颖派著名文学家陆机为先锋，率二十多万人南向进攻洛阳，兄弟相残，死伤数万，长沙王司马乂因为手中有惠帝这张王牌，建春门一战，陆机大败，“赴七里涧，死者如积，水为之不流”。由于陆机与成都王司马颖太监孟玖不合，孟玖趁机诬陷陆机联合长沙王谋反，成都王司马颖没主见，就此下令诛杀陆机、陆云兄弟，这位后世著名的文学家临死前，发出无限感慨：“华亭鹤唳，可复闻乎！”打败陆机后，长沙王司马乂觉得“挟天子以令诸侯”就是好，又“奉帝攻张方，方兵望见乘舆皆退车”，司马乂大胜而归。曾经“闻鸡起舞”的祖逖这时候已经担任长沙王主簿，他建议，派人到西北，命雍州刺史刘忱袭击司马颙后方逼迫张方退军，可解京师之围。但是，还没有来得及行动，就出现了意外，本来与长沙王一伙的东海王司马越，看见城外二王兵强马壮，想给自己留条后路，来了个临阵倒戈，与殿中亲将密谋，半夜冲入司马乂房中，把长沙王捆绑起来，关在金墉城里，并以皇帝名义下诏免其官职，还召成都王司马颖等入城辅政，想不到，打开城门后，“殿中将士见外兵不盛”，后悔不迭，又改变了主意，想劫出司马乂继续对抗司马颖，司马越见情势不妙，想杀掉长沙王司马乂以绝众望，黄门侍郎潘滔给他出了个主意，遣人密告张方，借张方之手除掉长沙王司马乂。张方本性残暴，派兵从金墉城中押出司马乂，绑缚于城外兵营中，放在火堆上慢慢烤炙而死，司马乂“冤痛之声达于左右，三军莫不为之垂涕”，时年二十八。

整死了长沙王司马乂，最得意的要算成都王司马颖和东海王司马越了，两人都占尽便宜，司马颖“诏以为丞相”，司马越则为尚书令。为了保护自己的安全，成都王司马颖派石超守洛阳十二城门，“殿中宿所忌者，颖皆杀之，悉代去宿卫兵”，并废除齐王司马冏所立皇太子司马覃为清河王。西北方面，河间王司马颙屡为刘沈所败，非常苦恼，先向司马颖送乖卖好，请表立司马颖为皇太弟，朝廷“诏从之”后，急召张方还长安。张方临行，掠劫洛阳宫中男女万余人而去，途中乏食，便杀掉掠来的男女夹杂牛羊肉充当军粮。到关中后，张方与司马颙双方合军，大败刘枕，腰斩了这位雍州刺史。时局刚刚安定，成都王司马颖被胜利冲昏头脑，“僭侈日甚，嬖幸用事，大失众望”，居于京中的东海王司马越早有“司马昭之心”了，看见司马颖“大失众望”，还以为自己颇得民意，就于永兴元年（304 年）秋天，率兵入云龙门，声讨成都王，并恢复司马覃的皇太子身份。司马越还效仿司马乂“奉帝北征”，鼓动傻皇帝司马衷御驾亲征，挟十余万军队直扑成都王司马颖的老巢——邺城。留在洛阳为司马颖守城门的石超见势不妙，逃回邺城，还没有喘口气，司马颖就给他五万兵，命他迎击司马越，双方在河南汤阴相遇，为了戴罪立功，石超豁出去了，他以排山倒海之势大败司马越。混乱之中，司马越大败而归，连皇帝也丢了，但司马颖并不想伤害晋惠帝司马衷，他也想“挟天子以令诸侯”，但他手下的兵痞不管那么多，结果司马衷车倒草中，脸上也中了一刀，身受三箭，狼狈不堪，“百官侍御皆散”，唯有侍中嵇绍“下马登辇，以身卫帝”，这才保住这位傻皇帝的一条命，当兵士把嵇绍从车上拉下用刀乱砍时，惠帝高喊：“忠臣也，勿杀！”兵士们回答：“奉太弟令，惟不犯陛下一人。”于是，嵇绍“血溅帝衣”，死在乱刃之下，不久，司马颖派自己的高参卢志找到坐在草中号啕大哭的晋惠帝，移至邺城。“左右欲浣帝衣”，晋惠帝默然醒悟，大恸曰：“嵇侍中血，勿浣也！”

看见哥哥兵败，东海王司马越的弟弟司马腾和王浚联合鲜卑、乌桓等少数民族的部落骑兵，南攻邺城，司马颖又派王超等人继续战斗，希望以战胜之威，再创佳绩，但司马腾的联合部队特别是鲜卑等部落骑兵所向披靡，如秋风扫落叶一般横扫天下。王超等人连连败绩，“邺中大震，百僚奔走，士卒分散”，高参卢志劝司马颖奉惠帝还洛阳，当时还有甲士一万五千多人，做护卫还绰绰有余，但司马颖的生母程太妃眷恋故乡邺城，迟迟不愿起身，司马颖“狐疑未决”，一万五千余大军见主帅无谋，一哄而散，“俄而众溃”，司马颖和卢志只好带数十骑拥着傻皇帝惠帝乘犊车南奔洛阳，一路奔逃，狼狈不堪。逃至邙山，河间王司马颙派张方率万骑精兵迎谒，成都王司马颖这时候终于“虎落平川”，不但威风不再，而且形同软禁，相形之下，张方威风多了，不但动了“挟天子”的心思，而且还要

“奉帝迁都长安”，晋惠帝被折腾得够呛，不愿再东奔西跑四处颠簸了。张方率大批军士披甲执兵，搜出躲在后园竹林里的惠帝，逼其上车，“帝垂泣从之”，附带还有成都王司马颖以及惠帝另一个弟弟豫章王司马炽，河间王司马颙暂时成为西晋王朝最高负责人，他让惠帝下诏废掉司马颖的皇太弟身份，改立豫章王司马炽为皇太弟。

惠帝永兴二年（305年）七月，吃完败仗，休整了一年多的东海王司马越终于缓过气来，他蠢蠢欲动，以张方和河间王司马颙“劫颙车驾”为名，发檄天下，开始报仇雪恨，成都王司马颖昔日的旧部也纷纷在河北起兵响应，河间王司马颙“甚惧”，又和被软禁的成都王司马颖“哥俩好”，封其为镇军大将军，还给了他千余兵拥返归河北招抚，成都王司马颖经过此番劫难，早已丧尽昔日统领十万大军的虎威。看见东海王司马越气吞万里之势，河间王司马颙心生畏惧，他动了想与司马越握手言和的心思，但张方坚决表示反对，他才是“劫驾之罪”的真正主谋，害怕二王和解后对自己不利，河间王司马颙派遣张方的好友郅辅以读信为名，一刀砍下张方的脑袋。司马颙本以为杀了张方，东海王司马越会主动退兵，想不到东海王司马越还是继续西进，走在中途的成都王司马颖听说河间王和东海王有言和之势，如五雷轰顶，不知何去何从，两王如果讲和，第一个牺牲的就是自己。公元306年五月，几经奋战，东海王司马越终于抢回晋惠帝司马衷，河间王司马颙大败，逃进太白山后，看见长安空虚，又趁机进驻长安。公元306年七月，惠帝又回到旧都洛阳，改元光熙，东海王司马越率领大军进驻洛阳，被委任为太傅、录尚书事，封自己的堂兄弟范阳王司马虓为司空，镇军邺城。

这时候，还在外面流浪的成都王司马颖听说东海王已经控制了京城，差点哭了，他想从华阴往武关方向逃跑，但行至新野，东海王的通缉令已经到了，惶恐之间，也顾不上老母亲和妻子，只和车夫载着两个儿子渡过黄河跑到朝歌，召集了数百名部下，准备投奔老部下公师藩，没走多远，范阳王司马虓就把他们一网打尽，关在邺城监狱里。范阳王司马虓也不想把这位“皇太弟”怎么样，但不巧的是范阳王司马虓忽然暴疾而亡，他手下长史刘舆怕他“死灰复燃”，派人“称诏夜赐颖死”。在最后的时刻，成都王司马颖倒很镇静，有几分英雄气概，读毕“诏书”，还准备洗个热水澡，说道：“我自放逐，于今一年，身体手足不见洗沐，取数斗汤来！”看见两个儿子在一旁惊恐大哭，司马颖挥手让人把两个小孩子带走，以免让他们看见自己的死状，沐浴已毕，司马颖“乃散发东首卧”，自己躺倒，命人把自己缢死，时年二十八，其“二子亦死，邺中哀之”。

公元306年十二月，东海王司马越觉得自己的天下稳了，要不要晋惠帝无所谓，派人于饼中置药，毒死了这位饱经磨难的傻皇帝，时年四十八。惠帝死后，司马越立惠帝二十五弟司马炽为帝，改元永嘉，是为晋怀帝，想起还有困守长安孤城的司马颙，就以晋怀帝名义下诏司马颙为司徒。河间王司马颙接受诏命后，与三个儿子心情复杂地坐车赶往洛阳，刚刚走到新安雍谷，远远看见南阳王司马模派来的将领梁臣“迎接”他，问明车上确是河间王，梁臣下马，突入车中，用大手活活掐死了这位一向老谋深算的王爷。而后，又抽出刀来，三刀砍落河间王三个少年儿子的人头。至此，河间王司马颙的人生之路也走到尽头。所谓“谁笑到最后，谁笑得最美”，东海王司马越终于削平群雄，入朝主政了，拥立怀帝后，他大权独揽，首先干掉晋怀帝的侄子，曾被惠帝立为皇太子的清河王司马覃，司马覃死时，年仅十四岁，又杀掉怀帝亲舅舅王延及大臣高韬，驱逐大臣荀晞。司马越“专擅威权，图为霸业……不臣之迹，四海所知”，也有了“司马昭之心”。

永嘉五年（310年），洛阳城外狼烟四起，东海王司马越全身披挂入朝，请伐石勒，还想再立立功以自固，他亲自率领四万精兵出讨，飞檄各州郡征兵，但因为丧失人心，“所征皆不至”。终于忧惧劳顿，又怀疑荀晞等人手持怀帝密诏欲杀自己，兵至项城时，忽发暴疾，死于当地。羯族首领石勒得知消息后，率劲骑追赶这群群龙无首、兵官家眷交杂的队伍，在苦县宁平城（今河南郸城）大开杀戒，一天下来，“王公士庶死者十余万”，司马越的棺柩也化为灰烬，石勒说：“此人乱天下，吾为天下报之，故烧其骨以告天地。”侥幸未死的西晋兵民二十多万，被刘渊另外一部将王璋一把大火烧死，“并食之”，成为烧烤人肉军粮。石勒军队逮捕了太尉王衍、吏部尚书刘望，还有襄阳王司马范、任城王司马济等六个皇族王爷。“众人畏死，多自陈述”，王衍劝石勒称帝。只有襄阳王司马范是条汉子，“神色俨然，顾呵之曰：‘今日之事，何复纷纭?’”半夜，石勒派兵士推倒屋墙，把王衍和司马范活活压死，但他们总算保了全尸，八王之乱终于结束。

继位布局：

公元280年，晋武帝司马炎统一天下，晋武帝具有历史上所有开国之君最重要的素质，就是气度恢宏、胸怀宽广。他对待昔日的敌人，除剥夺政治权利外，不但未曾加害，在生活方面也可以说尽善尽美。蜀后主刘禅喜欢看文艺晚会，整天沉湎于歌舞表演中，晋武帝就尽量满足他的需求，搞得他“乐不思蜀”。南蛮子孙皓英武过人，尽管残暴淫乱，但做了俘虏，依然有男人的血性之气，司马炎第一次见到他时戏称：“朕设此座已待卿久矣!”孙皓回答：“臣于南方，亦设此座以待陛下。”晋武帝哈哈一笑，不与计较。太子太傅贾充颇不服气，心想，你一个俘虏还牛什么牛，当众斥责他，咄咄逼人地问：“闻君于南方凿人目、剥人面，此何等刑也?”想不到孙皓一点也不畏惧，他直视贾充说：“人臣有弑其君及奸回不忠者，则加此刑耳。”贾充闻言，“默然甚愧，而皓颜色无怍”，因为他正是杀害曹髦的凶手。太康三年，司马炎在南郊行祭祀礼后，兴致不错，便问身边陪同的司隶校尉刘毅：“朕与汉朝诸帝相比，可与谁齐名啊?”刘毅不假思索，回道：“汉灵帝、汉桓帝。”司马炎大吃一惊，问：“你怎么把朕与这两个昏君相比?”刘毅说：“桓、灵二帝卖官钱入官库，陛下卖官钱皆入私门，以此言之，还不如桓、灵二帝。”司马炎闻言大笑，“桓、灵之世，不闻此言，今朕有直臣，固为胜之。”但晋武帝晚年的时候，情况发生了变化，齐王司马攸因为权高位重，出现了功高震主的端倪，《晋书》记载：“及帝晚年，诸子并弱，而太子不令，朝臣内外，皆属意于攸”，中书监荀勖、侍中冯紞害怕武帝死后司马攸继承大统，对自己身家地位不利，乘间进谗于晋武帝："陛下万岁之后，太子不得立也。"武帝大惊，问："为什么?"荀勖回答说："朝内朝外官员皆归心于齐王，太子怎能得立呢？陛下如果不信，可以假装下诏书让齐王回到其封地，肯定会出现举朝以为不可的局面。"冯紞在一旁敲边鼓："陛下遣诸侯归国，也是法律规定的事情，应该从自己的亲人着手。陛下最亲近的莫过于齐王了，他应该首先响应命令离开京城去封地。"

晋武帝觉得有些道理，就宣示诏令，假意又把济南郡划入齐国封地，又封司马攸儿子司马寔为北海王，诏赠六佾之舞、黄钺朝车等仪物，命齐王司马攸回封地就任。诏下，王浑、王骏、羊琇、王济等一帮大臣果然进谏，以为齐王是至亲王爷，应留京辅政才是。同时，大臣们又抬出司马昭、皇太后等人的遗命，劝说晋武帝收回成命。但武帝一看，果然不出我们所料，根本不听，认为"兄弟至亲，今出齐王，是朕家事"，把王浑、王济等人贬放外任。齐王司马攸也很忧惧，他深知荀勖、冯紞构陷自己，就上书乞求为生母王太后守陵，"帝不许"。眼见催促之国的诏书一道比一道急，司马攸又气又急，病势逐渐加剧，为了查明这位老弟是否装病拖延离京时间，晋武帝不断派御医去齐王府诊视。御医们终日在皇宫中行走，个个都是人精，揣知武帝心思，回宫后都报称齐王身体好好的。"诸医希旨，皆言无疾"，真实情况是，齐王的病势一天沉过一天，但催其上道的诏书已经日益严厉，没有丝毫回旋的余地，齐王司马攸生性倔强，虽然已经病入膏肓，但仍然穿戴齐整入宫面辞武帝。"疾虽困，尚自整厉，举止如常。帝益疑无疾。"晋武帝更怀疑他是装病，兄弟两人各怀心事，握手道别。辞出数日，半路颠覆辛苦的齐王终于支持不住，吐血而亡，年仅三十六岁。晋武帝闻知皇弟死讯，才明悟司马攸不是装病，而是真死。不禁悲从中来，恸哭不已。侍中冯紞倒也会开导，说："齐王名过其实，而天下归之。现在他自己得病身亡，是社稷之福，陛下您何必如此哀痛呢!"晋武帝马上"收泪而止"。司马攸之子司马冏心里憋屈，伏地痛号，哭诉御医耽延了诊治。晋武帝愧疚之下，也顺坡下驴，处死了数位为齐王诊病的御医，藉此也掩饰他自己的过失。

晋武帝在选择辅佐太子的东宫官属上，一改曹魏后期东宫“制度废阙，官司不具”的状况，不仅配齐官属，而且极重人选。对于东宫主要官职的太子太傅和少傅，“武帝后以储副体尊，遂令诸公为之，以本位重，故或行或领。”他任命的官僚大都是其宗亲近支，如荀顗、齐王司马攸、杨珧、汝南王司马亮、石鉴等相继出任太子太傅，任恺、卫瓘等皆曾任过太子少傅，贾充、杨骏亦曾行太子太保。东宫的其他官属，也都是当时的清望之士或名臣之后，如王衍、卫恒、阮浑等，其中有许多人后来出任过西晋政权的显要之职。他们到东宫任职，一方面说明东宫官属为清要之官，另一方面也可看出武帝为使惠帝能继承其打下的江山而作出煞费苦心的安排。武帝希图造成一种各方面力量均衡状态，以免大权旁落，但由于惠帝智力不全，完全缺乏治理国家的能力，最终成为一个受人摆布的傀儡，导致了各方都无休止地追求最高权力，引起了潜在的矛盾，使得中国历史上进入最混乱的“八王之乱”和“五胡乱华十六国”时期。

蜀后主刘禅——乐不思蜀　暗藏玄机

客观来讲，刘禅真的是个智者，未必就是“扶不起的阿斗”。长坂坡之战，除了赵云的骁勇善战和曹操外，能在千军万马的喊杀中睡得安稳如泰山，你不能不说他的生命之坚韧，所以，后人对这位有太多的误会。诸葛亮死后，刘禅遇缺不补，蜀汉从此再也没有丞相。蒋琬、费祎尽管做过大将军、尚书令，但军政、内政大权还是分开了，似乎有互相牵制的意思。后来的人就是顶多只能拥有兵权，而无内政大权，这种才智，难道是一个傻子做出来的？此外，孔明死后，刘禅鼎新改造，新设大将军一职，侍中、尚书、将军、长史、参军等职位，刘禅从来都是奖罚分明，大将军一职由蒋琬传到费祎，再由姜维接任，尽管是孔明安排好的，但是，面对如狼似虎的敌人、内奸和瞬息万变的场面，没有两下子，就是“照过去方针办”也未必有那么简单。这和“据长江之险，虎踞江东”的孙权相比，未必逊色。最后，除了孔明留下的制度外，运作整个蜀汉的经营，这个重责大任就落在刘禅的身上，终刘禅一世，没有奸佞权臣干政的情况出现，可见他的皇权控制能力是很强的。

继位背景：

建安二十五年，即公元220年，曹操去世，曹丕随即接受汉献帝的“禅让”，史称魏文帝，改年号为“黄初”元年。曹丕把汉献帝封为“山阳公”，安置在涿鹿城。刘备本来自诩“帝室之胄”，看见外人都称帝了，自己还等什么呀，就让人四处造谣说，献帝已经被奸佞小人害了，当今天下，只有他刘备才是汉朝正宗的传人，为此，他亲自为献帝发丧，追谥其为“孝愍皇帝”。然后汉中群臣强烈要求刘备即皇帝位，以传汉家天下。于是，身负重任的刘备就这样堂而皇之地称帝了，他在即位诏书中这样说：“天命不可以不答，祖业不可以久替，四海不可以无主。率土式望，在备一人。备畏天明命，又惧汉祚将湮于地。”古来奸雄大都有这种“迫不得已”的作秀本事，他们半推半就、责无旁贷，最后才众望所归地登上帝位。公元221年，刘备在成都即皇帝位，改建安二十六年为章武元年，这一年他已经60岁了，同年四月，大赦天下，还立宗庙，设百官，以诸葛亮为丞相，许靖为司徒（此公曾在刘璋手下任蜀郡太守，刘备围困成都时，竟然逾城出逃，投敌叛变，刘备认为他是个小人，很看不起他，不知为什么，此刻竟重用此人），五月立刘禅为太子。六月，以子永为鲁王，理为梁王。

建安二十四年，公元219年，关羽率军从荆州出发，一路上击曹仁，取襄阳，水淹七军，俘于禁，斩庞德，春风得意，凯歌高奏。但乐极生悲，到了麦城，竟来了个全军覆没，被孙权俘虏，最后因为狂傲自负被杀身亡。刘备一气之下，决定血债要用血债还，讨伐孙权，夺回荆州，为关二爷报仇雪恨。为此，他办完了即位后的相关手续，不顾所有人的反对，准备东征。关于关二爷败走麦城的历史真相，后世学者多有不同的看法。

国学大师章太炎的看法很独特，他认为，是诸葛亮假借孙权之手除掉关羽，主要原因是关羽镇守荆州，手握重兵，性格骄狂，不可一世，已经成为诸葛亮攫取权力的最大障碍，更重要的是关羽已成尾大不掉之势，对刘备身后的蜀汉江山可能有很大的影响，故诸葛亮宁可丢失荆州，也要假吴人之手除掉关羽。这种说法显然让人难以信服，诸葛亮进入刘备集团后，刘备对诸葛亮亦并非一开始就如鱼得水推心置腹，不用说关羽、张飞，即便赵云、庞统、法正、黄忠、马超等人的地位亦不低于诸葛亮，所以，诸葛亮还没有那么大的影响力。

按照刘备的战略部署，时任车骑将军、西乡侯的张飞从阆中起兵，在江洲与刘备回合，共同东征，但是张飞脾气暴躁、嗜酒如命的毛病犯了，忘记了大哥刘备的谆谆教诲：“刑杀过差，鞭挞健儿，令在左右，此取祸之道”。他通宵达旦借酒浇愁，主要原因是关二哥的死让他心烦意乱，他毫无理性地命令范疆、张达两位将领准备白旗白杆，为二哥戴孝，二人无法完成任务，心生恐惧，被迫将其杀害，“持其首，顺流而奔孙权”。这一来，旧仇未报，又添新恨，刘备大哭一场，睁着血红的眼睛，咬牙切齿，准备踏平东吴，为自己的兄弟报仇雪恨，双方剑拔弩张，大战眼看已经不可避免。

章武元年（221 年）七月，刘备率领十万大军气势汹汹直奔东吴，一些少数民族的首领也带兵参战。看见刘备如此拼命，孙权也被刘备的气势震慑了，他紧张得浑身冒汗，赶紧派人向曹丕“称藩”，表示承认曹丕的“中央政府”，自己愿意接受“中央政府”的领导，希望政府帮他抵御刘备的十万雄师。曹丕的“中央政府”也没有坐视不管，他非常慷慨地封孙权为“吴王”，并加“九锡”，还说了一些鼓励的话，但“口惠而实不至”，口头上答应帮忙，实际没有派出一兵一卒。孙权早就是“吴王”，凭借长江天险，雄踞东吴，有没有“吴王”的名号都一样，看见曹丕如此作为，除了大骂他狡猾外，竟然毫无办法。只好硬着头皮组织自己的人马进行抵抗，但还是抵挡不住刘备的“哀兵”，连战连败，丢了不少地方，万般无奈，只好苦着脸又向刘备提出请和，孙权请和的条件很优厚，如果接受请和的条件，他不但可以得到具有重要战略意义的荆州，还可以在新一轮的孙刘联盟中占据主导地位。但刘备被仇恨蒙住了眼睛，他再出昏招，“盛怒不许”拒绝了孙权的请和。这样一来，孙权没有退路了，他看出了刘备置之死地而后快的心态，只能放手一搏了。孙权大胆启用少壮派将领陆逊为大都督，率军五万拒敌刘备。陆逊，字伯言，“吴郡吴人也”，世江东大族。曾经做过右护军、镇西将军。战斗初期，刘备取得了一些小小的胜利，东吴将军孙桓的部队很快就在夷道被刘备军包围，不得不向陆逊求救，但陆逊不为所动，未发兵救援孙桓，刘备乘胜追击，吴班和冯习攻破了驻守在巫峡的东吴军，占领了秭归，双方就这样对峙着，转眼就到了章武二年正月，陆逊的将军宋谦率兵攻打蜀军的五个营垒“皆破之，斩其将”。二月，急于打开局面的刘备急切地想和吴军决战，取得决定性的胜利，而陆逊则尽力避免和刘备军决战，于是刘备就苦心酝酿了一个大计划，他命令吴班率领数千人在平地扎营引诱吴军，自己则率领八千精兵躲在山谷里想趁东吴军队出击的时候打埋伏。这个计策瞒过了东吴诸将，但是老练的陆逊却不上当，刘备只得引兵从山谷中退出。

因为陆逊的龟缩战术，刘备大军只得在巫峡夷陵一线和吴军长期对峙，双方从二月对峙到六月。刘备命令水军舍舟登陆上岸驻扎，然后，在江岸南侧，处处结营“树栅连营七百余里”，准备与吴军拼个你死我活。六月，陆逊忽然下令吴军倾巢出动，每人手持一把茅草进行火攻，面对满山遍野火把，蜀军战线完全崩溃了，吴军一鼓作气，一下子击破蜀军四十余个营垒，都督张南、护军冯习、胡王沙摩柯等人皆战死，同时遇难的还有白眉马良。刘备的将领杜路、刘宁等人势穷投降。刘备逃到马鞍山凭借山势列阵防守，但是得势不饶人的陆逊督率大军四面围攻刘备，很快蜀军阵线就土崩瓦解了，蜀军死者竟达万余人。但是，即使是在军队完全崩溃的情况下，蜀军的很多将领还是显示了他们的强悍和忠勇。将军傅彤为刘备断后，在手下士兵伤亡殆尽的时候，吴将让傅彤投降，傅彤怒骂道：“吴狗！何有汉将军降者？”于是壮烈战死。祭酒程畿在大军溃败的情况下，乘船溯江退兵，有人告诉他吴军即将追来，劝他赶紧弃船逃生，程畿不肯，在吴军追上来的时候，程畿持戟孤身奋战，“敌船有覆者”，但是吴军越来越多，于是程畿也战死了。

军资“略尽”，士卒“死者万数”，数万蜀军伤亡殆尽，“尸骸漂流，塞江而下”，与兵员损失同样惨重的是物资损失，“其舟船器械，水步军资，一时略尽”，镇北将军黄权后路被断，无奈领兵投降了曹魏，这些人本来应该是未来蜀汉政权的中坚人物，失去了他们对蜀汉而言同样是极其严重的打击。在经历了噩梦般的溃败之后，刘备一路狂奔，先是从猇亭逃回秭归，在秭归稍微收合了一下残兵败将兵，就弃船舫，由陆路逃往鱼复，并改鱼复县为永安。吴军遣将军李异、刘阿等紧追刘备不放。秋八月，陆逊觉察到魏军的威胁，遂决定停止追击刘备。刘备于是收兵回到巫峡。这次灾难性的打击之后，蜀国基本失去了和魏吴争夺天下的能力，在诸葛亮的苦心经营之下，经过整整九年之后，蜀军才勉强回复元气，能够出兵北伐曹魏，但是因为实力和人才的匮乏，诸葛亮和姜维的历次北伐都无法避免失败的结果。更严重的是一批经过长期的战斗岁月培养出来的将领也歿于此役，使后来的蜀国出现了人才尤其是能统兵打仗的人才的危机，也为后来诸葛亮几次伐魏无果而终埋下了伏笔。刘备虽然逃得狼狈，百忙之中还不忘把鱼腹县改为永安，鱼腹县就是传说中诸葛亮摆八阵图的地方。

《三国志·魏书·文帝纪》记载，曹丕早在陆逊反击前就预见到刘备的失败。他说：“刘备不晓兵法，岂有连营七百里而可以拒敌者乎？包原隰险阻屯兵者，此兵法之大忌也。刘备必败于东吴陆逊之手。”刘备到了白帝城就病倒了，也难怪，六十出头的人了，连惊吓带悲愤，禁不起折腾。章武二年十月，他可能觉得自己快不行了，就下诏让诸葛亮从成都来白帝城。诏书刚发出去，孙权就派人来请和了。《三国志》说孙权“甚惧，遣使请和”，刘备同意了“许之”。看来算是服了。章武三年（223年）二月，诸葛亮终于来到了白帝城。君臣见面，刘备没有了统率千军万马的豪气，气息奄奄地躺在了病榻上，包括他自己在内的所有人都明白他不久于人世。不知道君臣二人这时相见会是怎样的心情？刘备叫诸葛亮来的目的就是托孤，一同受托的还有尚书令李严。李严由一名降将而成为受命托孤的重臣，其能力和才干之出众由此可见一斑。刘备临终前授予李严中都护，“统内外军事”，就是说刘备把军权都交给李严了。《三国志·蜀书·诸葛亮传》记载，刘备对诸葛亮说：“君才十倍曹丕，必能安邦定国，终定大事。若嗣子可辅则辅之；如其不才，君可自取。”此言一出，素以沉稳、镇定著称的诸葛亮也大惊失色，《三国演义》说他“汗流遍体，手足失措，泣拜于地”。《三国志》记载的诸葛亮的反应虽没如此夸张，却也是“涕泣”答道：“臣敢竭股肱之力，效忠贞之节，继之以死。”

随后刘备又给他的继任者刘禅下了一道遗诏，遗诏不长，但是情真意切，催人泪下。他说自己已经六十多岁了，即使死也“不恨”了，但是放心不下刘禅等几个孩子，“但以卿兄弟为念”，他还为诸葛亮提到刘禅的进步感到欣慰，甚至还推荐了一些书让刘禅看。刘备将死之时流露出的父子之情着实让人感动。遗诏中还给刘禅提出了做人、做帝王的道德准则：“勿以恶小而为之，勿以善小而不为。惟贤惟德，可以服人。”

刘备的大限到了，临终前他叫来儿子鲁王刘永嘱咐道：“吾亡之后，汝兄弟父事丞相。”就是要求包括刘禅在内的刘永等兄弟要像对待父亲那样对待诸葛亮，这是刘备最后一次使诸葛亮“尊”，也是最高级别的“尊”，这也验证了刘备对诸葛亮的无限信任。章武三年（223 年）四月，刘备“殂”于永安宫，享年 63 岁，随后被追谥为“昭烈皇帝”。刘禅就是在这样的情况下，继承皇位，成为蜀汉新的君王。

《三国演义》第二十一回，曹操曰：“夫英雄者，胸怀大志，腹有良谋，有包藏宇宙之机，吞吐天地之志者也。玄德曰：谁能当之？操以手指玄德，后自指，曰：今天下英雄，惟使君与操耳！”应该说，刘备的一生是战斗的一生，也是英雄的一生。“少孤”不说，从一个“与母贩履织席为业”的穷小子，打着“中山靖王”的虚名，开始创业，他寄人篱下，屡屡逃窜，大多郁郁不得志，但最终百折不挠，奋发图强，成就一番大业，终于“翻然翱翔”，虽不是前无古人，后无来者，却“不可复制”。

皇储分析：

刘备共有四子，义子刘封，嫡子刘禅，加起来就是“封禅”，另外还有刘永、刘理兄弟俩，一起算上，名字正好是“理永封禅”或者“封禅理永”，顾名思义，就是理当永远封禅或者封禅永远有理。可见，刘备篡汉还想效法秦始皇的狼子野心昭然若揭，作为刘备这样在三国时代举足轻重的历史人物，给儿子起名，不仅仅是一个巧合能够解释的。

建安元年，刘备在徐州与袁术出兵交战，让三弟张飞留守徐州，张飞是个酒鬼，以为天下无事，喝酒解馋，不想吕布趁机袭取徐州，还顺手俘虏了刘备的老婆孩子。刘备最大的特点就是打不过别人时，善于忍辱负重，就写信给吕布，希望两方互释嫌疑，建立新的和睦友好关系，吕布本来就是利禄之徒，他的目的就是得到徐州，既然达到了目的，也不想与刘备结怨，便顺水推舟将刘备的老婆孩子完璧归赵，做了个人情，还格外开恩让流离失所狼狈不堪的刘备驻扎在徐州小沛。

建安三年春，吕布派人去河内买马，遇见张飞，想起来徐州丢失的事情，张飞就窝火，一气之下，在半路上将吕布的马匹全部抢走，吕布一气之下，又和刘备翻脸，立即派遣部将高顺、张辽率兵攻打驻在小沛的刘备，高顺、张辽不辱使命，打得刘备狼奔豕突，屁滚尿流，还再一次俘虏了他的老婆孩子，“九月，遂破沛城，备单身走，获其妻息”。“复虏先主妻子送布”。后来，在大部队曹操的支援下，刘备信心大增，开始攻打吕布，最后吕布殒命白门楼，刘备的老婆孩子又一次失而复得。

建安四年，曹操派刘备去攻击进犯的袁术，谋士郭嘉极力阻谏：“决不能让刘备率军而出，出则必反。”曹操后悔不已，派人追踪，但为时已晚，刘备果然杀了徐州刺史车胄，以衣带诏为名，开始反曹。曹军腹背受敌。曹操希望迅速挥兵灭刘，众将却无一不怕袁绍乘机从背后攻击。曹操最终下定决心，说：“夫刘备，人杰也，今不击，必为后患。袁绍虽有大志，而见事迟，必不动也。”然后，乘刘备众心未归，立足未稳之机，迅速出击，一战而胜，并“获其妻子”，刘备、张飞不知去向，关羽为保护刘备的妻子，被逼降曹。“曹公尽收其众，虏先主妻子，并禽关羽以归。”这时候，刘禅还没有出生，但这种严酷的生活环境预示着我们的主人公将有一段非凡的人生经历。

建安十二年春，刘禅出生。罗贯中对这位极有争议的蜀汉后主的出生有不凡的描写，“是夜有白鹤一只，飞来县衙屋上，高鸣四十余声，望西飞去。临分娩时，异香满室。甘夫人尝夜梦仰吞北斗，因而怀孕，故乳名阿斗。”

建安十三年（208 年）七月，荆州牧刘表忽然病死，曹操觉得机不可失，便发兵攻打荆州，刘琮不战而降，刘备寡不敌众，只好狼狈不堪地弃城南逃，但还是在当阳的长坂被曹军追上。

大战中，刘备又一次妻离子散，关于刘禅的命运有两种截然不同的记载：《三国演义》中说，赵子龙在千军万马之中杀进杀出，最后救出阿斗，引出刘备摔孩子收买人心的故事；但是《魏略》对刘禅的命运有截然不同的记述：“初备在小沛，不意曹公卒至，遑遽弃家属，后奔荆州。禅时年数岁，窜匿，随人西入汉中，为人所卖。及建安十六年，关中破乱，扶风人刘括避乱入汉中，买得禅，问知其良家子，遂养为子，与娶妇，生一子。初禅与备相失时，识其父字玄德。比舍人有姓简者，及备得益州而简为将军，备遣简到汉中，舍都邸。禅乃诣简，简相检讯，事皆符验。简喜，以语张鲁，鲁（乃）〔为〕洗沐送诣益州，备乃立以为太子。初备以诸葛亮为太子太傅，及禅立，以亮为丞相，委以诸事，谓亮曰：‘政由葛氏，祭则寡人。’亮亦以禅未闲于政，遂总内外。”

根据《魏略》的记述，刘禅的命运要坎坷得多，先是跟随逃难的人群来到汉中，又被人贩卖给了扶风人刘括。这刘括是个有心人，对自己买来的孩子很关心，经过盘问，才知道这个孩子竟然是刘备的儿子，就将他收为养子。过了几年，刘备占领益州，刘禅有个姓简的邻居当上了刘备的将军，恰巧刘备又派遣这个人出使汉中，住在官署中。刘禅便找到他，说自己是刘备的儿子。简将军细问之下，果然不错，立即将这件事告诉了当时汉中的张鲁。张鲁正想跟刘备搞好关系，闻言大喜，便为刘禅沐浴更衣，送他到益州。刘备见到刘禅，刘禅拿出母亲留下的遗物，证明了自己的身份，刘备就认下了他这个儿子。当时，刘备为自己的儿子选择的老师是水镜先生的弟子尹默。尹默字思潜，梓潼涪人也。“及立太子，以默为仆，射以《左氏传》授后主。”用“甚大增修”来形容刘禅的进步，可见刘禅原来在学习上表现得很凡庸。而戒之以小恶，勉之以小善。可见刘备非常了解自己的儿子，既不可能为大善，也不可能为大恶，中人才智而已。

除了刘禅外，刘备还有两个皇子，一个是鲁王刘永，另一个是梁王刘理。刘永字公寿。章武元年六月，立为鲁王，策曰：“小子永，受兹青土。联承天序，继统大业，遵修稽古，建尔国家，封于东土，奄有龟蒙，世为藩辅。呜呼，恭联之诏；惟彼鲁邦，一变适道，风化存焉。人之好德，世兹懿美。王其秉心率礼，绥尔士民，是飨是宜，其戒之哉！”建兴八年，改封为甘陵王。初，永憎宦人黄皓，皓既信任用事，谮构永于后主，后主稍疏外永，至不得朝见者十余年。咸熙元年，永东迁洛阳，拜奉车都尉，封为乡侯。

刘理字奉孝，章武元年六月，立刘理为梁王，策曰：“小子理，联统承汉序，祇顺天命，遵修典秩，建尔于东，为汉藩辅。惟彼梁土，畿甸之邦，民狎教化，易导以礼。往悉乃心，怀保黎庶，以永尔国，王其敬之哉！”建兴八年，改封理为安平王。延熙七年卒，谥曰悼王。刘封者，本罗侯寇氏之子，长沙刘氏之甥也。先主至荆州，以未有继嗣，养封为子。及先主入蜀，自葭萌还攻刘璋，时封年二十余，有武艺，气力过人，将兵俱与诸葛亮、张飞等溯流西上，所在战克。益州既定，以封为副军中郎将。

继位布局：

根据《三国志》的记载，刘禅即位后根据父亲的嘱托“汝与丞相从事，事之如父”，放权给丞相诸葛亮办，于是“政事无巨细，咸决于亮”。这是开始，然而当了一段皇帝之后，他对于诸葛亮接近穷兵黩武的北伐政策比较反对，但慑于诸葛亮的强大势力和威望，只能对其支持和配合。

蜀国内部有三大精英集团，为首的是东州集团，也就是早期追随刘备东奔西走的那些老部下，这些人人数不多，但是在刘备时期占据核心地位，如关羽、张飞等。但是在关羽大意失荆州和刘备猇亭战败以后，东州集团基本衰落，只剩下了一个魏延。

其次是荆州集团，这是刘备在荆州时收罗的部下，以诸葛亮为代表，另有蒋琬、费祎等人，另外诸葛亮出川收罗的降将比如姜维等人，都可归入这一集团。剩下的则属土著的益州集团，如谯周之流。

这三大集团对待刘氏政权的态度是不同的，其中东州集团是刘氏的死党，这自不必说。而荆州集团呢，因为刘备在荆州多年，广布恩信，对刘氏也是忠心耿耿的，而益州集团则不同，因为刘备取川，凭借的是诡计，本来益州的刘章是刘备的同姓兄弟，请刘备入川目的是为了消灭汉中的张鲁，但刘备顺手把益州夺了。这让益州集团极为不满。这从刘备取荆州兵不血刃，而取益州时连损大将，甚至把庞统搭了进去，这一事实就能看出一二来。在刘备入川过程中，很多川中人士对刘备表现出来的不信任，也可以看出益州集团对刘氏没有什么向心力。

但刘备不愧世之枭雄，具有天下威望，再加上刘皇叔的身份，很快整合了三大集团的力量。这也造成了蜀国立国之初的蓬勃发展。但益州集团受压制的局面没有根本的改观。竟然导致了彭羕谋反的事件，而彭在早期是欢迎刘备入川的。最大的不幸来自荆州，关羽大意失荆州是对刘备政权的重创，并不仅仅是大将关羽、三郡之地和险要的地理位置问题，而是人才来源地丢失了！

东州、荆州集团希望回家。而益州集团呢？在蜀国属于二等公民，自然希望像送瘟神一样把刘氏政权送走，益州集团知道，蜀弱魏强，蜀国被魏国灭掉的几率占 90%，蜀攻魏会造成蜀中巨大消耗，而成功几率只有 10%。所以益州集团对于北伐采取了消极抵抗的态度，于是就出现了诸葛亮每次伐魏总有益州集团出面抵抗的现象。以上分析的是“是怎样”的问题，以下转入“怎么办”的分析。

首先看诸葛亮是怎样处理这一问题的。诸葛亮深知这一点，他明白益州集团是不会积极支持北伐的，而且有着很强的投降欲望。这造成了诸葛亮对益州集团的猜忌，所以诸葛亮所采用的对策就是依靠荆州集团，压制益州集团。他所启用的人才主要是从荆州旧部（东州集团基本灭亡）中选拔。而因为老家的丢失导致的人才来源地的丧失，荆州集团急剧衰落，诸葛亮所以有了时不我待的感觉。在《后出师表》中，诸葛亮对此表现出了深深的忧虑。这更促使诸葛亮加快北伐步伐。但是终于没有成功，他的后继者继续他的政策，随着荆州集团的继续衰落，终于导致了蜀中无大将的后果。

反过头去再思考“怎么办”的问题，通过上面的分析可以看到，问题出在刘氏集团的统治基础薄弱（道不足），而诸葛亮的政策完全没有解决这个问题。正确的政策就要加强这个统治基础（以道补道），如何加强?首先想到的办法就是给予益州集团正常国民的待遇，让它和荆州集团平起平坐，但这是一项极危险的方案，因为荆州集团的弱小，弄不好就要丧失政权，甚至沦为二等公民。即便荆州集团成功地保证了自己的地位，先贤孟子说过：生于忧患死于安乐，人无远虑必有近忧。因为没有了荆益矛盾，最高统治阶层不用再战战兢兢，如履薄冰，其他矛盾就很可能暴露，比如很可能出现高层内部的内耗，三国中的其他两国魏吴就都出现了这种情况。

这个政敌就是李严，在当年刘备病重的时候，为了防止诸葛亮专权，也是为了平衡荆益两大政治集团的力量，刘备同时托孤给了葛、李二人。但刘备死后诸葛亮采用巧妙的政治手腕打掉了李严，诸葛亮大权独揽，李严只能困守白帝城。这让李十分气愤。在当时，蜀国只领有益州一州之地，而诸葛亮就是益州牧。所以李严就上奏后主刘禅，要求分立江州，自为江州牧。诸葛亮当然不会准许李严这样干，李严的建议被否决了，后来更是借故把李严贬为庶民。

实际上，在刘备临终的前一年章武二年，就已经把李严拔为尚书令，在官阶上可与诸葛亮比肩了。由诸葛亮照行丞相事，而李严则主掌内外军事，这样的分配正好能让二人互相制衡，以免有一方坐大。而从当时蜀汉政权权力机构的构成和实力分配来看，也让我们相信，刘备要防备坐大的一方，绝非当时不处在权力中心和主导集团领袖地位上的李严。在短短的一年多内，通过将李严从犍为太守地方长官的位置上提升到尚书令，并藉由其政治地位的上升以及原有的基础，人为地将李严制造成为实际上的东州集团代表这一事实，充分说明了刘备对李严更多的是笼络，而不是提防。刘备将这样一个快速提升起来、以前从未进入过权力中心的政治新秀李严，列为两名托孤重臣之一，并且命其“统内外军事”，再联系“君可自缺”的言语，显然说明刘备要防备、制衡的目标是诸葛亮无疑。

但在另一方面，作为君主的刘备，又是肯定希望他们二人能够全力合作来加强其政权的。正好李严除了前面说的那些优势外，另外还有一个有利条件，那就是他是南阳人，而“诸葛公侨客兹郡，有乡党之分”，因此刘备希望这样二人可以多点“必能协规”的可能性，从而通过这两大集团的领袖人物的通力合作来协调两大集团，以应付他身没以后蜀汉政权可以想见的要面临的各种危险局面，进一步地巩固蜀汉政权。遗憾的是，诸葛亮并不愿意看见李严与他分享权力，甚至连李严进入政治权力中心机构所在的成都他都极端地不愿意。

两个托孤重臣，无论从哪方面讲，都应该居于都城成都，尤其李严还是“统内外军事”这样一个相当三军司令的人物。如果说刘备死时蜀汉与东吴处于敌对状态，李严留镇永安是必须的话，那么在蜀汉与东吴在建兴元年“吴王孙权与蜀和亲使聘，是岁通好”后，还是将李严这么一个“统内外军事”、各方面都与诸葛亮并列的托孤重臣，继续置于和东吴交界的永安，显然是不合适的。但在这样的情况下，于建兴四年春李严却去了面对东吴的二线城市江州，依然没能进入政治权力中心的首都成都。作为一个混迹官场几十年，又有很强军政能力的人物，李严是不可能不明白远离政治权力中心的负面效应乃是远离统治阶层的各个官僚集团，其政治影响力越来越小，最后逐渐被人遗忘。而他还不至于也不会敢想去自立为王，因此不太可能自愿求居江州。从他后来曾“更成大城，周回六十里，……求以王郡之巴州，丞相诸葛亮不许”的举动来看，他是非常想进入权力中心的。只是既然不能进成都，那只好退而求其次“以王郡之巴州”，当然相信他也明白这样的可能性更渺茫，因此这也许仅仅是他一种表达不满和要求的姿态而已。但是不管怎么样，都可以说明他并不是自愿远离政治和权力中心成都的，而有能力能做到这一点的，蜀汉举国上下惟诸葛公一人而已。他们两个照后世的称谓，乃是“顾命大臣”，因此从官位和政治地位以及权力分配上讲，都应该是基本并列的。但事实上自从诸葛亮扶刘备灵柩回成都之日起，李严就被已经撇在了一边：“建兴元年，封亮武乡侯，开府治事。顷之，又领益州牧。政事无巨细，咸决于亮。”《三国志·蜀书·诸葛亮传》“建兴元年，封（李严）都乡侯，假节，加光禄勋。”

同是托孤重臣，诸葛亮此前已假节钺，现在晋封乡侯，并且开府、领益州牧，其中的开府、领益州牧，意味着他可以向朝廷推举府属官吏，并成为益州的最高军政长官，都是把握实权的举动，而李严虽然也晋封乡侯、假节，但却只加了个光禄勋的虚衔，相比之下显然分量就轻得多了。

我们如果不是一味盲目景仰，而是客观地去看待的话，从诸葛亮那篇被后世百般推崇的《出师表》中，也可以深刻地感觉到当时诸葛亮大权独揽、权倾朝野，明显地时常对后主刘禅指手画脚，甚至还表露出一副咄咄逼人的威胁态度来迫使刘禅就范，同时在他心里还有着许多忧虑。另一方面，我们也可以从中体会到当时蜀汉朝廷权力斗争的激烈状况。他在《出师表》中，先说了当前是危急存亡之秋，形势严峻，而后话锋一转道：“诚宜开张圣（德），以光先帝遗德，恢弘志士之气，不宜妄自菲薄，引喻失义，以塞忠谏之路也。宫中府中俱为一体，陟罚臧否，不宜异同。若有作奸犯科及为忠善者，宜付有司论其刑赏，以昭陛下平明之理，不宜偏私，使内外异法也。”

这其中的“宫中府中俱为一体，陟罚臧否，不宜异同”一说，就把刘禅的“宫中”和他开府的“府中”归成了“俱为一体”，将皇帝的宫中等同于他的丞相府。然后说“若有作奸犯科及为忠善者，宜付有司论其刑赏，以昭陛下平明之理，不宜偏私，使内外异法也”，这就进一步地明确要求刘禅把宫中的事体也要交给他“开府”后的幕府来管，不用宫中的管理机构来处理了。而如若刘禅不答应的话，那就是“内外异法”了，那么“陛下”你就有不“开张圣德”，不“光先帝遗德，恢弘志士之气”，“妄自菲薄，引喻失义，以塞忠谏之路”，“偏私”并且不“平明”的嫌疑。

诸葛亮又举荐了将军向宠“为督”，掌管京师的近卫军，说只要“营中之事，悉以咨之，必能使行陈和睦，优劣得所”。此前执掌皇室保卫的近卫军头领是刘备的心腹赵云，刘备以赵云“严重，必能整齐，特任掌内事”，在进成都后升为翊军将军，翊，卫也，依然是刘备的头号保镖统领。而此刻诸葛亮将其带走出征，换成了自己保荐的向宠，虽然从另一方面来说是人尽其用，但是联系《出师表》的前后语义和当时形势，不能说一点都没有其他目的在内。“若有作奸犯科及为忠善者，宜付有司论其刑赏，以昭陛下平明之理，不宜偏私，使内外异法”，此话又显有所指，只是到底是在说谁，我们现在却不得而知了，不过这也是拜诸葛公不设史官所赐。说起这个，我想以诸葛亮之“达于为政”，思维之周密和“杖二十以上亲决”的精细作风，应该是知道不置史官之害的。“国不置史”的举动所产生的最直接后果，是蜀亡以后作为蜀汉著名史学家谯周弟子的陈寿，奉命修编三国史，但即使是在当时人修当时史的情况下，也唯有蜀书因为“行事多遗，灾异靡书”，资料严重匮乏，许多著名和重要的人物无法单独作传，而导致仅仅只修了一卷而作罢。倘若说在刘备手上是因为蜀汉初建无暇顾及的话，那么在刘禅当政后这么长的时间内，无论经济和政权稳固度都大大得到了提高，并且在拥有刘巴、秦宓、谯周、许靖等多名出色的文、史学人才情况下，作为自承汉朝正统的蜀汉朝廷依然“国不置史”，那就不太能以诸葛亮“犹有未周”这样简单的失误所能解释得通了，而要是从“行事多遗”这个角度去看，多少会更令人疑惑其“国不置史”的目的何在。除了对刘禅提出了这样一些不能不从的“建议”外，诸葛亮当然也不会忘记安排他北伐离开成都后朝中的人事问题。“侍中、侍郎郭攸之、费祎、董允等，此皆良实，志虑忠纯，是以先帝简拔以遗陛下。愚以为宫中之事，事无大小，悉以咨之，然后施行，必能裨补阙漏，有所广益。……亲贤臣，远小人，此先汉所以兴隆也；亲小人，远贤臣，此后汉所以倾颓也。先帝在时，每与臣论此事，未尝不叹息痛恨於桓、灵也。侍中、尚书、长史、参军，此悉贞良死节之臣，原陛下亲之信之，则汉室之隆，可计日而待也。”我们可以发现，诸葛亮提出在他离开成都后，要后主“事无大小，悉以咨之，然后施行”的人选，无一例外的全部是荆楚集团的骨干，东州和益州人士一个也没出现。尤其是李严，作为这样一个和诸葛亮并列、“统内外军事”、官拜尚书令的托孤重臣，在北伐这件关乎国计民生的军国大事上未能有一点说话的机会，而在诸葛亮不在的情况下，也理应是由他来主持朝政的，然而在诸葛亮这份要求北伐、安排北伐之后朝中主持工作人选的表章中，连提都没提他，不管从那个角度而言，这都是不正常的。而诸葛亮所谓的“亲贤臣”，要刘禅亲信的郭攸之、费祎、董允、向宠等荆楚集团人士虽然的确都是贤臣，然换而言之，李严、费观、何宗、王谋等人难道就不是贤臣了吗，而且他们或是托孤大臣或是位列九卿的官员，单就官阶论也要远高于这几位侍中、侍郎，不提他们于情于理都是说不过去的，因此诸葛亮这样做绝非是偶然的。在诸葛亮的内心，他是始终将自己摆在一个凌驾于众人之上的位置上的，一直以为蜀汉在他“无身之日，则未有能蹈涉中原、抗衡上国者”。同时相信他也很清楚刘备安排李严和他共同辅佐刘禅的目的，是利用李严来制衡他。因此为了保证他对蜀汉政权的操控性，他是绝不会允许李严这样一个能在政治上对自己形成威胁的人，来进入权力中心和掌握军事实权的。所以他除了一直制止李严进入成都这个政治权力中心外，已经在开始北伐前又进一步地发动了削弱李严的实质性行动。在前面我说过，诸葛亮在北伐前并没有机会在军事上一展身手的机会，始终是在政治和外交上表现他的才华，刚刚结束的南征，由于对手是被视为蛮夷的少数民族，也并不能给他带来多少军事上的声誉。

而在他发动北伐后，魏国“以蜀中惟有刘备。备既死，数岁寂然无声，是以略无备预”的反应，也说明了曹魏根本没有将他作为一个军事上的对手来考虑。因此诸葛亮发动北伐，固然有蜀汉政权在战略上的需要，但在面对着李严这样一个在军事上有很强能力、两名托孤重臣之一的政治对手，以及朝中一批对他并不心悦诚服的政治势力时，还有着其个人在政治上的强烈需要。诸葛亮在发动北伐前，曾以北伐之后汉中会出现军事力量空虚的理由为名，向李严提出了要李严带驻扎在江州的部队前往汉中的要求。假设李严真的去了汉中，很明显实他的军队就会被收编，成为由诸葛亮统帅的北伐军中的一支，而他也将成为诸葛亮帐下的一名将领，那么他这个被刘备定为“统内外军事”、与诸葛亮并列的托孤大臣，将就此彻彻底底地丧失了与诸葛亮相提并论的地位和实力，李严是很清楚这样的后果的，于是以各种理由拒绝了诸葛亮的要求。而诸葛亮在对此事的处理上，就相对显得比较无力。因为江州是蜀汉东部与东吴、曹魏交界处的二线重镇，和面对北方曹魏势力的汉中地位相当，在这件事情上，诸葛亮无法提出令人信服的、一定要将李严与江州部队调到汉中理由。而富有政治经验的李严这个时候不但拒绝了诸葛亮这一要求，还借机发起了反击。他乘势提出将蜀汉东线的巴东、巴西、涪陵等五郡组成巴州，并由他担任刺史。早在建兴元年，诸葛亮就已经“开府治事。顷之，又领益州牧”，此后“政事无巨细，咸决于亮”。而作为仅次于诸葛亮的尚书令，又是两名托孤重臣之一的李严，却只被授了一个光禄勋的虚衔，并被弃于远离权力中心成都的江州，这样实际产生的后果，就是导致像北伐这样大的军事行动，完全没有他这个被刘备遗命“统内外军事”的托孤大臣说话和发表意见的份儿。因此他以这样的举动明确表示了他的不满，并提出了在政治上享受与诸葛亮“领益州牧”那样同等待遇的要求，要成为巴州刺史。刺史即州牧，一旦真的设置巴州并由李严任刺史，那等于将整个蜀汉东部都划进了李严的势力范围，而作为尚书令的李严，就可以与诸葛亮这个丞相兼益州牧在各个方面都平起平坐了。他的这一要求，按照他当时的身份和在蜀汉政权中的地位，应该说是正当的、并不过分的。只不过作为诸葛亮而言，是不会允许这样的情况发生的，但此时他却又拿李严毫无办法，因此不得不将此事不了了之，只好暂不再提起将李严与江州部队调往汉中的事情。

李严第一次发出的对他被压制的抗议，使得蜀汉政权两个托孤大臣之间首次冒出了公开的、不和谐的声音，这也使诸葛亮进一步意识到他在蜀汉政权里的地位是有威胁的，东州、益州集团的势力不可小觑。因此诸葛亮在《出师表》中表现出来那些耐人寻味的举动，以及对刘禅所说的如："郭攸之、费祎、董允等，此皆良实，志虑忠纯，……愚以为宫中之事，事无大小，悉以咨之，然后施行，必能裨补阙漏，有所广益。……亲贤臣，远小人，此先汉所以兴隆也；亲小人，远贤臣，此后汉所以倾颓也"这些话的目的和指向，也就都有了合理的解释，同时也表现出当时蜀汉政权内部的权力斗争开始激烈起来。建兴六年春，由诸葛亮筹划已久的北伐终于开始，但却由于诸葛亮亲点的先锋马谡严重缺乏实战经验，所统帅的数路大军被"识变数，善处营陈，料战势地形，无不如计，自诸葛亮皆惮之"的曹魏五大名将之一张郃，轻易于街亭一带先后击败，导致蜀汉政权这场由诸葛亮策划的首次北伐不但整个无功而返，而且还遭受了一定的损失。作为被诸葛亮亲自提拔的先锋大将马谡，当时并没有像广为流传的那样去诸葛亮那里请罪，而是在军败之后选择了畏罪潜逃一途，后被缉捕归案，在诸葛亮判其死刑后，还没来得及执行，就于狱中病故。马谡潜逃案还导致了与马谡关系很好的荆楚集团的另一骨干向朗（向宠叔父），因知情不报而被革职，此后优游无事达二十年之久（关于此事见拙作《诸葛亮没有杀马谡》一文）。可以这样说，首次北伐失利使荆楚集团和诸葛亮都开始面临刘备死后的最严重的打击和考验，而这次危机的源头，完全是源自诸葛亮的刚愎自用。在此次选拔北伐先锋人选的问题上，诸葛亮充分表现出了他性格当中刚愎自用的一面。刘备临终前，或许是由于知道马氏兄弟与诸葛亮的亲密关系，因此曾特别提醒过诸葛亮："马谡言过其实，不可大用，君其察之!"然而在刘备去世以后，"亮犹谓不然，以谡为参军，每引见谈论，自昼达夜"，可见诸葛亮并没有把刘备的告诫当回事，说严重点，此举甚至可以说是"背主"行为。而诸葛亮的一意孤行，将魏延、吴壹等宿将弃之不用"违众拔谡"的举动，也是可以想见会让这些人很不高兴的。如果北伐取得一定战果，这些问题自然是烟消云散不成其为问题的，然而此次北伐不但无功而返，还遭受了较大的损失，在这样的情况下，这些问题便显得格外严重起来。首先，诸葛亮要遭受来自魏延、吴壹等这一干军队中实权派们的质问，为什么先帝明确说“马谡言过其实，不可大用，君其察之”，你还要违背先帝意旨、不用我们而“违众拔谡”；其次当然是来自朝中的政治对手李严等人的诘难。以李严等人为首的东州、益州集团，一直遭受以诸葛亮为首的荆楚集团的排挤打压，在这次北伐整个过程中，身为“统内外军事”的托孤大臣李严甚至未能有一点点发表意见和起作用的机会，虽然他不至于会对这次完全由诸葛亮策划和指挥的北伐进行掣肘和为难，但对于这样一个难得的、有可能彻底打垮诸葛亮和荆楚集团的机会，他们显然不会轻易放过，必定会乘机大做文章。面对如此严重的政治危机，诸葛亮一方面上表自贬：“臣以弱才，叨窃非据，亲秉旄钺以厉三军，不能训章明法，临事而惧，至有街亭违命之阙，箕谷不戒之失，咎皆在臣授任无方。臣明不知人，恤事多闇，春秋责帅，臣职是当。请自贬三等，以督厥咎。”然而他也知道仅仅是“授任无方”“明不知人”这样的说法，是不可能摆脱李严，甚至于是魏延、吴壹等人的责难的，因此另一方面诸葛亮还需要有一个人来承担这次由他全权指挥的北伐战役失败的责任，以便给自己一个脱身的机会，而这个机会显然就只能来自马谡。于是其后果终于、也只能是“戮谡以谢众”，诸葛亮则贬为右将军，但是却依然“行丞相事，所总统如前”。马谡则做了他的替罪羊，成为这场政治和权力斗争中的牺牲品。

诸葛亮死后，刘禅废除了丞相这个职位，而设立尚书令、大将军、大司马三个职位，使其互相制约，权力分开，改变诸葛亮时期军政一体的情况，后来他“乃自摄国事”，提出“须吴举动，东西掎角，以乘其衅”，休养生息，积蓄力量后从长计议再北伐的政策，亲自处理除了对外战争领域之外的国内军政事务。为此他对于诸葛亮的继承人姜维也是诸多制约，拖慢北伐进度，可是刘禅对军队没有控制权，不敢对汉中主力部队的将领怎样，导致施政方针混乱，最后亡国。

在接到魏延谋反的报告时，反问“魏延乃勇将，足可拒杨仪等众，何故烧绝栈道?”在魏延死后，没有对魏延一概否定，“既已名正其罪，仍念前功，赐棺椁葬之”。刘禅绝对不是历史小说《三国演义》中描述的那样昏庸低能。南朝史学家裴松之评价“后主之贤，于是乎不可及”。

史载：刘备生前，诸葛亮曾感叹刘禅“非常聪明，超过人们的期望”。刘备也谦虚地说“审能如此，吾复何忧！”诸葛亮在《与杜微书》中评价刘禅说：“朝廷年方十八，天资仁敏，爱德下士。”《晋书·李密传》载，李密认为刘禅作为国君，可与春秋首霸齐桓公相比，齐桓公得管仲而成霸业，刘禅得诸葛亮而与强魏抗衡。对于刘禅不战而降，王隐在《蜀记》中讲：刘禅之所以宁背骂名而不作辩解，乃“全国为上之策”。刘禅这样注重国人现实利益的政治家，与打肿脸充胖子的面子政治家不能同日而语。

事实上，对于事无巨细、大权独揽的诸葛亮，刘禅也基本上做到了凡事谦让，“以父事之”。按照常规，诸葛亮本应还政于刘禅。北伐前夕，诸葛亮依旧把22岁的刘禅当作孩子，特派心腹“监管”，“后主益严惮之”。不仅如此，还在《前出师表》中，透露出对刘禅的种种不满，像对待孩子一样耳提面命刘禅“亲贤臣，远小人”，而青年天子刘禅从大局考虑，委曲求全。

诸葛亮违背了先主辅政的嘱托，进而代政，并长期大军在外，犯了君臣大忌。诸葛亮用人失误后很内疚，后主安慰说：“胜负兵家常事。”诸葛亮自贬三级后不久，为了不影响诸葛亮的权威，等诸葛亮打了胜仗后，刘禅及时恢复诸葛亮的职务。诸葛亮死的消息传来，刘禅连日伤感，不能上朝，竟哭倒于龙床之上。当灵柩运回时，刘禅率文武百官出城二十里相迎。诸葛专权对后主很有刺激。在诸葛亮死后，刘禅反对为其立庙。但在众人的一再要求下，阿斗也没有固执己见。

南朝史学家裴松之评价“后主之贤，于是乎不可及”。后主刘禅不仅有肚量，而且很有头脑。诸葛亮急于北伐，青年帝王刘禅头脑非常清楚，规劝说：“相父南征，远涉艰难；方始回都，坐未安席；今又欲北征，恐劳神思。”尽管诸葛亮置自己的规劝于不顾，但北伐决议一旦形成，刘禅还是全力支持诸葛亮的北伐。诸葛亮死后，刘禅马上停止了空耗国力、劳民伤财的北伐。

可惜大将姜维继续在外长期用兵，讨伐曹魏，蜀国的国力财力继续被大量被消耗在战场上。司马懿率大军征伐辽东公孙渊。刘禅唯恐蒋琬犯诸葛亮老毛病，专门下诏告诫蒋琬不要轻举妄行，“须吴举动，东西掎角，以乘其衅”。

魏延造反，却表奏杨仪造反。后主听完魏延表奏，马上提出疑问，曰：“魏延乃勇将，足可拒杨仪等众，何故烧绝栈道?”为了防止权臣权力太重问题，刘禅以费祎为尚书令和大将军，主官政务，以蒋琬为大司马，主管军事，两人的权力相互交叉，相互牵制，但又各有侧重。蒋琬死后，刘禅“乃自摄国事”，大权独揽，彻底解决了蜀国多年“事无巨细，咸决于丞相”的政治体制。

后主刘禅不仅分析问题有头脑，而且处理问题也很果断，有人情味。刘琰的妻胡氏入贺太后，太后留胡氏住了一月，引起刘炎的猜疑，导致了恶性事件。刘禅接受教训，马上废除了大臣妻子母亲宫廷朝贺的礼节。对于姜维等人把蜀国衰落责任推给宦官黄皓时，后主并没有委过于人，只是说：区区一个太监，不过是一个听喝的。

夏侯霸的父亲为黄忠所杀，刘禅安抚前来投降的夏侯霸时，说：“你父亲的遇害，非我先人所为。”一语带过之后，套近乎说：“我的儿子还是你外甥哩!”魏延叛乱被杀，后主也没有对魏延一概否定，而是降旨曰：“既已名正其罪，仍念前功，赐棺椁葬之。”后人认为：“后主能作此语，亦非非常。”在待人接物等方面，刘禅的胸襟比他父亲刘备要大气的多，不失于第二代领导人的风范和气质。

同时代的领导人吴主孙皓在晋朝大兵压境时，尚“作昭明宫，工役之费，以亿万计”。作为三国中最弱的一方，刘禅能领导蜀国41年，既避免了班子内部互相倾轧，也没有隔几年发动一次大的运动，而政权稳固。在国家人民去留之际，后主看重的是人民的现实利益，摈弃了面子政治，减少了生命财产的无谓牺牲。

在危难关头，当断则断，使国家人民得以保全。如此决策，与“为了自己一己私利，而不断地鼓动老百姓为自己卖命”的刘备来比，不知进化了多少代。跟同时代领导人吴王孙皓和晋朝开国皇帝武帝相比，刘禅也不乏仁德名主。如此大气的国家领导人在中国历史上并不多见。

诸葛亮北伐前夕，对已年满22岁的刘禅依旧不放心，“虑后主富于春秋，朱紫难别”，特派心腹董元为侍中，统宿卫亲兵，“监管”刘禅，“后主益严惮之”。刘备逝世前，诸葛亮曾感叹刘禅“智量甚大，增修过于所望”，意即刘禅非常聪明，超过人们的期望。刘备闻讯，宽心地表示“审能如此，吾复何忧！”可是，仅几年工夫，诸葛亮又作出另一番天壤之别的相反评价，把刘禅的智商贬得一塌糊涂。孰真孰假，难道诸葛亮就不怕犯欺君之罪？！

人们大概不会忘记千秋凛然的《前出师表》吧。在这封表中，诸葛亮一方面表达了对刘备的耿耿忠心；另一方面又透露出刘禅与诸葛亮之间种种不谐的信息。例如，诸葛亮一再强调“宫中府中，俱为一体”，“不宜异同”，居然把“宫中府中”放在同等地位，这不是严重地破坏了朝廷的正常礼仪和官场的秩序吗？还需要指出的是，诸葛亮对刘禅的口气和语感，简直犹如一个严峻的父亲在冷酷地调教不懂事、不听话的孩子，难道这种态度符合当时的君臣大义吗？诸葛亮大举北伐之时，正是刘禅青春韶华之际，按照汉代朝廷的常规，诸葛亮应当逐渐地将大权交还给刘禅，使其从一个“见习”皇帝变成“在职”皇帝。可是，诸葛亮常驻于汉中，醉心于北伐，却不一心一意地辅佐和教导刘禅怎样治国。将心比心，刘禅怎能对他没有意见和看法？须知，诸葛亮的最终使命是辅佐刘禅执政而不是代替刘禅执政。根据史书记载，刘禅对诸葛亮的不满情绪是在后者死后才逐渐地显露出来的。史称：诸葛亮“初亡，所在各求为立庙，朝议以礼秩不听。”有人又提出“立庙于成都”，“后主不从”。但提出者坚持，刘禅只好让步。试想：倘若刘禅与诸葛亮之间的君臣关系亦是“如鱼得水”，恐怕刘禅就不会再一再二地反对给诸葛亮立庙了吧。

其一，废除了丞相制。鉴于诸葛亮生前权力太重，刘禅先是以蒋琬为尚书令和大将军，后又以费祎为尚书令和大将军，以蒋琬为大司马；两人的权力相互交叉，相互牵制，但又各有侧重。蒋琬以管政务为主，兼管军事；费祎管军事为主，兼管政务。这种新的政治格局安排，意味着刘禅决不允许再次出现事无巨细、皆决于丞相一人，而自己则大权旁落的尴尬局面。蒋琬死后，刘禅更进一步，“乃自摄国事”，总统一切，直接掌管蜀汉政权达 19 年之久。这一举措，能是一位智商低能到“朱紫难别”地步的人想得出和做得到的吗？

其二，停止了空耗国力、劳民伤财的北伐。曹魏景初二年（238 年），司马懿率大军征伐辽东公孙渊。以往碰到这种有利时机，假若诸葛亮在世，他肯定不会放过，肯定会迫不及待地要兴兵大举北伐。刘禅唯恐蒋琬又走诸葛亮老路，专门下诏告诫蒋琬不要轻举妄行，“须吴举动，东西掎角，以乘其衅。”刘禅强调要与孙吴政权互相配合，同时兴兵，合力伐魏，否则，以弱蜀单独伐强魏，其结局只能是像诸葛亮生前那样劳而无功，得不偿失。由此看来，刘禅基本上是不赞成诸葛亮的北伐方针的，只不过碍于种种原因，他没有也不可能在诸葛亮生前表示反对。当然，可能是刘备的临终嘱咐，或是诸葛亮的过于严厉、刘禅的忍让和宽容等因素和作用，尽管刘禅与诸葛亮君臣之间存在些许不谐音调，但双方毕竟没有撕破脸皮，更没有势不两立，水火不容。

阿斗扶不起是因为他那句：“此间乐，不思蜀。”不错，刘禅在生死大权把握在司马氏手上时明哲保身，手下郤正却劝他向司马公讲思蜀，或许还有机会回蜀地，然司马公第二次问刘禅，“安乐公可思蜀否？”刘禅按郤正所讲回答说：“先人坟墓，远在蜀地，乃心西悲，无日不思。晋公必放陛下归蜀矣。”昭曰：“何乃似郤正语耶？”后主开目惊视曰：“诚如尊命。”昭及左右皆笑之。昭因此深喜后主诚实，并不疑虑。后人有诗叹曰：“追欢作乐笑颜开，不念危亡半点哀。快乐异乡忘故国，方知后主是庸才。”

我们来分析一下，诸葛亮去世后，后主与姜维的关系，可以探讨一下，刘禅回答司马公时复杂的原因。首先要先说明一点，刘禅并非白痴，刘备以老谋深算著称，他的儿子刘禅虽然没得到锻炼，但他一样颇有政治手腕，用个三国时期比较熟悉的人来形容，就是陶谦，政治上无所作为，但会耍手腕。诸葛亮一死，刘禅马上把政、军大权分开，分别由蒋琬、费祎掌握，这一点和刘备死时，让诸葛亮、李严平分掌政、军大权有惊人的相似；他的军政分化是好的，但无论他怎么分，大权还是落在荆州集团中，当时蒋、费是诸葛亮指定的两个继承人，当然要由他们掌握，这个集团的势力是很强大的，就连集团内部的杨仪要把权，一样被收斩。姜维虽然不是荆州人，但诸葛亮等人为了培养他，他也为了得到权力，已经荆州化了，也是荆州集团中人。在蒋、费死后，姜维作为统治集团的首脑人物，理所当然地成为蜀汉的权力决策人物。但刘禅并不甘心于做一个名义上的皇帝，他还想夺回权力，在诸葛、蒋、费年代，他的实力、经验等还是很有限，到了姜维掌政，鉴于姜并非荆州人而成为荆州集团的首脑，他就开始了和姜维的较量。这场较量，主要表现在两个地方，一个地方是刘禅为了夺回权力而任用宦官黄皓，以黄皓来牵制、打击姜维；另一个地方就是姜维为了保权而不惜一而再、再而三地进行所谓的北伐。其实刘禅利用黄皓实在是逼于无奈，整个朝廷的人，几乎都是荆州派的，没一个他可以信任，他只能授予身边的宦官权力，这点和东汉末年，年轻的皇帝利用宦官来夺回外戚手中的权力是一致的。黄皓的进逼，其实不过都是在刘禅的授意，因此在姜维要求杀黄皓的时候，刘禅是不同意的。

面对刘禅的步步进逼，姜维要保住手中的权力，就要不停地对外扩张，一方面转移视线，一方面制造理由来保持自己对军队的统治。所以对姜维来说，他并不在乎北伐是否成功，只要不大败，能保住自己的权力就行了，这就不难理解为什么姜维老打仗。但姜维屡战屡败，没什么成果，刘禅要收回他的权力，姜维只有借口屯田，跑到汉中去了。

诸葛亮死后，根据他的遗命，蒋琬、费祎共同主持朝政，而长史杨仪不服气，甚至说出还不如当初趁着诸葛亮刚死投降曹魏的话。费祎抓住他的小辫子向刘禅报告，刘禅立即将杨仪废为庶人，后来又投入监狱，逼得杨仪自杀了。可见刘禅在诸葛亮死后，是完全能够控制政局的。

蒋琬、费祎相继去世后，费祎的助手姜维掌管军事，同刘禅亲信的宦官黄皓发生矛盾，想除掉黄皓。刘禅说：“区区一个太监，不过是一个听吆喝的，你和他计较什么?”护着黄皓。后代史家把黄皓写成一个祸国殃民的大坏蛋，其实黄皓与真正祸国殃民的宦官，如赵高、魏忠贤比，只是陪着刘禅玩耍的一个小人而已，倒也没多坏。起码他对刘禅是没有一点外心，刘禅也需要这么个贴心的人。蜀汉延熙十二年（249 年)，曹魏右将军夏侯渊之子夏侯霸惧怕司马氏诛杀，叛逃到蜀国。他是曹操的连襟，但从妹嫁给张飞为妻，生下一女，就是刘禅的皇后，所以与刘禅也有亲。他的父亲夏侯渊为黄忠所杀，刘禅安抚前来投降的夏侯霸时，说：“你父亲的遇害，非我先人所为。”一语带过之后，套近乎说：“我的儿子还是你外甥哩!”这件事，他处理得也算恰当。

姜维见刘禅不肯除掉黄皓，怕自己待在朝中深受其害，就跑到汉中练兵，再也不肯回来。姜维有心继承诸葛亮的北伐事业，几乎每年都出兵攻打魏国，但是蜀汉的力量已经越来越弱，姜维不但不能够取得胜利，反而白白消耗了不少兵力。

邓艾灭了蜀汉以后，后主刘禅还留在成都。后来钟会、姜维发动兵变，司马昭觉得让后主留在成都总不大妥当，就派人把刘禅接到洛阳，随同他一起到洛阳去的只有郤正和刘通两个人。刘禅到了洛阳，司马昭用魏元帝的名义，封他为安乐公，还把他的子孙和原来蜀汉的大臣五十多人都封了侯。

有一次，司马昭大摆酒宴，请刘禅和原来蜀汉的大臣参加。宴会中间，还特地叫了一班歌女演出蜀地的歌舞。一些蜀汉的大臣看了这些歌舞，想起了亡国的痛苦，伤心得差点儿掉下眼泪。只有刘禅咧着嘴看得挺带劲，就像在他自己的宫里一样。司马昭观察了他的神情，宴会后，对属下说：“刘禅这个人没有心肝到了这步田地，即使诸葛亮活到现在，恐怕也没法使蜀汉维持下去，何况是姜维呢!”过了几天，司马昭在接见刘禅的时候，问刘禅：“您还想念蜀地吗?”刘禅乐呵呵地回答说：“这儿挺快活，我不想念蜀地了。”

郤正在旁边听了，觉得太不像话。回到刘禅的府里，郤正说，您不该这样回答晋王，以后如果晋王再问起您，您应该流着眼泪说：我祖上的坟墓都在蜀地，我心里很难过，没有一天不想那边。这样说，也许晋王还会放我们回去。

刘禅点头答应，后来，司马昭果然又问起刘禅，刘禅就把郤正教他的话原原本本背了一遍。他竭力装出悲伤的样子，但是挤不出眼泪，只好闭上眼睛。司马昭看到他这个模样，心里早明白了一大半，笑着说："这话好像是郤正说的啊!"

刘禅说："对，对，正是郤正教我的。"

司马昭不由得笑了，左右侍从也忍不住笑出声来，从此对刘禅放了心。

这个"乐不思蜀"的典故，后人多以为能说明刘禅真是个昏庸无能之人，其实细想一下，刘禅正是靠装糊涂来保护自己呢。倘若他真让司马昭看出他思念蜀地，恐怕连命都保不住。司马昭如果能放他回蜀地，当初也不会把他弄来，这个道理谁不明白呢?

对话：晋武帝与刘备关于选择接班人的对话

王熙凤：大家好。我们今天讨论的主要对象是蜀汉后主刘禅和晋惠帝司马衷。刘禅并不是《三国演义》中说的那么无能，他可能不像父亲刘备那样是一个乱世枭雄，但以其中人之资，能做太平皇帝几十年已经是一个奇迹了，他用强硬手段把自己两个弟弟刘永、刘理封王后迁到了边地，可以看出他政治上的远见卓识。至于他在洛阳做安乐王的所作所为，我个人认为，应该跟他父亲一样是韬光养晦，不然以司马氏的智慧，他不可能活得下来。晋惠帝一生处于半傻半愚之间，知冷知热，知苦知疼，既能因司马威掰他的手指而怒，也能因为嵇绍血溅自己的衣服而悲痛，但就是不能像常人那样有条理地思考行事，其最大的特点是昏而不虐。现在请出我们今天的嘉宾司马炎和刘备先生，欢迎两位。

司马炎：呵呵，谢谢大家。很高兴有今天这种机会和大家交流企业人才以及接班人的选择问题。

刘备：大家好。

王熙凤：首先请两位谈一下对自己的接班人的认识，第一个问题，司马炎先生怎么会选择司马衷继承皇位呢？

司马炎：其实，主要原因作者已经在正文中做过分析，简单来讲就是三个：第一世袭的传统；第二杨皇后的影响；第三是皇太孙司马遹。

王熙凤：但事实证明，司马先生选择错了，八王之乱就是很好的例证，司马先生认为，应该从中吸取什么教训？

司马炎：关于司马遹的天分正文已有详细的介绍，我不想再说什么，我觉得应该引起思考的还是"小时了了，大未必佳"这句话，司马遹果真应了此谶，"及长，不好学，惟与左右嬉戏，不能尊敬保傅"，很大原因是贾南风，她很忌讳这位非自己亲生的皇太子，密遣身边太监不时去怂恿太子"极意所欲"，司马遹无人管束，更加放肆，"于是慢弛益彰，或废朝侍，恒在后园游戏。"尽管太子洗马江统，太子舍人杜锡上述太子，劝他改正，但已经为时已晚。说到底，还是教育问题。另外，不要对后人的后人寄予多大希望，每一代人都有自己的使命，可以展望未来，但不能安排未来。

王熙凤；刘先生怎么说？

刘备：（笑道）还是我替王小姐说吧，之所以选择我参加今天的对话，是因为我为巴蜀集团选择了阿斗。我的幸运是"无以善小而不为，无以恶小而为之"竟然成为千古名言，我的不幸是这句公认的名言对于巴蜀集团和阿斗竟然没有任何意义，而且千古智者诸葛亮对于巴蜀集团好像也没有多大意义。

王熙凤：（笑道）刘先生很幽默啊。现在我们回到故事中。

康熙：惠帝自登基以来，十六年来风风雨雨，多少个夜晚被人从梦中叫醒，强掖升殿，被迫书写诛杀自己姥爷、母后、皇后、皇子、皇兄、皇弟、皇叔以及多位他自己连名字也搞不清的大臣的人名。今天被这个劫持当挡箭牌，明天被那个拉着放在军阵里炫耀，几乎没一天安生过。终于有这么一天，肚子剧痛，四体抽搐，老哥儿扑腾一阵，终于可以长睡过去，永远再不会有兵士冷冷的大手于凄冷的夜晚把他从热被窝里拽出来了。可悲的是，晋惠帝处于半傻半愚之间，知冷知热，知苦知痛，既能因司马威掰他手指而怒，也能因嵇绍血溅己衣而悲，但就是不能像常人那样有条理地行事，白白身居九重帝位。尤其他那“何不食肉糜”的流传千古的“笑话”（及天下荒乱，百姓饿死，帝曰：“何不食肉糜?”），我们读之细品，只有伤悲，只有哀怜，真正的祸乱根源在于“武皇不知其子”，在于其生母杨后的妇人之仁。惠帝安生了，天下士民也喘了口气，大家终于如释重负，热切盼望能出个好皇帝镇住天下。

司马炎：没有保护太子司马遹，让贾南风害了他，再就是对他的教育没有尽心。

刘备：企业的创立者就像是一位君主，尽管在企业发展过程中会有不同姓氏的所有者加盟，但作为君主，董事会只是他实施权力的工具。“家天下”的企业形式早就注定了董事会的运作模式，谁说一个人就不能跳舞？在白帝城托孤的案例中，“阿斗”刘禅并没有错，他本来没有做企业接班人的欲望，诸葛亮也没有错，人家鞠躬尽瘁，还死而后已，累得七死八活、呕心沥血，就是为了巴蜀江山“永不变色”，我们没有理由骂人家。

刘备：（笑道）是啊，要骂，就骂选择“阿斗”做接班人的刘备！因为是他选择了自己的接班人。

司马炎：选择了错误的接班人是一种很低级的错误，既没有识人之明，也没有自知之明，对人判断不了，对自己也判断不了。我觉得，以刘先生的智慧，不可能犯这样低级的错误，历史的发展常常出人意料而又无可奈何，我也对这段历史感兴趣，希望刘先生揭开“白帝城托孤”之谜。可惜的是，小时了了，大时未必。皇太子司马遹“及长，不好学，惟与左右嬉戏，不能尊敬保傅”。贾南风一直很忌讳这位非自己亲生的皇太子，密遣身边太监不时去怂恿太子“极意所欲”。处于青春期的司马遹见无人管事，更加放肆，“于是慢弛益彰，或废朝侍，恒在后园游戏”。他常常割断马鞍束带，又命左右侍从骑马奔驰，看见这些人纷纷落马就哈哈大笑，以此为乐；有人小不如意，太子亲自上前拳打脚踢。他还常常在太子东宫开设市集，买卖为乐，而且“手揣斤两，轻重不差”。朝廷每月供东宫五十万钱，太子常常超支，并且派人把太子西园所收获的青菜和自用的米、面、鸡弄到集市上卖掉，收入统统用作自己赏赐左右的开销。时为太子洗马的江统（就是上《徙戎论》那位）上书太子，劝谏他改正过失，太子不纳。太子舍人杜锡也不时谏劝太子修德进善，司马遹又怒又不耐烦，让人把大针藏在杜锡的坐垫中，刺得老先生鲜血淋漓。

刘备：是这样，阿斗可能也是这样的人，只不过表现方式不一样。养尊处优、优柔寡断不适合做当家人，这与一个人的学识、学历没有太大的关系，更重要的是一种与生俱来的天赋，就像王熙凤小姐这样的人一样。

刘备：（微笑）你让我怎么选择呢？这是唯一的选择。

司马炎：是啊，你的选择比我简单多了。

刘备：我宁愿有你这么复杂的选择，可惜子嗣不丰。但我不后悔自己的选择，如果要我重新选择，我还会选择阿斗。

王熙凤：是不是因为阿斗是你自己的儿子？

刘备：不是，我觉得，后人对阿斗真的有些误会。诸葛亮在《与杜微书》中评价刘禅：“朝廷年方十八，天资仁敏，爱德下士。”的确是这样的。阿斗的确很聪明，也很有能力。历史的发展常常出乎意料，有时候，非人力所能为。

王熙凤：难道“此间乐，不思蜀”真的是一种韬光养晦？

刘备：我也不敢说是真的，但阿斗绝对不是你们想象的那么简单。

司马炎：我有同感，其实阿斗真的大智若愚。我举几个例子说明一下：最明显的就是废相一事。诸葛亮死后，刘禅遇缺不补，蜀汉从此再也没有丞相。蒋琬、费祎尽管做过大将军、尚书令，但军政、内政大权还是分开了，似乎有互相牵制的意思。后来的人就是顶多只能拥有兵权，而无内政大权。有意造成分权之人，正是刘禅。这种才智，就是我这种享誉千古的人未必能在不动声色中化解，这难道是一个傻子能做出来的事？此外，孔明死后，刘禅鼎新改造，新设大将军一职，侍中、尚书、将军、长史、参军等职位，刘禅从来都是奖罚分明，大将军一职由蒋琬传到费祎，再由姜维接任，尽管是孔明安排好的，但是，面对如狼似虎的敌人、内奸和瞬息万变的场面，没有两下子，就是“照过去方针办”也未必有那么简单。这和“据长江之险，虎踞江东”的孙权相比，未必逊色。此外，在任用“张翼、廖化并为大将军”，阎宇做“右大将军”时，刘禅并不只是习于听从，主见仍相当客观。最后，除了孔明留下的制度外，运作整个蜀汉的经营，这个重责大任就落在刘禅的身上，终刘禅一世，没有奸佞权臣干政的情况出现，可见他的皇权控制能力是很强的。

刘备：既然康先生作了分析，我也补充几句。兵战不利，刘禅有逃亡外地的打算，并非坐以待毙之徒。孙皓平常杀人如麻，面临外敌侵略，连另起炉灶的想法都没有，反而极具迎降求和之心，早无斗志。

王熙凤：二位还是没有谈到我的问题，“此间乐，不思蜀”怎么解释？

司马炎：有三种可能：第一是刘禅对益州根本没有感情，所以他不会怀念故旧；第二，刘禅当时已经认识到大势所趋，非人力所能为，无忧无虑、安安稳稳过下辈子，就是他最终的目的；第三，就是大家说的，通过韬光养晦或装疯卖傻，准备东山再起。“此间乐”正是司马昭的诡计，刘禅当时不可能不知道，当所有的蜀汉降臣都有悲怆之感时，如果刘禅也有同感，那么，司马昭必然起疑心。这不是正中人家的圈套吗？另外，“此间乐”时，刘禅已经五十八岁，大半辈子都在益州度过，不可能对故国江山没有感情，所以，第一种显然没有道理，第三种显然不可能，唯一可能的是第二种，败军之将能在阴谋诡计中超然而出，全身而退，你能说他是傻瓜吗？

王熙凤：是不是可以这样讲，如果刘先生的儿子不是刘禅，而是其他人，甚至像您二位这样雄才大略之辈，蜀汉的江山也同样不会存在？

刘备：这个问题不好说，但这种可能性很大。

王熙凤：有一种现象是开国之君常常是那些英明果敢，没有读过多少书的人，他们很清楚自己的天下是怎么来的，为了江山社稷，他们往往请饱学宿儒来给自己子嗣当老师。教着教着，仁义礼智信这些东西就来了，未来的皇帝真的“恭敬慈爱”，文质彬彬起来。子曰诗云，之乎者也都能来两句，但却没有统治天下的能力。于是，嬴政看不惯扶苏，刘邦受不了刘盈，刘彻讨厌戾太子，原因就在此。元帝做太子时，有一次谈话中，说父亲持刑太深，宜用儒生。宣帝变了脸色，说：“汉家自有制度，本以霸王道杂之，奈何纯用德教，用周政乎?”他狠狠骂了一顿儒生，哀叹道：“乱我家者，太子也!”这话，说得再明白不过。两位怎么看?

刘备：我补充几句，太子读书不是为了吟诗赋词，也不是为了研究学问，他读书主要是了解历史，子曰诗云、之乎者也的确也需要，他需要用这些教化臣民，而不是自己卖弄。

王熙凤：您们认为，当自己接班人没有能力接班时，应该怎么办?

刘备：很简单，那就不要让他接班，呵呵。

司马炎：我也是这个意思。

王熙凤：但是，总得有人接班呐，呵呵，还希望两位给出答案。

刘备：说出来也是老生常谈，就是提前培养，这是一个系列工程，需要一系列配套设施。

司马炎：还有就是接班人的保护问题，这也是个问题，司马遹的悲剧其实也有这方面的原因。

王熙凤：多谢二位接受我的采访。今天的节目到此结束，谢谢大家，再见!

第四篇
老子英雄儿软蛋
——兔死狗烹　人才凋蔽

他们都是那种“鸟尽弓藏，兔死狗烹”的皇帝，是那种只能共患难，不能共享福之人，都选择了性格相对懦弱的接班人，一个是为人“仁弱”的汉惠帝刘盈，另一个是“性仁厚”的皇太孙朱允炆（太子朱标早逝），不管是武力夺取，还是和平演变，其共同点都是叔叔接过了侄儿的班。刘盈和朱允炆都遇到个性强悍的政坛对手，一个是自己的母亲（吕后），另一个则是自己的叔父（朱棣），一个是死后的宫廷政变，另一个是长达八年的“靖难之役”。尽管如此，在政治权力斗争方面，个性软弱未必就是坏事，同样，个性强悍也未必一定能臣服天下。当您的接班人个性懦弱时，您究竟怎样做，才能让您的天下安然渡过瓶颈期。

汉惠帝刘盈——优柔寡断　吕后专政

刘邦除了杀了几个武将外，对其他功臣还是很厚待的，像萧何、曹参、陈平、周勃都是汉王朝的重臣。刘邦杀了功臣后，结果是加强了中央的实力，尽管他死后出现了权力真空，但由于他为后世留下了不少经验丰富的老臣，因此无论是吕氏的篡权还是之后的七王之乱，都没有对中央产生很大的破坏，也使得汉王朝开辟了封建史上的第一个盛世。吕后统治的时代或许让人感到一片血污，但终究只限于宫廷争斗，其铁腕决断，尽显政治强人本色。她诛杀功臣，铲除异己，做事一步到位，不留后患，其凶悍凌厉让须眉男子汗颜不禁。从接班人角度讲，所谓的商山四皓本质上都是利禄之徒，刘邦本来就没有易储的打算，之所以放出那样的话，意在警告吕后不要过分，如果他真的不顾众人同意，把如意立为太子，以戚夫人的政治能力，母子生命尚难保全，更不用说皇位。其实，刘邦当时最关心的是如何保全他们母子，可惜后世文人读史不精，竟然曲解历史，让人叹息。

继位背景：

刘邦坐天下后，觉得秦始皇建立的“郡县制”不错，皇帝不但受到天下万民的膜拜，权力还很大，也想按照制度来。但是，并不是所有的人都赞成“郡县制”，很多龙子龙孙、龙兄弟们从自身利益出发认为，还是“封建制”好，他们的主要理由就是，秦二世灭亡的原因就是因为没有实施封建制，没有把天下分给自己的兄弟叔叔大爷们，没有四方诸侯起兵勤王，大家都集中在咸阳，结果，被赵高一锅端了。听着知识分子们唾沫飞溅激扬文字，刘邦脑袋都懵了，半天也插不上一句话，最后也烦了，索性和稀泥算了，准备实行“一朝两制”。在首都京畿地区实行“郡县制”，由中央政府统一领导，在首都外围的地区实行“封建制”，把自己的兄弟叔叔大爷们分封为王，让他们充当中央政权的“藩”，就是篱笆屏障的意思。不过，刘邦心机很深，想起来韩信、彭越、季布的历史教训，他心里就颇烦，于是，在实行“一朝两制”时候，还挥着手空中一点，特别补充一条，那就是只准同姓封王，异姓不可以封王。日后，大汉王朝所有的王爷，只能封刘姓的，其他的人不管功劳多大，想捞个王爷干干，门儿都没有。为此，还杀了一匹白马来做盟誓，叫“白马之盟”。

公元前 195 年，汉高祖刘邦打败英布回到京城，胜利的喜悦没有持续三天，身体就不行了，病情一天天加重，他开始思考大汉朝的未来发展方向问题。想到太子刘盈，他心里就沉重，这个嫡长子个性懦弱，善良得有些窝囊，根本没有自己翻手云覆手雨的帝王气魄，更没有心狠手辣的帝王风骨，还是赵王如意“类我”。如意为刘邦晚年与宠妃戚夫人所生，刘邦甚爱之，不但聪明过人，还有些才学，看到如意如此“如意”，刘邦就有废刘盈而立如意的打算。皇太子刘盈无所谓，他本来就不想干，不让干正好。但他的母亲吕后不乐意了，她是刘邦的结发夫妻，山东单县人，当刘邦还是“亭长”的时候就嫁给他了。那年，在一次宴会上，刘邦打个1万元的礼单欠条坐了首席，还和一帮狐朋狗友若无其事地高谈阔论、谈笑风生，痞子敬无赖，无赖爱流氓，吕老爷子非常欣赏刘邦的流氓无赖气，酒酣耳热之下，做了“爱的奉献”，甘愿把自己十几岁的女儿奉献给四十多岁的刘邦，这就是刘邦和吕后最早的爱情故事。早年的吕后可以说贤妻良母，为刘邦历尽艰辛，九死一生，楚汉战争时期，还被项羽抓了俘虏，甚至押于阵前，以烹杀煮汤威胁刘邦屈服，但他谈笑风生，置之不理，最后，吕后被囚禁四年，受尽了折磨凌辱，楚汉罢兵言和时，项羽将吕后作为礼物送给刘邦，这时候，吕后已经三十有余，饱经沧桑不说，还年老色衰了。但刘邦依然龙马精神，他的身边多了著名的戚夫人，还生下贵子，取名如意。戚夫人深受刘邦宠幸，戚夫人不但美貌如花，还志存高远，跃跃欲试地四处活动怂恿刘邦改封皇后，立如意为太子。自此，埋下了吕后与戚夫人之间的仇恨。

公元前197年，刘邦表示，要立如意当皇太子。文武百官们吓了一跳，皇太子又不是民工什么的，一不顺眼，赶走一个。特别是御史大夫周昌尤为反对，周昌是刘邦的老乡，参加革命很早，算是老革命了，这个人性格耿直，敢于直言，但不幸是个结巴，说话不利索，但从不阿谀奉承，萧何、曹参等人都很佩服他。有一次，周昌入帐奏事，正好看见刘邦抱着戚姬亲热，也不知道是不好意思，还是看不起刘邦，周昌头也没回，转身就走，刘邦大怒，大耍流氓，追上周昌，骑在他的脖子上，问他服不服？还曰：“我何如主也？”周昌当然不服，还仰着脖子曰：“陛下即桀纣之主也。”刘邦大笑不已，但从此以后，对于“硬脖子”周昌忌惮几分。

听说刘邦无缘无故要换太子，周昌先生急了，平常说话都不利索，气急败坏之下，更说不出一句话，满脸憋得通红，最后只大声曰："臣口不能言，然臣期期知其不可。陛下虽欲废太子，臣期期不奉诏。"

这真是一幕有趣的场面，杀气腾腾中，刘邦见了这急得面红耳赤脖子粗的周昌力图表白的憨态，忍不住大笑。一场原本极其严肃的话题，也在君臣的一片哄笑声里作罢了。

这时候，吕雉就在朝堂边的东厢房里偷听，刘邦散朝后，众臣也渐次散去的时候，吕雉立即出来，当众向周昌下跪叩谢说："要不是你，皇太子方才就要被废了。"看到这里，我们能够想象吕后的心理感受。当年，为了刘邦，她四处奔波，每天挣扎于生死边缘，遭受多少罪，现在一句话就要废除，说什么都不合情理，吕后哭闹一番后，没有办法，只好委托他的兄弟吕释之找张良想想办法。

这本来是帝王的家务事，以张良的智慧，根本不想趟这个浑水，但吕释之有自己的办法，他没有哀求张良。一见面，劈头盖脸就给张良一顿大棒，把张良都打懵了，不知道什么原因，最后才听明白，让他救救吕皇后母子，还警告曰："你是皇帝的智囊，皇帝现在要换太子，你以为你置身事外吗?"张良不愧为千古智圣，不但足智多谋，而且沉稳自信，他详细分析了他之所以不能出面的原因。他说："当初皇帝老爷都是在困顿危险的时候，才听我的。而今天下已定，全国一统，要换皇太子是皇帝的家事，骨肉之间，外人插不上嘴，纵然有一百个张良，也无能为力。"吕释之不依不饶："你要是不管，我今天就不走，不管怎么说，你也得帮这个忙，救救吕皇后母子。"

张良最终勉为其难地出了一个主意：让不买皇帝账的商山四皓来辅佐太子，可能有点用处。"商山四皓"是四个须发斑白的老人，他们是东园公、角里先生、绮里季和夏黄公。天下初定，由于刘邦轻慢无礼，"商山四皓"一气之下逃入商山，发誓终身不做汉臣。要改变刘邦的想法必须请这四个人，四个德高望重的人，据说四人皆有安邦治国之才。

如同我们想象到的世外高人一样，"商山四皓"的年龄加起来至少有

320岁，他们须发尽白，衣冠严整，宛如冰山上不食人间烟火的神仙。

堂堂大汉皇后的卑辞，加上价值不菲的厚礼，四皓最终来了，他们跟随太子进了皇宫。刘邦看到这四个白须皓首的面孔问道："你们四个人是干什么的？"四皓一一上前报上姓名。刘邦大吃一惊，说："我寻找你们多年，你们弃我而去，现在为何要和我儿子在一起？"

四皓按照预定的话，回道："陛下轻慢士子，随便骂人，我们不愿受辱，所以就隐居了。听说太子为人仁爱孝敬，恭谨知礼，天下人没有不愿意为太子效力的，我们就辅佐太子来了。"常言道："不听老人言，吃亏在眼前。"刘邦一辈子都看不起知识分子，临老竟然心性大改，听四皓这么一讲，彻底打消改立太子的念头。"商山四皓"究竟辅佐太子刘盈做过什么，我们不得而知，史书上也没有明显的记载，但这四个老梆子这次可真是帮了个大倒忙。刘邦一死，吕后为泄愤报仇，先把戚夫人抓起来，关在永巷劳动改造，把她的头发剃掉，用铁链拴住脖子，还让她穿上土红色粗布囚衣，让她每天舂米。戚夫人不服气，艰苦劳动之余，竟然诗兴大发，做了一首极不明智的《舂歌》，并大声讴歌：

子为王，母为虏。
终日舂薄暮，常与死为伍。
相离三千里，当谁使告汝。

这简直就是大逆不道的谋反作乱，这还得了，吕后勃然大怒，心说，你还指望如意发兵救你，反攻倒算呀。于是，她决定斩草除根，派人把其子从封地邯郸召到长安，赵王如意的亲信大臣就是我们上文提到的"硬脖子"周昌，他是刘邦临终前，亲自任命的托孤重臣，其主要任务就是保护赵王如意不受吕后的迫害。当中央政府征召如意的命令到达邯郸时，周昌自然知道是怎么回事，他对钦差大臣曰："如意病了，不能去，以后再说吧。"这样，中央政府三次下令，都被"硬脖子"周昌拒绝了。但吕后是什么人啊！当初跪下来谢他，是因为他保的是皇太子刘盈，现在既然背叛

“革命”，自然没有什么好说的，于是，她改弦更张，不再征召如意入朝，而是召周昌来首都开会，探讨国事。周昌尽管是顾命大臣，脾气再倔强，但也是国家的人，国家征召，自然不能拒绝，只好极不情愿地上首都出差。这时候，吕后是再次下令征召赵王如意，没有周昌做主，如意只好乘车前往。当时，惠帝刘盈早就知道赵王如意来朝的真正原因，也知道母亲的狼子野心，为了保全这位庶弟的性命，他亲自出迎于霸上，抢在母亲之前，将其接进皇宫，并且“自挟与起居饮食”同吃同睡，留心保护。但百密一疏，有一天，天气尚早，他出外练习射箭，赵王未醒，惠帝不忍唤起，以为无妨。见刘如意还在熟睡，就没有叫他同去，等他回宫，赵王如意已被毒死在床上，七窍流血毙命。惠帝大哭，用王礼殓葬，谥为隐王。

其后发生了著名的人彘事件，吕后令人将戚夫人砍去手足，挖出双目，药哑嗓子，扔进厕所，做成“人彘”的行为艺术，让宫监请惠帝来参观她的“作品”，惠帝刘盈趋入厕后，只见一个人身，既无手足，又无眼珠，只剩了两个血肉模糊的窟窿，身子尚稍能活动，一张嘴开得甚大，却不闻其声，有人告之曰：此乃戚夫人也。看见父亲昔日的爱妃落到如此悲惨的结局，刘盈放声大哭，大病一场，卧床岁余不能起。使人对太后说：“人彘之事，非人所为。戚夫人随侍先帝有年，如何使她如此惨苦？臣为太后子，终不能治天下！”从此，日夜饮酒作乐，也不办公上朝。《史记·吕太后本纪》记载：“太后遂断戚夫人手足，去眼，煇耳，饮瘖药，使居厕中，命名‘人彘’。居数日，乃召孝惠帝观人彘。孝惠见，问，乃知其戚夫人，乃大哭，因病，岁余不能起。使人请太后曰：‘此非人所为。臣为太后子，终不能治天下。孝惠以此日饮为淫乐，不听政，故有病也。”

公元前 188 年 8 月，刘盈在郁郁寡欢中病死于长安未央宫，谥号惠帝，终年 24 岁。刘盈死后，大汉王朝进入吕后临朝称制时代。所谓，一朝天子一朝臣，吕后开始扶植诸吕势力，并大力提拔自己的亲信大臣。

公元前 187 年，吕后追封其父吕公为宣王、兄吕泽为悼武王，考虑到吕家势力不足以控制朝政，通过陈平之请，立即“拜吕台、吕产、吕禄为将，将兵居南北军，及诸吕皆入宫，居中用事”，至此，吕氏家族控制了整个中央禁卫军的兵权。

审食其原是刘邦在沛县时当亭长时的贴身家人，长得是眉清目秀，精明干练，刘邦起兵以后，因家中无人照应，用审食其为舍人，叫他管理家务，照顾吕后母子。刘邦为了革命常年奔波在外，留下吕后独守空房，寂寞难耐，两人朝夕聚谈，日久生情，时间一长，两人眉来眼去，半推半就，竟瞒过老翁幼儿，演了一出露水姻缘。刘邦即位后，感念其护家有功，在吕后怂恿下，封审食其为辟阳侯，此时，他与吕后依然旧情不断，刘邦知道了，也不加干涉，吕后临朝，自然不会忘记老情人，把他提拔为左丞相，“令监宫中，如郎中令”，用以监视刘氏宗亲。同年四月，又封刘章为朱虚侯，并“以吕禄之女妻之”，并封吕种为沛侯，吕平为扶柳侯。

其所以以吕禄女妻刘章，是企图以姻亲关系分化刘氏宗亲。

与此同时，又立惠帝之子刘彊为淮阳王、刘不疑为常山王、刘弘为襄城侯、刘朝为轵侯和刘武为壶关侯，削弱刘氏宗亲势力。

但其称制的8年间，继续执行汉高祖以来与民休息的政策，奖励农耕，废除夷三族罪和妖言令等苛法。因此人民生活比较安定，残破的社会经济也得以恢复。她病危时告诫诸吕部署应变，命吕禄领北军，吕产居南军，严密控制京城和皇宫的警卫。

诸吕在吕后死后阴谋作乱，被太尉周勃、丞相陈平和朱虚侯刘章等迅速剪灭。

吕后二年十一月，吕台死，立其子吕嘉为王。

吕后四年，又封其妹吕媭为临光侯，吕他为俞侯，吕更始为赘其侯，吕忿为吕城侯。

吕后六年十月，以吕嘉“居处骄恣，废之”，另立吕台之弟兄产为吕王。

吕后七年正月，“以梁王吕产为相国，赵王禄为上将军”，二月，吕后以吕产为梁王，又以其妹吕媭之女妻营陵侯刘泽，因为刘泽当时为大将军，吕后恐其死后“刘将军为害，乃以刘泽为琅邪王，以慰其心”，吕媭要以女妻之，拉拢刘氏宗亲，此时诸吕势力已由控制兵权进入了控制政权。

吕后八年七月病危之时，因自知违背了刘邦“非刘氏王者，天下共击之”的原则，心知“大臣弗平”，因而告诫吕产、吕禄二人曰：“我即崩，帝年少，大臣恐为变。必据兵卫宫，慎勿送丧，毋为人所制。”

经过吕后的精心安排，不仅中央军政大权已落入诸吕之手；拥有部分军权的刘泽与宗亲刘章，又被吕后以媾姻纽带捆住了手脚；吕后所立少帝及其他诸王，又非惠帝儿子；中央政权中其他官吏、宗亲敢于反抗吕后者如王陵、赵王友等，或被处死，或被驱逐；复有审食其这样的人专司监视反对者的活动。一旦诸吕发动叛乱，要夺取刘氏政权，几乎已成定局。

作为刘氏宗亲的刘恒，平时远处代地，毫不熟悉宫中内幕。因此，他只有等待命运对他的裁判，更不会产生被迎立为皇的美梦。

吕后当政内，创自汉初的休养生息的黄老政治进一步得到推行。

吕后遵守刘邦临终前所作的重要人士安排遗嘱，重用萧何、曹参、王陵、陈平、周勃等开国功臣。而这些大臣们都以无为而治，从民之欲，从不劳民。在经济上，实行轻赋税。对工商实行自由政策。在吕后统治时期，不论政治、法制、经济和思想文化各个领域，均全面为“文景之治”奠定了坚实的基础。

因此，在吕后16年的统治时期，虽然朝廷发生了一些变故，但没有影响社会的发展与进步，而且使大汉社会快速向前发展，为我国历史上有名的“文景之治”起到启后的作用。

皇储分析：

汉高祖刘邦共生了8个儿子：齐王刘肥、太子刘盈、赵王如意、文帝刘恒、赵幽王刘友、赵共王刘恢、燕灵王刘建、淮南王刘长。除嫡子刘盈和四子刘恒先后继位做皇帝外，其余六子均被封为亲王。其中惠帝无后绝传；赵隐王刘如意和赵共王刘恢均被吕后杀害，无子嗣封，族亡国废；燕灵王刘建在位15年去世，本来有个庶子，也被吕后杀害，以致绝后国亡；赵幽王刘友一支人丁凋落，仅传3代便绝后。这样，刘邦八子中，仅有3

房有后裔延续下来，即长房刘肥，第四房文帝刘恒和幺房淮南王刘长等3支子孙。而在众多的汉家刘氏封藩中，齐王刘肥家族是极为重要的一支，不仅因为它是汉高祖的长房子孙，还因为这个家族是汉初地盘最大、势力最强、子孙极为繁盛的一支王族。刘邦长房后裔的发派始祖刘肥，是刘邦的大儿子，但刘肥的生母曹氏，不是刘邦的原配妻子，而只是刘邦年轻时的情妇。所以，按传统的嫡长子继承制，刘肥没有资格成为太子和继承皇位。刘邦称帝后，大封同姓，便于公元前201年正月壬子封长子刘肥为齐王，建都临淄。

齐国不仅是汉初最大的同姓诸侯王国，而且非常富饶。史称“齐临淄十万户，市租千金，人众殷盛，巨于长安”。作为高祖的大儿子，刘肥在汉初地位很高。高祖死后，惠帝刘盈继位。齐王刘肥进京上朝时，汉惠帝对这位兄长也极为礼敬，甚至与他平起平坐，不为君臣礼。惹得吕太后很不高兴，想要杀他。刘肥只好主动把齐国所辖的城阳郡割献给同父异母妹妹也即吕太后生的鲁元公主做汤沐邑，才使吕后转怒为喜。刘肥在位13年，于公元前189年去世，谥为齐悼惠王。刘肥王后驷钧，另有众多王妃，生育了很多子女。刘肥的儿子，见于记载的有13个：刘襄、刘章、刘兴居、刘罢军、刘宁国、刘信都、刘安、刘将闾、刘辟光、刘志、刘印、刘贤、刘雄渠（又作熊渠）。齐国自刘肥于公元前201年受封建国，共经历4代6任齐王，至公元前127年无后亡国。齐国灭亡后，齐藩家族的众多王侯大都被削除，仅剩下城阳和菑川两个王国。

汉惠帝系刘邦之嫡长子，其生母为吕后，六岁时被立为太子，十六岁登基，在位七年，二十三岁崩逝。汉惠帝自小缺少父爱、母爱。父亲在逃亡途中，为了马车能跑得更快一些，把他推下车去；母亲把他当作政治斗争的资本，然而，当他去世后，母亲抚着他的尸身干号无泪。但令人奇怪的是，在这样的环境里长大的孩子，既没有刻骨的仇恨，也没有扭曲的心灵，他最大的特点就是充满爱心。《汉书》称其为“宽仁之主”，《史记》云“惠帝仁慈”，“为人仁弱”。汉惠帝二年，刘邦的长子齐王刘肥朝于长安，十月，与惠帝“燕饮太后前”，惠帝以家人礼招待齐王刘肥，并让其上座，仅仅是出于对长兄之尊重，并无什么不良居心。但想不到引起生母吕后的不满，命人暗中拿来了毒酒，并“令齐王起为寿”，准备将其鸩杀，刘肥尚不知情，但惠帝早已觉察出其中的蹊跷，当刘肥站起来向吕太后祝酒的时候，惠帝也趁机站起来，端起另一杯鸩酒，表示要与刘肥一起向母亲吕后祝酒，吕后无奈，只好打翻了惠帝手中的毒酒，这样齐王警觉起来，假装酒醉而离去。

在西汉历史上，惠帝是一个对稳固汉家王朝起过较大作用的皇帝，他不仅聪慧，而且爱民，能闻过即改。《史记·叔孙通列传》记载：“孝惠帝为东朝长乐宫，及间往，数跸烦人，乃作复道，方筑武库南。叔孙生奏事，因请间曰：‘陛下何自筑复道高寝，衣冠月出游高庙？高庙，汉太祖，奈何令后世子孙乘宗庙道上行哉？’孝惠帝大惧，曰：‘急坏之。’叔孙生曰：‘人主无过举。今已作，百姓皆知之，今坏此，则示有过举。愿陛下为原庙渭北，衣冠月出游之，益广多宗庙，大孝之本也。’上乃诏有司立原庙。原庙起，以复道故。”惠帝之所以筑复道，是因为不想屡屡扰民，这表现出他关心天下民众疾苦的品德。当得知筑复道于武库南一事并不合宜时，又能闻过而改。充分表现出他的贤德品格。诚如司马光所云：“过者，人之所必不免也；惟贤圣为能知而改之。……为人君者，固不以无过为美贤，而以改过为美也。”《汉书·外戚传》记载与此略同。可见，惠帝患病，只因吕太后残害戚夫人而引起。这次患病的时间，大概为一年多。并且患病期间的惠帝，其行为仅是“日饮为淫乐，不听政”而已，并无见有丧失心志的记载。

事实上，惠帝在位期间，并不是全然的“弃国家而不恤”，而是对国家大事十分关注。《汉书·萧何传》与《史记·萧相国世家》均载：萧何病危之际，惠帝曾亲自前望探望萧何，“因问曰：‘君即百岁后，谁可代君？’对曰：‘知臣莫如主。’帝曰：‘曹参何如？’何顿首曰：‘帝得之矣，何死不恨矣！’”对今后政治上的人事安排并不十分明朗的惠帝，能如此急切地向病重的萧何询问萧何身后之事，表明了他对国事的忧虑和关切。《史记·曹丞相世家》记载：惠帝二年，萧何卒，曹参代为汉相国。然而曹参“举事无所变更，一尊萧何约束。”“参子窋为中大夫。惠帝怪相国不治事，以为‘岂少朕与’？乃谓窋曰：‘若归，试私从容问而父曰：高帝新弃群臣，帝富于春秋，君为相，日饮，无所请事，何以忧天下乎？然无言吾告若也。’窋既洗沐归，间侍，自从其所谏参。参怒，而笞窋二百，曰：‘趣入侍，天下事非若所当言也。’至朝时，惠帝让参曰：‘与窋胡治乎？乃者我使谏君也。’参免冠谢曰：‘陛下自察圣武孰与高帝？’上曰：‘朕乃安敢望先帝乎！’曰：‘陛下观臣能孰与萧何贤？’上曰：‘君似不及也。’参曰：‘陛下言之是也。且高帝与萧何定天下，法令既明，今陛下垂拱，参等守职，遵而勿失，不亦可乎？’惠帝曰：‘善，君休矣！’”惠帝之所以对身为相国的曹参“不治事”的做法，深感忧虑，并进而亲自过问曹参，就是因为他心系国家、积极处理国家大事的缘故。除此之外，惠帝在位期间，还制订和推行了一系列有利于西汉社会稳定、经济发展和文化繁荣的措施，如除挟书律、以宗室女为公主与匈奴和亲、颁布旨在鼓励人口繁息的法律、商议废除“三族罪和妖言令”等等。这些措施的推行和商议，虽然离不开吕后和其他大臣的支持，但作为一国之君的惠帝，其发挥的重要决策作用却是人们所不应忽视或抹杀的。总之，“惠帝是一个有过较大贡献、应予以基本肯定的皇帝”。

汉文帝，名刘恒，高祖第三子，惠帝死，吕后立非正统的少帝。吕后死，周勃等人杀死吕产，迎立刘恒为帝。刘恒，母为薄姬。在高祖攻破陈希，平定代地后，被封为代王。在刘邦的众子中，刘恒是最不引人注目的一个，这和他的母亲有关。母亲薄姬原是项羽所封魏国王宫的宫女，在刘邦打败魏国后，将许多宫女选进自己的后宫，后来便和薄姬生了文帝刘恒。刘恒出生后，薄姬却遭到刘邦的冷落，地位一直是“姬”，没有升到“夫人”。

诸吕之乱后，汉文帝刘恒被拥戴登基。说起汉文帝刘恒的来历，倒还是有点传奇色彩的。刘恒的老妈薄太后出身低贱，她的母亲魏老太太本来是魏国的宗师的女儿，秦末天下大乱，魏王豹想光复祖国，自称魏王，魏老太太就想尽办法把自己的女儿纳于魏王后宫。估计薄小姐的姿色平平，魏王豹本身就不缺女人，也就没有看上她。但过了两天，来了个长着老鼠胡子的算命先生许负，他上上下下看了看薄小姐几眼，马上做出一副友邦惊诧的样子道："啧啧啧，这位小姐面相贵不可言，将来必生天子呐。如若不是，可以抉掉我的眸子。"结果魏王豹来劲了，随机应变纳薄小姐为妃，当时项羽的实力挺大，主张分封制，魏王豹很识时务，投靠项羽，希望借助楚霸王的力量光复魏国的大好河山，顺便弄个真龙天子当当，就把这个希望寄托在薄小姐身上。于是，背汉向楚，引得刘邦勃然大怒，派出韩信消灭魏王豹，十个魏王豹都不是韩信的对手，结果，魏国还没有复国就被消灭在摇篮中了，薄小姐还没有来得及高兴，就稀里糊涂做了俘虏，刘邦命令抓来的宫女嫔妃为部队做纺织工作。某天，戎马倥偬军务繁忙之际，刘邦忽然心血来潮，跑到这里视察妇女工作，也不知道什么原因，居然一眼相中正在忙碌工作的薄小姐，立即下令把她纳入后宫，当晚就做了新郎，临幸了她，结果弹无虚发一炮打响，薄小姐不但怀孕了，还很争气，竟然生了儿子，这就是大名鼎鼎的汉文帝刘恒。但刘邦的后宫毕竟佳丽三千，刘邦一般情况下是不会连续在一个地方做几天新郎的，从此以后，可怜的薄小姐几乎没有见过自己的新郎。但这样也有好处，刘邦死后，几乎所有被刘邦宠幸的妃子都受到吕雉女士的残酷迫害和疯狂打击，薄小姐本来就不得宠，吕雉不但放过了她，还索性把她打发到代国——刘邦给她儿子的封地去享福。后来，那位算命先生许负的话果然应验，薄小姐运势不错，最后真的生了天子，一口气作到汉朝的皇太后。

文帝刘恒从小就做事小心，从不惹是生非，给大家留下了很好的印象。在刘恒七岁时，三十多位大臣共同保举他做了代王。虽然地位没其他王子那样显赫，但这恰好帮文帝躲过了吕后的迫害，幸运地活下来，后来又幸运地登上了皇位。

继位布局：

自从被高帝贬为淮阴侯，韩信常常郁郁寡欢，此时，他再也不感激刘邦当年登台拜将的知遇之恩，大丈夫固然要能屈能伸，可眼下被人欺负得不能吭声，未免也太窝囊了。公元前200年，刘邦立最得宠的幼子如意为赵王，并委任陈豨摄理国事对付匈奴，陈豨在离开长安前向韩信辞行，韩信撇开左右，对陈豨说："汉朝初立，根基未稳，还有可图的机会，如果坐失良机，恐怕爵位和性命都难以保全，如果你信任我，我可以帮您将兵，夺取天下。"陈豨想到韩信"攻无不克，战无不胜"的军事才干以及一再被贬的悲惨命运，也动了心，决定孤注一掷夺取天下。

公元前197年9月，陈豨起兵反叛，还自立为代王，刘邦大怒之下，领兵亲征，但是，韩信与陈豨尽管身处两地，但仍然互通消息，这事不小心被韩信一个仆人得知，韩信非常惊恐，准备将这个人杀了。此人有个弟弟，非常聪明，为救其兄，便将韩信欲"挟吕后以令天子"的密谋告诉了吕后。

吕后大吃一惊，连夜间派一心腹，偷偷摸摸地跑出长安，绕到北方，又潜入长安，谎报说，刘皇帝打了胜仗，给大家报喜来了，于是，群臣纷纷进宫朝贺。韩信大吃一惊，他打心眼不希望刘邦夺取胜利，非常害怕，称病不朝。但是，吕后有的是办法，他想起了曾经月下追韩信的丞相萧何，萧何本来不想干这差事，但吕后三角眼一瞪，把老头儿吓得浑身颤抖，只好将韩信诳入宫中，韩信高呼"万岁"后，正要行君臣之礼，几名武士冲了出来将韩信抓住，吕后高坐长乐殿，满脸愠怒，一见韩信抓到，高声喝道："汝何故与陈豨通谋，敢作内应?"

韩信来不及请律师，慌忙为自己辩护："此话从何而来？我没有啊!"吕后道："你还嘴硬，陈豨已经招供，说你鼓动他造反，事实确凿，你还有什么说的?"韩信还想申辩，吕后不容分说，令武士将韩信推出，立即执行死刑。

韩信高声喊道："我与高祖有约，见天不杀，见地不杀，见铁器不杀。你不能杀我!"吕后哈哈大笑："好，我就遵守你们的约定。"吕后很有创意，她令人用布搭建了一个帐篷，把韩信放在其中，用竹签刺死。这样果然不见天，不见地，也没有见铁器，就把韩信执行死刑。韩信死后，吕后再接再厉，将韩信父族母族妻族，一股脑儿杀尽。

刘邦听说韩信被吕后杀后，情绪很奇怪，司马迁用“且喜且哀之”来形容，说明刘邦的复杂心态。然后下令，在全国范围里通缉鼓动韩信造反的蒯彻，并派人到处张贴通缉令，命令曹参火速缉拿，曹参不敢怠慢，严饬郡吏，很快就将蒯彻捉拿归案了。汉高祖亲自审案，他怒目诘责道：“你竟然敢教唆韩信造反？还有什么说的？”蒯彻回答道：“我原来让他独立，可他竟然不听我言，结果吃亏在陛下眼前，最终导致诛族的命运，如果这小子听我的建议，你能杀他吗？哈哈哈。”刘邦正憋着气、瞪着眼睛听蒯彻如何辩解，一听这话，心中的怒火腾的一下窜了出来，心说，你死到临头，还敢嘲笑我！给我拉出去煮了。蒯彻脸色煞白，赶紧大声疾呼：“冤枉！冤枉！我冤枉。”

刘邦冷然一笑：“你教唆韩信造反，理应受烹，还有什么冤枉？你有什么冤枉？”在此生死危亡之秋，蒯彻彻底豁出去了，他把生死置之度外，把刑场当成了演讲台，慷慨陈词：“秦失其鹿，天下共逐，高材疾足，方能先得。当时亦唯知韩信，不知陛下，就是今日海内粗平，亦未尝无暗地怀谋，欲为陛下所为。试问陛下能一一尽烹否？人不尽烹，独烹一臣，臣所以要呼冤了！”

刘邦闻言大笑：“你还挺能说，饶你不死，滚吧！”遂令左右将蒯彻释缚，蒯彻非常高兴，回到齐国后，按照刘邦的嘱托，云游天下，到处宣扬汉高祖刘邦的公德，使许多已经或者即将叛乱的危险分子洗心革面，重新做人。

楚汉相争时，彭越长期在楚地坚持游击战争，长期扰乱项羽的战略部署，导致其后方不稳，屡次前功尽弃、无功而返，直到垓下败亡。所以，彭越的功劳虽不及韩信，但是足以称为开国功臣。建国后，张敖被降，韩信被贬，彭越唯恐大祸及己，因而小心翼翼，格外谨慎。

陈豨叛乱后，刘邦亲征，到了邯郸，下令彭越出兵援助。彭越不敢去，整天提心吊胆，只得装病，只派手下将领带兵协助刘邦大军，老刘大怒，派使责备彭越，彭越愈发惊恐，准备亲自前去谢罪。

部将劝说道：“大王开始的时候不去，而等到被责备的时候才去，难免会有韩信的下场。不如乘机起兵，西进关中，大事可成。”

彭越也犯了韩信的毛病，回答说：“刘邦待我不薄，起兵叛汉，有失忠信。”这时候，彭越和韩信一样，竟然也有一太仆，获罪于彭越，准备斩首。但太仆私下逃往长安，向刘邦告密。刘邦听了太仆之言，急忙问计于陈平。

陈平说：“彭越看到韩信被诛，物丧其类，谋反之心难免不生。为了谨慎行事，可派一名使者，宣召他进京。如果他来了，就是没有反心，废置不用可矣；如果他不来，就是谋反，派兵征讨，师出有名。”

于是，刘邦叫大夫陆贾去召彭越。

彭越只得跟着陆贾进京，刚来到城门边上，只见大夫扈彻（很奇怪，竟然和劝谏韩信的蒯彻同名）悬门而谏。彭越见了，忙令人解下。

彭越说：“大夫何必如此苦谏？”

扈彻流着泪说：“我今天有倒悬之苦，大王见而救之，大王若去，必有倒悬之危，谁去救呢？我如今不容大王像韩信那样说‘悔不听蒯彻之言’也！”

彭越致谢说：“大夫之言虽为至论，但是我也只凭此心去见皇上。大夫之言虽善，但是我无法听从你的建议。”彭越说罢，仍与陆贾同行，扈彻号哭而去。

彭越来到京师，刘邦召入相见。

刘邦责问：“我亲征陈豨之时，召你出师，你为何不至？”

彭越说：“我的确有病，不是抗旨不遵。”

“你的太仆告你谋反，你有何说？”

“此人不理政事，我正要处罚他，因而怀恨在心，诬言陷害，望皇上明察，当面对质，不要被小人所欺。”

刘邦下诏叫廷尉勘问彭越谋反一案，尚未得到回报，忽然有一人候于朝门，要见皇帝。刘邦叫人领进。刘邦问：“你是什么人？”

来人说：“我是梁王大夫扈彻。”

“你来干什么？”

扈彻说："皇上被困荥阳，如果不是梁王断绝楚军粮道，开展全面的游击战争，皇上会有今天吗？梁王屡建大功，而皇上如今听到一个逃奴的无稽之谈，就要杀戮有功之臣，唯恐天下人人自危！"刘邦思考一会说："彭越谋反，本该斩首，看你说得有理，姑且废彭越为庶民，徙居蜀地青衣县居住。"彭越本无反意，如今落得如此下场，难免伤心落泪，但也只得奉诏前往蜀地。

这时候，吕后正从长安来到洛阳，在路上碰上了彭越。彭越拜伏路旁，落泪哀求，哭诉自己忠于汉室，绝无叛意，还乞求吕后给他说情，求皇上开恩，放他回到故乡昌邑。吕后假装安慰，当面应允，还带着他一同返回洛阳，说是为他求情。赶到洛阳后，吕后对刘邦说："彭越是天下壮士，如今既然调来，就当除之，以绝后患，岂可让他去蜀，这是放虎归山，后来必然伤人。我在途中与他相遇，一起带了回来，可以暗中令人告发彭越谋反，皇上因而杀之，以绝后患！"

刘邦认为可行，就让吕后去办理这件事情。不久，彭越有个舍人状告彭越"谋反"，刘邦下令捉拿彭越，交给廷尉王恬审理。此时的彭越才知道他本来可以活下去，但是现在已经不可能了。王恬说："过去皇上命你起兵征陈豨，你听韩信之言称病不来，皇上就有杀你之心。昨日皇上幸贬你入蜀，此是莫大皇心。但是你贪心不足，又随皇后来见皇上，皇上因此又生猜疑，知你定要作乱，不如杀之，以绝后患。祸福本无门，唯人自找之。不是皇上与皇后寡恩不仁，实在是你咎由自取。你是虎入牢笼，绝无生还之望。不若老老实实招来，不过一死，免受酷刑。"

彭越恍然大悟："你的话说中了我的毛病，但是，可恨我不听好人之言，果有今日，你既然明白地开导我，我也不会麻烦你。你要我承认什么，我就承认什么，任皇上处罚。"

王恬不费吹灰之力，一份彭越"谋反"的卷宗，很快齐备，于是一张彭越"谋反"的奏章送到了刘邦手中。刘邦下令照韩信之例，斩首、夷三族。

吕后夫唱妇随地补充道："天下诸侯都因皇上仁慈，所以玩火自焚之人很多，应该将彭越煮成肉酱，分赐诸侯，让天下震恐，看谁还敢谋反？”刘邦马上点头同意。

于是，梁王彭越，被斩，夷灭三族，竹竿悬首，在洛阳示众，旁边还挂着刘邦的特别告示：“有收尸者，辄捕之。”

可见，梁王彭越的“谋反”完全是刘邦自导自演的一出悲剧，作为事件的受害者，彭越实在是太冤了。可是，他要是不死，又怎样消除人君的心病呢？在人君专横、权谋纷杂的仕途上，谋臣良将不察时势，不能远谋而慎择其处，常使其毕生功业毁于一旦，不仅官位为之不保，对生命也往往也会有致命的伤害。

淮南王刘长以为与文帝最亲，在国骄纵不法，文帝一直优容不治。刘长恨辟阳侯审食其，文帝三年，刘长入京朝拜，袖藏铁锤往拜审食其，乘其不备将其锤杀，而文帝依然置之不问。淮南王愈加跋扈，在国中召纳四方游士，包庇在汉犯罪者，又自请让国博取声誉，自高于文帝，文帝让舅舅薄昭写信给刘长，以周公诛管蔡、齐桓公杀兄、秦始皇杀弟暗示，而刘长依旧故我。文帝六年，有人告刘长谋反，文帝遂招刘长至长安削其王爵，以槛车流蜀地。途中，刘长忿恚绝食而死。文帝闻知，自愧有杀弟之名，遂尽诛沿途护送官吏以塞责。淮南王死，百姓作歌以刺文帝，曰：“一尺布，尚可缝，一斗粟，尚可舂，兄弟两人不相容。”

汉惠帝没有儿子，吕太后从外面找了一个婴儿冒充是惠帝生的，立为太子。公元前188年，惠帝一死，就由这个婴儿接替皇位，吕太后就名正言顺地临朝执政。吕太后为了巩固自己的权力，要立吕家的人为王，问问大臣们可不可以。右丞相王陵是直筒子，说：“高皇帝宰白马立下盟约，不是姓刘的不应该封王。”

吕太后听了挺不高兴，又问左丞相陈平和太尉周勃。陈平、周勃说：“高祖平定天下，分封自己的子弟为王，这当然是对的；现在太后临朝，封自己的子弟为王，也没有什么不可以。”吕太后才高兴地点点头。散朝以后，王陵批评陈平和周勃说：“当初在先帝跟前宣誓的时候，你们不是都在场吗？现在你们违背了誓言，怎么对得起先帝？”陈平和周勃说：“您别着急。当面在朝廷上和太后争论，我们比不上您；将来保全刘家天下，您可比不上我们了。”

打这以后，吕太后就陆续把她的内侄、侄孙，像吕台、吕产、吕禄、吕嘉、吕通等一个个都封了王，还让他们掌握了军权。整个朝廷大权几乎全落在吕家的手里了。吕后一家夺了刘家的权，大臣中不服气的人不少，只是大多数人敢怒而不敢说罢了。汉高祖有个孙儿刘章，封号叫朱虚侯，他的妻子是吕禄的女儿。有一次，吕太后举行宴会，指定刘章进行监督。刘章对太后说："我是将门的后代，请允许我按军法来监督酒宴。"吕太后答应了。刘章瞧见大伙儿喝酒喝得热闹。他提出要给吕太后唱个《耕田歌》助助兴，吕太后说："你就唱吧！"刘章放开嗓子唱了起来：

深耕穊种，立苗欲疏；

非其种者，锄而去之。

不一会，有个吕家子弟喝醉了酒，不告而别。刘章追了上去，借口他违犯宴会规矩，把他杀了。刘章回来向太后报告的时候，左右大臣吓得什么似的。吕太后因为已经允许他按军法办事，也拿他没有办法。

吕太后临朝的第八年，得了重病。临死前封赵王吕产为相国，统领北军；吕禄为上将军，率领南军，并且叮嘱他们说："现在吕氏掌权，大臣们都不服。我死了以后，你们一定要带领军队保卫宫廷，不要出去送殡，免得被人暗算。"

吕太后死后，兵权都在吕产、吕禄手里。他们想发动叛乱，但是一时不敢动手。刘章从妻子那里知道了吕家的阴谋，就派人去告诉他哥哥齐王刘襄，约他从外面发兵打进长安来。齐王刘襄向西进兵，吕产得到这个消息，立刻派将军灌婴带领兵马去对付。灌婴一到荥阳，就跟部将们商量说："吕氏统率大军，想夺取刘家天下。如果我们向齐王进攻，岂不是帮助吕氏叛乱吗？"大家商量下来，决定按兵不动，还暗地里通知齐王，要他联络诸侯，等待时机成熟，一起起兵讨伐吕氏。齐王接到通知，也就暂时按兵不动。周勃、陈平知道吕氏要发动叛乱，他们想先发制人，但是兵权在吕氏手里，怎么办呢？他们想到大臣郦商的儿子郦寄和吕禄是好朋友，就派人要郦寄去劝说吕禄："太后死了，皇帝年纪又小，您身为赵王，却留在长安带兵，大臣诸侯都怀疑您，对您不利。如果您能把兵权交给太尉，回到自己封地，齐国的兵就会撤退，大臣们也心安了。"吕禄相信了郦寄的话，把北军交给太尉周勃掌管。

周勃拿了将军的大印，迅速跑到北军军营中去，向将士下了一道命令："现在吕氏想夺刘氏的权，你们看怎么办？帮助吕家的袒露右臂，帮助刘家的袒露左臂。"北军中的将士本来都是向着刘家的。命令一传下去，一下子全脱下左衣袖，露出左臂来（文言叫"左袒"）。周勃顺利地接管了北军，把吕禄的兵权夺了过来。吕产还不知道吕禄的北军已落在周勃手里，他跑到未央宫想要发动叛乱。周勃派朱虚侯刘章带了一千多个兵士赶来，把吕产杀了。接着，周勃带领北军，把吕氏的势力消灭了。到这时候，大臣们胆子就大了。他们说："从前吕太后所立皇上不是惠帝的孩子。现在我们灭了吕氏，让这种冒充的太子当皇帝，长大了不是吕氏一党吗？我们不如再在刘氏诸王中推一个最贤明的立为皇帝。"大臣们商议的结果，认为代王刘恒在高祖的几个儿子中，年龄最大，品格又好，就派人到代郡（治所在今河北蔚县）把刘恒迎到长安，立为皇帝，这就是汉文帝。

刘恒同他的父亲刘邦一样，在皇位来历不明时，总要找一个传说来说明皇帝本来就应该他做。于是刘邦临幸刘恒母亲薄夫人时，薄夫人就梦见了巨龙盘身，然后刘恒就出生了。但不管刘恒是怎么当上皇上的，他毕竟是"文景之治"的建设者之一，也是西汉王朝的明君之一。之所以在刘恒和儿子刘启统治时期出现国泰民安的"文景之治"，首先要归功于刘邦和刘盈的苦心经营，但起决定性因素的，还是在于刘恒"贤智温良"的性格。正是他这种性格，才使得大汉王朝无为而治的统治思想得以贯彻和延续，更进一步把老百姓从战乱中解放出来，为社会创造了大量的财富。他和他的儿子刘启不遗余力地积累，为后来汉武帝建立伟大的功勋奠好了根基。

汉文帝继承皇位后，政权很不稳固，为了加强自己的统治，决定励精图治，有一番作为，他首先采用贾谊提出的“众建诸侯而少其力”的政策。贾谊这个人很有才气，“年十八，以能诵诗属书闻于郡中”，但有才气的人大都志向高远、恃才傲物，不屑于处理人际关系，还缺乏谦虚谨慎一团和气的工作作风。每当皇上下诏令臣子们处理政务的时候，那些须发斑白、老态龙钟的白菜帮子们支支吾吾根本反应不过来，还是贾谊厉害，不但口若悬河对答如流，还下笔千言汪洋恣肆，气得老白菜帮子翘着胡子浑身颤抖，最后大家联合起来，挖坑使绊子，让这个恃才放旷的狂小子跳进去，贾谊最终被流放到长沙作太傅去了。说实话，汉文帝非常欣赏贾谊的才学，也想重用他，怎奈他老人家是以代王入继皇位，名不正言不顺，尽管“好刑名之学”，也希望大有作为，但为了自己的江山社稷，还是不敢得罪那些拥立自己的老白菜帮子。另外，年轻气盛、具有强烈的爱国心的不仅仅是贾谊一个人，还有袁盎、晁错等人，他们对藩王们的飞扬跋扈骄矜不法早就看不顺眼，为了表现自己的爱国热情，他们慷慨激昂，力主削藩，什么是削藩呢？简单地说，就是削减藩国的辖地，撤掉大汉王朝的藩篱屏障，把“一朝两制”政策改过来，全国一盘棋，全部实施中央集权制和郡县制。看见汉文帝不为所动，晁错急了，他给汉文帝上书的时候写了这样一句话：“狂夫之言，而明主择焉”，意思就是我是一个很狂妄的人，我说了一些狂话，请英明的皇上来做出决策。汉文帝果然非常英明，他沉吟一下，批示一句很有意思的话：“言者不狂，而择者不明，国之大患，故在于此。”就是说有意见可以提，有建议也尽管说，这没有狂不狂的问题，关键还是决策人糊不糊涂，如果决策者稀里糊涂，这才是国家的危机所在。

汉文帝目前的主要工作就是抓经济工作，他知道，只有政绩才能证明自己的才能，为此，他轻轻绕开政客们角逐的焦点，把自己的注意力集中在国家的经济建设和法律制度的改革方面。汉高祖刘邦开国的时候，国家刚从战乱中恢复过来，天下百姓穷得吃不上饭，许多地方的农民流离失所，沿街乞讨，成为汉朝的不安定因素，为了大家都有饭吃，刘邦特别制定“重农抑商”的政策，提高农民兄弟的社会地位，大力鼓动老百姓开垦种田，为国家交公粮，那时候的商人没有社会地位，不管你有多么长袖善舞，都不会享受任何优惠政策。对那些特别热衷于经商的生意人，统统视为下九流，不但加倍征收赋税，还不给他们社会地位，不要认为，你有钱就了不起，所以，不管你有多少钱，不许穿丝织衣服，更不能舞枪弄棒，有钱也不能乘车骑马耀武扬威，至于希望通过经商做官更是痴心梦想。但是，即便如此，汉朝的商人仍然囤积居奇，操纵物价，还用高利贷盘剥农民，一个个都成了暴发户。到了文帝时出现了“法律贱商人，商人已富贵矣；尊农夫，农夫已贫贱矣”（《食货志》）的社会现实。当时，还没有吴敬琏、董辅礽之类的经济学家，最多的就是贾谊、晁错等政论家，他们为国家忧心忡忡，大声疾呼：农民破产，标志着国家的政治危机，不应当允许这种现象出现。晁错说，农民“卖田宅鬻子孙”是因为“急政暴赋，赋敛不时”造成的，贾谊大声疾呼：“失时不雨，民且狼顾；岁恶不入，请卖爵子，既闻耳矣，安有为天下阽危者若是而上不惊者。”

汉文帝尽管雄才大略，但毕竟不懂经济学，看到政论学家如此大谈特谈农民问题，就准备改弦更张，进一步推行“轻徭薄赋”和“约法省禁”的政策，减轻农民的负担，给农民一些经济上的实惠，增强他们对抗土地兼并的能力。为了引起全社会对农业生产的关注，汉文帝恢复了天子“籍田”劝农制度，每年春耕，汉文帝都换上农民的服装，举行“朕亲耕，后亲桑”庞大的农事活动，用自己做榜样，“导民”，“劝农”好好种地，引起全社会对农业生产的重视。在基层政权机构内，国家选举具有丰富生产经验的“劳模”担任“力田”官，指导农业生产，提高农民科学种田；对于穷得没有口粮的贫困户，政府给予“贷种、食”，如果不能按期归还，最后哭丧着脸说，自己生活确实困难，实在不能按期偿还种子，政府免费赠送粮种，如果遇到自然灾害则“发仓庾以赈民”。

因为得到皇位不易，文帝即位后首先任命自己的心腹负责守卫皇宫、京城，从根本上保证自己的人身安全。然后，对于拥立他做皇帝的功臣们一一赏赐、封官晋爵，对于被吕后贬斥的刘姓王也恢复了称号和封地，同时，对于跟随父亲刘邦开国的功臣们也分别赏赐、分封。这些措施使文帝的帝位得到巩固。除了用拉拢的手段巩固权势外，打击重臣也是一项很有效的措施。这方面主要是对大功臣周勃的处理。周勃因为拥立文帝有功，所以每次上朝结束后，出来时总是很骄横的样子，似乎也不把文帝放在眼里。而文帝对他更加有礼，经常目送他离去。有大臣劝说文帝，不该对周勃这样重礼，有失君主的身份。从此，文帝的神色变得越来越严肃，而周勃则越来越敬畏。周勃的属下及时提醒他：小心功高盖主，引火烧身。周勃如醍醐灌顶，猛然醒悟了。于是辞去了右丞相（汉时以右为上，陈平当时是左丞相，相当于副职）的职务，文帝很快也答应了。一年后，因为陈平谢世，文帝又任命他做丞相，但仅十个月后，文帝又以列侯归封国为借口免除了他的相职。当时，很多的列侯都住在长安，这给京城的粮食供应增加了负担，所以，文帝就下诏命列侯到自己的封国去生活，即使朝廷恩准留在京城，也要将自己的儿子派到封国去。但很多人找各种各样的借口留在京城，这使文帝很生气，便让丞相周勃带头做表率，免了他的丞相职务。在后来有人举报周勃在家常身披盔甲，有谋反之心时，文帝马上把他抓捕。周勃赶忙通过文帝的舅舅薄昭向文帝说明实情：被罢免丞相职务后害怕被抓，所以家中有些防备，但却没有反叛之心。文帝在重新调查后，没有发现周勃谋反的事实，便释放了他。和封建时代很多皇帝相比，文帝做得确实很宽容。

不久刘恒病死于长安未央宫，葬于霸陵，时年46岁。死后的庙号为太宗，谥号为文帝。文帝临终时公布遗诏："死者天地之理"，不必过哀，不许"厚葬"，不许动用车马和陈列兵器，治丧期尽量缩短；治丧期间，不得禁止百姓结婚、祭祀、饮酒和吃肉。汉文帝的政绩不但得到了地主阶级及史学家的赞誉，也得到了"盗贼"的尊崇，西汉末年赤眉军攻占长安，西汉皇陵均被破坏，唯有文帝的霸陵得到了保护。他提倡的清静无为政策，为的是防止官吏扰民，借以保证劳动人民从事农业生产的时间与条件，并不是真正无所作为，更不是毫无兴革与建树。

建文帝——文人治国　秀才朝廷

洪武二十五年，朱元璋在重新考虑皇位继承问题时，曾想到了皇四子朱棣，但最终因为朱棣许多地方都与自己非常相似而放弃这种想法，朱元璋越过燕王朱棣在内的众多儿辈，直接传给了孙子朱允炆，不是因为一时爱憎，而是为长远打算和考虑的。朱棣面对军事压力，起兵造反的可能性很小，靖难之役最主要的原因还是建文朝的军事战略有问题。建文帝最大的失败是削藩的时机很不成熟，朱棣之所以在靖难之役中取得胜利，有很多偶然的机缘，比如“莫伤害朕之叔父”的不明智，致使朱棣多次绝处逢生，假使明军在战场上能“擒贼先杀王”，燕军早就败亡。此外，从建文帝和朱棣的年龄相比，建文帝必然能笑到最后，朱高炽无法和建文帝相比，建文帝的治国政策并没有错，“建文”年号也非常好，他主要输在用人方面，黄子澄、齐泰、方孝孺皆书生，仓促行削藩之计，不知兵事，也没有什么大的战略眼光，以至于误己误国，最后招致灭族惨祸。

继位背景：

洪武年间，朱元璋对群臣曰：“凡事，勤则成，怠则废；思则通，昏则滞。故善持其志者不为昏怠所乘，是以业日广，德日进。”

很少有人能说到做到，这是成功者之所以为少数人的主要原因，但朱元璋例外。你可以说他“雄猜好杀”，也可以说他凶残暴虐，但是，他的确是个好皇帝，所以，朱元璋对大明天下所有的开国元勋可能是可怕的梦魇，但对于普通的百姓来讲，可能是最大的福音。

因为，那时天下富庶，国家统一，出现了吏治清明、百姓安居的社会现状。

那么，一个人为什么会出现两种反差如此大的个性呢？太祖为什么

“雄猜好杀”？

蔡东藩《明史演义》记载：太子朱标系马后长子，太祖与陈友谅交战时，马后尝负标从军，及标得立储，绘成负子图，藏怀中。会李善长等赐死，太子进谏道：“皇父诛夷太滥，恐伤和气。”太祖默然。次日，以棘杖遗地，令太子拾起，持在手中。太子有难色，太祖笑道：“朕令汝执杖，汝以为杖上有刺，怕伤汝手，若得棘刺除去，就可无虞。朕今所戮诸臣，便是为汝除刺，汝难道不明朕意么？”

大明王朝，洪武年间，朱元璋屡兴大狱，动辄杀戮，政治气氛非常凝重，文武大臣人人自危。洪武二十五年，太子朱标死，皇长孙朱允炆孱弱，朱元璋开始对功臣的存在倍感不爽起来，一贯干犯法度的蓝玉成为首当其冲的靶子。

洪武二十六年，凉国公蓝玉因“谋反”罪被杀，株连死者一万五千余人，史称“蓝狱”。蓝玉，安徽定远人，开平王常遇春的内弟，史称：“饶勇略，有大将才。中山、开平既没，数总大军，多立功。”他早年追随沐英、傅友德、冯胜等人定云南、平蜀中、征沙漠，军功显赫，大将军冯胜获罪后，朱元璋任蓝玉为大将军，蓝玉对朱元璋的宠信显然估计不足，经常暴露出功臣的骄纵，“黜陟将校，进止自专”，平北归来，有人告发蓝玉逼奸元妃，又闯喜峰口，蓝玉本人居然说：难道我不配做太师吗？洪武二十六年，锦衣卫指挥使蒋瓛受命告发蓝玉，蓝玉在私第蓄养家奴披甲，将有变。又拘审元将纳哈出之子察罕，追讯蒙古降将与蓝玉来往事。朱元璋以谋反罪将蓝玉处以磔刑，牵连到十三侯、二伯，前后诛杀二万余人，军中为之一空。

定远侯王弼人称“双刀王”，其女儿嫁给朱元璋的儿子楚王，本人骁勇善战，万夫莫当，连常遇春都对他敬礼有加。蓝玉死后不久，王弼对傅友德说：“帝晚岁峻诛杀，我辈几无噍类矣”。结果，没有多久，王弼赐死。

傅友德，安徽宿县南人，其人能征惯战，为诸将之冠，曾经三易其主（刘福通、明玉珍、陈友谅），最后选择跟定朱元璋，史称傅友德“喑哑跳荡，身冒百死。自偏裨至大将，每战必先士卒。虽被创，战益力。”洪武二十五年，因请怀远田于亩，触怒朱元璋，以“侵民利”遭谴责，两年后，赐死。

大将军冯胜，安徽定远人。雄勇多智略，与其兄冯国用俱喜读书，通兵法。“诏列勋臣望重者八人，胜居第三。”冯胜率军北伐蒙古时，女婿常茂（常遇春之子）因为砍伤降将，被绑送京师，常茂怀恨在心，向朱元璋反告一状，说冯胜“私匿良马”，冯胜忐忑不安亲自来南京向朱元璋表明心迹，朱元璋趁机夺冯胜大将军印，提拔其副手蓝玉升任大将军，并温言细语安慰他，哪知道，转过头来竟然也赐死。《明史》记载：“太祖春秋高，多猜忌。胜功最多，数以细故失帝意。”德庆侯廖永忠辅佐朱元璋，曾几何时，廖永忠几乎杀身于鄱阳湖，朱元璋手书“功超群将，智迈雄师”赐给廖永忠，而后平蜀，以永忠军功最高，呼之为“傅一廖二”，廖永忠为朱元璋办了一件大事，那就是奉命凿沉小明王韩林儿的坐船，给朱元璋解除了后顾之忧，然而，朱元璋为了掩盖自己的真实意图，居然没有封给廖永忠封赏，当然，理由还是老一套，就是亲近儒生、窥测朕意等。洪武八年，永忠因“僭用龙凤诸不法事，赐死”。

除此之外，淮安侯华云龙、太史高启、大将朱亮祖、右丞相汪广洋、户部侍郎郭桓、江夏侯周德兴、靖宁侯叶升、宋国公冯胜、监察御史王朴等，都因各种“罪名”被处死或赐死。朱元璋的开国功臣中，除常遇春、汤和、徐达、沐英外，大多不得善终。

1398 年，朱元璋病逝，21 岁的朱允炆即位，他就是历史上的建文帝，懿文太子朱标的第二子（嫡长子朱雄英早逝）。朱允炆天性纯孝，性格温和，书生气十足，腼腆而又和善。在决策方面，优柔寡断，缺少祖父与叔父们血气方刚、雄才大略的草莽习气。文如其人，他写的诗很能说明他的个性：

谁将玉指甲，掐破碧天痕。
影落江湖里，蛟龙不敢吞。

这是一首咏新月的诗，诗写得倒也不错，但不用说一国之君的志向与霸气，连布衣须眉的慷慨豪迈之气都没有，纤细柔弱的有些秦淮河的脂粉气。这样的人，宋端仪却在《立斋闲录》中，以朱棣的口气写道："允炆矫遗诏嗣位，戕害诸王骨肉，怀衅之意已具，疑朕之心实深。"在永乐御用文人修撰的《奉天靖难记》与官修的《太宗实录》中，对他的描述就很有荒诞传奇色彩，说他"矫遗诏嗣位，忘哀作乐""遣宦者四出，选择女子，充满后宫。""各王府宫人有色者，皆选留与通，常服淫药，药燥性发，血气狂乱，御数老妇不足，更缚牝羊母猪与交。"还有更加劲爆的，"尝置一女子于盒以为戏，谓为时物，舁入奉先殿荐新，盒开聚观，大笑而散。"这种行为，比殷纣、隋炀帝的"禽兽之行"还禽兽不如。而书中对朱棣却是歌功颂德，把他描绘成一个智勇冠群、仁德宽厚的君王，降世时"云气满室，光彩五色，照映宫闼，连日不散"。

明人尹守衡《明史窃》记载，朱元璋和皇太孙朱允炆曾有一段有关封藩制的对话。当朱元璋声言把兵权交给藩王可使边尘不动，让朱允炆当太平皇帝时，朱允炆问道："虏不靖，诸王御之，诸王不靖，孰御之?"朱元璋无言，反问对方的看法。朱允炆的回答是：以德怀之，以礼制之。不可，则削其封地，再不可，则废置其人，复不可，则出兵伐之。朱元璋表示赞同。

有的道理，能说的未必能做到，纸上谈兵可以，但真正做起来，未必有那么简单。藩王这个问题在中国的许多朝代都存在，心怀异志的也时而有之。为了让太子（后来是太孙）的位置坐得更稳一些，朱元璋舍得把手下能臣屠个一干二净，但却还是在藩王问题上犯了错误，他或者出于心软或者出于对自家儿子们的信任，没有去积极地解决这个难题，从而导致建文登基时所面对的是一群在建文看来心怀叵测的叔父们。

皇储分析：

太祖朱元璋建立明朝以后，为保证大明国祚绵长，亲自设计、制定了多项重要政策，并以宝训的形式固定下来，要求后代子孙严格遵守，大臣有敢轻议者严惩不贷，分封宗藩就是其中一项重要政策。

朱元璋先后于洪武三年（1370年）、洪武十一年（1378年）、洪武二十四年（1391年）三次共封25人（二十四子和一个从孙）为藩王，分镇全国各地。朱元璋认为，“天下之大，必建藩屏，上卫国家，下安生民。今诸子既长，宜各有爵封，分镇诸国”。藩王的权势很重，拥有自己的军队，少则三千，多则数万。特别是北方边防线的几名“塞王”，拥有指挥军队的权力，如宁王朱权“带甲八万，革车六千”，连朵颜三卫都要听他调遣。

洪武三年四月辛酉，以封建诸王告太庙。礼成，宴群臣于奉天门及文华殿。太祖谕廷臣曰：“昔者元失其驭，群雄并起，四方鼎沸，民遭涂炭。朕躬率师徒以靖大难，皇天眷佑，海宇宁谧。然天下之大，必建藩屏，上卫国家，下安生民。今诸子既长，宜各有爵封，分镇诸国。朕非私其亲，乃遵古先哲王之制，为长久长治之计。”群臣稽首对曰：“陛下封建诸王以卫宗社，天下万世之公议。”太祖曰：“先王封建，所以庇民，周行之而久远，秦废之而速亡。汉晋以来，莫不皆然。其间治乱不齐，特顾施为何如耳。要之为长久之计，莫过于此。”（《明太祖宝训·封建》）

二子秦王朱樉此时最长，但他实在是不成器，荒唐成性。四子燕王朱棣文韬武略，是个不错的人选。一次，朱元璋对几个心腹大臣流露出立燕王的可能性时，翰林学士刘三吾认为不可，“立燕王，置秦、晋王于何地？且皇长孙四海归心，皇上无忧矣。”朱元璋于是下定决心，九月，立朱允炆为皇太孙。

洪武三十一年（1398年），开国皇帝朱元璋病逝，遗诏命皇太孙朱允炆继位。朱元璋在遗诏中明东陵享殿遗址说朱允炆“仁明孝友”，这是为史家所认同的。

在顺位排列之中，朱允炆并没有比朱元璋的二子秦王朱樉、三子晋王朱棡更靠前，但是秦王实在很不争气，经常在封地搞搞震，刚刚被朱元璋叫到京师来当面痛骂，若不是朱标劝阻，只怕连亲王都没得当；晋王也一样是个完蛋货，不但性格暴虐，据说还有谋反的念头，也是老好人朱标保了他一条性命。

在朱元璋心中最合适的人选不是顺位最靠前的二位，而的确是燕王。朱棣从小就很懂得韬光养晦、留心民事，外加勇猛善战，会用丰登五谷当礼物奉献父王，征讨蒙元也有响当当的战功，相比从小就娘娘腔的朱允炆来说，当然更讨马上出身的朱元璋欢心。

明成祖朱棣，是朱元璋的第四子，生于元末群雄争锋的年代。元至正二十年（1360 年）朱棣出生，11 岁被封为燕王，17 岁迎娶徐达长女，21 岁就藩北平。40 岁以“靖难”名义兴兵，四年后从他的侄儿建文帝手中夺得了大明江山，在位 22 年，改年号为“永乐”，谥号“文皇帝”，故又称“文皇”，庙号“太宗”，世宗改“太宗”为“成祖”，死后葬于长陵。朱棣的性格颇像其父朱元璋，同时也是继朱元璋之后又一位雄才伟略的皇帝。他的一生跌宕起伏。洪武二十三年（1390 年），燕王朱棣率军征讨蒙古乃儿不花，大获全胜，从此声名大振，也为后来靖难之役的胜利积累了宝贵的经验。侄儿建文帝登基后锐意削藩，藩王人人自危，而燕王为强藩之首更是削藩的主要目标。建文元年（1399 年）七月，朱棣起兵。4 年后，从金川门入京师，建文帝不知所终，朱棣即皇帝位。他南征安南，五入漠北，迁都北京，编修《永乐大典》，派郑和六下西洋，正如《明史》所说：“文皇少长习兵，据幽燕形胜之地，乘建文孱弱，长驱内向，奄有四海。即位以后，躬行节俭，水旱朝告夕振，无有壅蔽。知人善任，表里洞达，雄武之略，同符高祖。六师屡出，漠北尘清。至其季年，威德遐被，四方宾服，明命而入贡者殆三十国。幅员之广，远迈汉唐。成功骏烈，卓乎盛矣。”朱棣在位期间，文治武功，可比汉、唐。然而，他性情暴戾，制造了几起血腥大案，如瓜蔓抄、诛十族、后宫惨案等，“革除之际，倒行逆施，惭德亦曷可掩哉”。

明太祖有子二十六人，长子朱标封皇太子。第九子朱杞及幼子朱楠早亡。其余诸皇子及侄孙一人先后封为藩王。

明初封建诸王除了内固皇权，还要外抗北元（元朝残余政治势力）。

所以，朱元璋赋予了某些藩王统军之权，特别是分封在北边军事要地的诸王，皆预军务，故称“塞王”。晋王、燕王皆受命指挥边防大军，筑城屯田，大将军冯胜及傅友德，都曾受其节制，军中大事，二王可直接奏闻。

宁王受封后，也拥有军队，号称“带甲八万、革车六千”。其余诸王中，秦、代、肃、辽、庆、宁、谷、安等王，大体上都分布在东北、北方和西北的一条边防线上。

朱元璋虽然分封诸王，但是，对他们的要求一直是很严格的，他在给次子秦王朱樉的分封诏书中指出：“关内之民，自元氏失政，不胜其敝。今吾定天下，又有转输之劳，民未休息。尔之国，若宫室已完，其不急之务悉已之。”而后秦王没有能够完全达到乃父的目标，因而在死后被朱元璋责备说：“夫何不良于德，竟殒厥身。”朱元璋在万里之外对诸王的生活小节也异常关注，晋王朱㭎因为责罚厨师不当，朱元璋竟然亲自写信相告：“吾帅群英平乱，不为姑息。独膳夫徐兴祖，事吾二十三年未尝折辱。怨不在大，小子识之。”

严父兼君王的一番关爱之情跃然纸上。所以，诸王尽管权力较大，却对朱元璋敬畏有加，朱元璋作为他们的父亲和皇上也自然很难站在另外的角度来考虑诸王对于国家的某种潜在的威胁。

有识之士对此却是洞若观火，明初著名能臣卓敬、叶伯巨等就先后上书指出分封的弊端所在。卓敬说：“京师，天下视效。陛下于诸王不早辨等威，而使服饰与太子埒，嫡庶相乱，尊卑无序，何以令天下？”叶伯巨的论证就更加理论化了。他严正地说道：“秦、晋、燕、齐、梁、楚、吴、蜀诸国，无不连邑数十。城郭宫室亚于天子之都，优之以甲兵卫士之盛。臣恐数世之后，尾大不掉，然后削其地而夺之权，则必生觖望。甚者缘间而起，防之无及矣。”在上书之前，叶伯巨就料到可能会遭到不测，他慨然地对朋友说：“纵无明诏，吾犹将言之，况求言乎？”他还预见封王这件事是“难见而患速”。果然，朱元璋以离间骨肉的罪名下叶伯巨于监狱，而后死于狱中，但是，叶伯巨的远见在后来得到了充分的证实。

其实，就朱元璋自己而言，他也不是不知道分封的利弊所在，然而由于他地位的特殊，所以，他并没有把这件事看的如何之大，直到卓敬等人一再指出后，他也不得不承认“尔言是，朕虑未及此”。可是，他说归说，并没有付诸事实和行动，由于他的拖延不决，直接导致了诸王的尾大不掉，酿就了靖难的苦果。

经过四年的战斗，朝廷军队最终难以抵挡强大的燕军，朱棣率军攻进了南京城。燕军破城而入，建文帝欲拔刀自尽。翰林院编修程济曰：“不如出亡。”少监王钺在侧拦住：“陛下不可轻生，从前太祖升遐时，曾留有一个箱子，并说‘若有大难，可开箱一视，自有方法’。”建文帝即命王钺取箱，片刻后有太监四人，扛一箱入殿。箱的四围俱用铁皮包裹，连锁芯内也灌生铁。王钺取了铁锥，打开一看，里面有三套袈裟，三张度牒（古代和尚的身份证），还有僧鞋、剃刀等物，三张度牒上分别写着应贤、应能、应文。应文自然指的是建文帝朱允文了，应贤、应能分别是指近臣杨应能、叶希贤，众人立刻七手八脚将三人的头发剃掉，帮他们换上袈裟、僧鞋。众人又发现箱子底部还有一封信，上面写着“应文从鬼门出，余从水关御沟而行，薄暮，会于神乐观之西房”，大家按信上所说，分头行动，鬼门在太平门内，是内城一矮门，仅容一人出入，外通水道。建文帝伛偻先出，其余亦鱼贯出门。门外正好有一艘小船，船中有一道士，呼建文帝乘舟，并叩首称万岁。道士说：“昨夜梦见高皇帝，命臣来此守候。”流亡诸人遂乘舟而去。一切像信上安排的那样，薄暮众人会于神乐观，从此，众人就保着建文帝开始了漫长的逃亡生活。建文帝叹息道：“天命如此，还有什么可说的?”离开后宫之前，朱允炆命令纵火焚宫。顿时火光熊熊，把金碧辉煌的皇宫，烧为灰烬。皇后马氏，投火自尽。妃嫔多半焚死，建文帝痛哭一场，麾衣出走。建文帝有两个皇子：长子朱文奎，7 岁，次子朱文圭，2 岁。朱文圭，史称建庶人，被成祖幽禁在广安宫，直到英宗天顺年间才被放出来，当时已经 57 岁了。由于一直被关在宫内，他出来时连牛马都分辨不清。然而作为建文帝长子的朱文奎却一直下落不明，《明史》中说“燕师入，七岁矣，莫知所终”。既然朱文奎可以逃脱，就没有理由不相信建文帝能出亡。朱棣做了皇帝以后，对于建文帝出亡也是将信将疑，又听说了很多传言，于是派户科给事中胡分巡全国。

继位布局：

建文帝即位后，有意结束其祖父尚武的政风，他大力加强文官在国家政事中的作用，将自己的新年号定为“建文”，与乃祖父“洪武”刚好形成鲜明的对照。其中最主要的智囊就是三个饱读诗书的知识分子：齐泰、黄子澄、方孝孺。

齐泰，“初名德。洪武十七年（1384 年），举应天乡试第一。明年成进士。历礼、兵二部主事。雷震谨身殿，太祖祷郊庙，择历官九年无过者陪祀，德与焉，赐名泰。二十八年，以兵部郎中擢左侍郎。太祖尝问边将姓名，泰历数无遗。又问诸图籍，出袖中手册以进，简要详密，大奇之。”这是一个非常出色的行政秘书人选，实在看不出有什么政治才能，是一位对经书学有大成的学者，特别精于礼和兵法。他在洪武帝弥留之际受顾命，以护卫皇太孙和嗣君，被建文帝任命为兵部尚书。黄子澄，“洪武十八年，会试第一。由编修进修撰，伴读东宫，累迁太常寺卿。”是一个很受人尊敬的渊博的学者，被任命为翰林学士，并参与国家政事。太常寺卿兼翰林学士，如果说齐泰具有行政秘书的才能，那么，黄子澄只能算个大学历史学教授或者社科院的历史学研究者。

翰林侍讲方孝孺是建文帝身边的主要谋士，幼时就以聪敏机警著称，后师从当代名儒宋濂，诗文为时人所推崇。据说后来成祖入南京继帝位时，怪僧姚广孝怕成祖想杀他，为之求情，说杀了方孝孺天下读书的种子就绝了。

这三位儒家学者以各种不同方式影响皇帝。三个人变成了皇帝的心腹，用儒家的修齐治平理论教育他。他们都勇敢、正直，但同时又都是书呆子，对于朝廷问题的分析往往限于纸上谈兵，不切实际。这种情况下，文人获得了比以前更高的政治地位，因此他们胆量也大了，对朝政敢于表达自己的意见，对建文帝忠心耿耿，士为知己者死，中国知识分子最有血气的表现，这也是后来大批文臣甘愿为建文帝殉难的原因。

建国之初，太祖朱元璋以刚猛治国，乱世用重典，法外用刑情况严重。他认为：“法严则人知惧，惧则犯者少，故能保全民命。法宽则人慢，慢则犯者众，民命反不能保。”

建文帝即位仅一个多月，下诏全国行宽政、平反冤狱。洪武时期的一些冤假错案得到了纠正，一批无辜的官吏得以恢复自由，被发配远方的人也得以回到家乡。据记载，建文朝监狱里的罪犯比洪武朝减少了三分之二。

建文元年（1399 年）正月，建文帝令减轻江浙地区的田赋。明初以来，朱元璋憎恨江浙地区的缙绅当年依附张士诚，因此对江浙地区的田赋征缴明显重于其他地方，另外，朱元璋特意规定江浙人不许担任户部的职位，目的在于防止江浙人偏袒家乡。建文帝认为江浙重赋只是用于一时，不应该形成定制，既然田赋减轻了，浙东人自然也可以担任户部的官职。

建文帝在安定的生活中成长，接受的是儒家学说的熏陶，缺少对现实的了解，而且他所重用的大臣也多是读书人，因此改革中难免有理想主义色彩。他接受方孝孺的建议，甚至要恢复西周时期的井田制度。他还使用一些《周礼》中的官名，依古制改革某些官职。

在削藩问题上，朝臣本来有着不同的意见。以前军都督府左断事高巍和户部侍郎卓敬为代表的一些大臣主张采用汉代“推恩”的办法曲线削藩。他们建议建文帝把藩土的权力分封给藩王所有子孙而不仅仅是嫡长子一人，而且要异地分封，这样藩王的权力就会逐渐削弱，不会再威胁到朝廷。卓敬更是建议建文帝立即将燕王迁封到南昌，既维护了亲情，又削弱了他的力量。建文帝认为很好，却没有去实行。以齐泰、黄子澄为首的大臣坚决主张削藩，但在具体削藩策略上有所不同。黄子澄认为燕王实力强大，应该先削弱小的周、齐、代诸王，去燕王的羽翼，待时机成熟再削燕王。齐泰则主张擒贼先擒王，只要先铲除燕王，其他诸王自然无力反抗了。可惜的是，建文帝听取了书生黄子澄的意见。建文帝并未意识到他的行动实际上已经打草惊蛇，燕王朱棣正发展势力，蓄势待发，一场大战迫在眉睫。

建文帝在位的4年，所积极推行的政策基本上是正确的，也是深得民心的，那又为何以失败而告终呢？这与他削藩策略失误有直接关系。他一直视燕王朱棣为最大的威胁，然而他并没有果断地直指燕王而是先削了其他五藩，给了朱棣充分的准备时间。当初户部侍郎郭任认为先削五王在战略上犯了错误，主张尽快用兵燕王："天下事，先本后末则易成。今南京朝天宫日储粮粟、备军实，果为何者？而北讨周，南讨湘，削燕之举则经年无期，实为舍本而图其末。用兵贵乎神速，锐气既竭，姑息随之，正所谓强弩之末不能穿鲁缟，臣恐朝廷将坐而自困耳。"郭任这段话在今天看来无疑是正确的，但建文帝当时并没有意识到。

建文帝最喜欢的是黄子澄，尚未登基的时候就和他商量过未来军国大事，但这位老兄又是个什么货色呢？不但对天下大势缺乏必要的了解，制订了过于激进的政策；而且还乱出奇计，放虎归山；更有甚者，还搞欺上瞒下的手段，在李景隆大败之后为了掩饰自己荐人有失，居然密令小李勿要上奏打了败仗的事实。齐泰比黄子澄好些，至少知道当发动的时候应该发动，如果生逢成祖手下的话，他可以凭记性和计划能力当个非常不错的技术型官僚，可惜却不幸站错了队。齐泰的见识比黄子澄高，但是他们意见相左的时候，建文却总是听黄子澄的。例子很多，比方说应该先削燕还是后削燕的问题，比方说应该把燕王儿子扣下来的问题，比方说是不是该让李九江这位赵括式人物带五十万精锐伐燕的问题。至于方孝孺先生，他做学问当贤哲是非常了不起的，可是治国平天下就差点儿劲了，复古的兴趣上来，居然连井田制都搬了出来。

建文帝即位后，宣布太祖"遗诏"，其中关键内容在最后："诸王临国中，毋得至京（城）。王国所在，文武吏士听朝廷节制，惟护卫官军听王。"此诏用意，一是怕诸王以哭临大行皇帝为名忽然带大兵进京夺位，二是明令各藩王属下官吏直接听命朝廷。诏下，诸王不悦。这些人互相之间秘密通风报信，都私下讲是新上任的兵部尚书齐泰从中阻挠他们这些"孝子"进京哭灵。

当时，本来凤阳还有留守军队数万，但守将认为中都不能轻弃，死心眼固守中都。驸马梅殷在淮安也有数万兵，也因消息隔绝，不知所为。

建文帝到了这个地步，惊惶忧郁，天天徘徊殿庭间。不久，他招方孝孺问计。方孝孺只是一大儒，兵事根本非其所长。他只能在朝班上抓住李景隆，说："坏陛下事者，此贼也。"请建文帝下令杀掉他。群臣班中共冲出十八人，都咬牙切齿，愤怒之下，争相上去拳打脚踢，差点把李景隆当众打死。

把李景隆暴打一顿，火气稍消，方孝孺出主意说："城中尚有劲兵二十万，城高池深，粮食充足。应把城外居民尽驱入城，并把城外木材全部抢运入城，使得燕兵无攻城之具，日久就会自行撤离。"

不久，户部侍郎卓敬又上密疏，奏请裁抑宗藩。疏入，不报。建文帝留中不发，实际上是正在认真考虑削藩的步骤。虽然卓敬上的是"密疏"，但诸王耳目众多，消息早已传开，于是燕、周、齐、湘、代、岷诸王频相煽动，流言四起，多闻于朝。事已至此，建文帝就把从前的老师黄子澄和兵部尚书齐泰秘密招至内殿，商议削藩大事。齐泰认为燕王拥有重兵，且"素有大志"，应该先拿燕王开刀，削夺他的藩地。黄子澄持相反意见，认为燕王久有异志，一直秣马厉兵，很难一下子搞定，他主张应该宜先取周王，剪去燕王手足，然后再图燕王不迟。

建文对于藩王的基本态度是提防且恐惧，这并非是在登基后才突然产生的，还是皇太孙的时候，他曾经与黄子澄有过著名的东角门对话。允炆说："诸王尊属拥重兵，多不法，奈何？"对曰："诸王护卫兵，才足自守。倘有变，临以六师，其谁能支？汉七国非不强，卒底亡灭。大小强弱势不同，而顺逆之理异也。"建文即位之后，很快就找来了他，"先生忆昔东角门之言乎？"子澄磕了个头："不敢忘。"然后转身去找齐泰商量对策，齐泰的想法是先拔掉各位藩王中最有人望能力最强的燕王，但是黄子澄却觉得应该先从软柿子开始捏起。就当时他们所面临的局面和历史上可参考的例子而论，两种方法很难说哪个更加优秀。特别是考虑到当时其他藩王的行为和燕王的低调。

朱元璋留给建文的帝国还是一个比较完整的国家，虽然藩王手中各自拥有一定兵力，但其余的大部分兵权还是归于中央的。如果建文愿意选择怀柔或者干脆雷霆的策略，结果还是很难说的。

建文朝中对于藩王问题有两个基本态度，一个是主张削除，一个是主张亲睦。主张亲睦的人从两个方面考虑问题，一是大家好歹同门，没必要如此对待他们；一是说如果太过高压的话，反而会把不想造反的人逼上梁山。主张削除的人则分为两派，一是怀柔后慢慢削除的曲线派，一是打算雷厉风行的严厉派，齐黄二人都是属于严厉派。

首先被削的周王，早在朱元璋还在世的时候就已经很不安分。他被封在开封，但曾经擅自离开封地，去凤阳溜达。朱元璋生气之后将他在京师扣了两年才放回去，其间还打算过把他远徙云南。他是个一直有造反念头的人，手下的长史劝了多次，无效后装疯而去。枪打出头鸟，首先被抓了典型的就是他，而去建文那儿揭发谋逆的人居然不是别人，而是他的儿子。我一直觉得让皇上决心先不削燕王的因素之一很可能是这份小报告，如果是这个推测正确的话，那么这次大义灭亲一方面断送了周王的前途，而在另外一方面也成就了燕王。建文立刻命令李景隆（这是个关键人物，面目暧昧，后面有大段故事可以说）假意北上巡边，路过开封的时候忽然包围周王府，将周王逮去了京师。建文做了朱元璋没做的事情，将周王打发去了云南，几个儿子也分判各处。没多久又将他们悉数召回，囚禁在京师。这个行为很能体现建文的性格，优柔寡断，出尔反尔。后来，他对自己最亲切的臣子们也做过类似的事情。

为什么首先选择周王呢？周王朱橚，朱元璋的第五子，洪武十一年（1378 年）封周王，十四年（1381 年）就藩开封。这次削周王名义上是因为周王次子告发他“异谋”，其实还有另外一层原因。藩王中以燕王朱棣实力最强、野心最大，建文帝一直以燕王朱棣为最大的对手，这次削藩的周王是燕王的同母弟，二人皆为碽妃所生，关系最为密切，因此建文帝先废周王，有去燕王手足的用意。随后，建文帝又先后废湘王、齐王、代王、岷王等四王，目标直指燕王朱棣。

接下来遭殃的是湘王，这是在建文元年初的事情。有人告他谋反，建文派人去查问，湘王竟然“无以自明，阖宫自焚。”然后是齐王，又是有人告他谋反，被召至京师，同周王关在一起。加上周王，想谋反的已经有了三位，这个委实有些过头，但是在当时的政治气氛而言，诸位藩王只要有人肯告发，就能被扳倒，自然去建文那里揭发的人是络绎不绝了。当然，不可能每个藩王都是由于同一个罪名被削，代王和岷王是由于性格不好或其他违法乱纪行为下的台。建文元年五月，朝廷因岷王朱楩有“不法事”，废其为庶人。不久，湘王朱柏因私印钞票和擅自杀人，受到朝廷“切责”。朝廷还派使臣至其封地，勒令其入京接受鞫审。这位湘王朱柏挺倔，对左右说：“我听说前代大臣下狱前，多自己引决自杀。孤家是高皇帝子，南面为王，岂能受辱于狱吏而求活呢！”他聚集诸子、嫔妃，紧闭宫门，阖宫自焚死。一不做，二不休。建文帝及朝臣下诏齐王朱榑进京，废为庶人，关进大狱。接着，下诏把代王朱桂在大同软禁，废为庶人。

当时朝中各位朝臣附和新帝之意，纷纷上书削藩，倒是一位退休的都督府断事（高参）高巍上书劝谏，有理有节，言深意切：

“我高皇帝（朱元璋）上法三代之公，下洗嬴秦之陋，封建诸王，凡以护中国，居四裔，为圣子神孙计至远也。夫何地大兵强，易以生乱。今诸藩骄逸违制，不削则废法，削之则伤恩。贾谊曰：‘欲天下之治安，莫若众建诸侯而少其力。’臣愚谓今宜师其意，勿施晁错削夺之策。可效主父偃推恩之令，西北诸王子北分封于东南，东南诸王子北分封于西北，小其地，大其城，以分其地。如此，则藩王之权不削自弱矣。……”

高巍建议的这一方法非常得当，即把诸王的藩地交叉分封给已婚的王子们，犬牙交错，互相牵制，互相维护，互相监视，不仅推恩及广，又不会因强行削藩而伤感情。如此，诸侯势弱，自然天子势强。建文帝嘉之，然不能采用施行。估计是当时齐泰、黄子澄正受宠任之际，建文帝对这两个人言听计从，想一举削夺诸位藩王的实权。

数月之间，针对诸藩王的大狱一起紧接一起，天下震动，恰恰也给了实力最强的燕王朱棣以起兵口实。“诸藩者，削亦反，不削亦反”。开头不拿最强的燕王开刀，这才是建文帝及其诸臣最大的失策！

建文即位还不足一年，他已经削除了五个藩王，而且都是不太成器的。这番貌似暴风骤雨式举措的实际结果却是给真正有实力和才情的燕王留下了充足的准备时间，更可怕的是让他看见了被削的下场是何等糟糕，从而逼迫他下决心起事。

靖难之役，明成祖在血腥的杀戮中继承皇位首开永宣之治。

朱棣入京后，立即揭榜（悬赏捉拿）黄子澄、齐秦、方孝孺、铁铉等建文帝臣子数十人，并清宫三日，诛杀宫人、女官以及内官无数，只留下一帮曾向他通过风报过信的太监。他又迁建文帝母亲于懿文陵幽禁，杀掉建文帝三个兄弟。建文帝七岁太子朱文奎于乱中"不知所终"，小儿子朱文圭当时才两岁，还在襁褓之中，朱棣先把这个小孩幽闭于广安宫，后来不知所终，想必也是被朱棣派人弄死以绝后患。（也有记载说朱文圭一直幽禁在凤阳，至明英宗时才放出，已经五十七岁，尚不能分辨马牛，完全被禁锢成一个痴呆）。朱棣派人扑灭皇宫大火后，首先做的就是召文学博士方孝孺来起草自己的继位诏书。（朱棣的谋士姚广孝曾在北平时对他讲，方孝孺是天下"读书种子"，绝不可杀。）方孝孺乃建文帝耿耿忠臣，身穿白衣大哭于阙下。朱棣召其入殿，方孝孺也不施礼，依旧号哭不已。

朱棣劝说方孝孺："我是效法周公辅佐成王啊。"

方孝孺止住哭声，厉声反问："成王安在?"

"他自焚而死!"朱棣答道。

方孝孺又问："何不立成王之子?"

朱棣回答："国赖长君。"（意指他自己。）

方孝孺咄咄逼人："何不立成王之弟?"（意思是建文帝几个弟弟都已成年。）朱棣不得已，亲自下殿走到方孝孺面前，苦笑着说："这些都是朕的家事啊，先生你不要为这些事费神。"

左右递过纸笔，朱棣说："诏天下，非先生不可。"

方孝孺夺过诏纸，在上乱批数字，掷笔于地，边哭边骂道："死即死耳，诏不可草!"

朱棣怒急，大声叫道："怎能让你痛快一死，即死，难道你不怕我诛你九族吗?”

方孝孺大喝:“便诛十族又奈我何!”

此时,朱棣已皇位在座,顿呈残暴本性。他命卫士用大刀把方孝孺嘴唇割开,一直划裂到耳边。然后,命人逮捕其九族亲眷外加学生,凑成十族,共八百七十三人,依次碎剐杀戮于方孝孺面前。方孝孺忍泪不顾,最后被凌迟于聚宝门外,时年四十六。

方孝孺临刑前作绝命诗,曰:“天降乱离兮孰知其尤,奸臣得计兮谋国用犹。忠臣发愤兮血泪交流,以此殉君兮抑又何求。呜呼哀哉,庶不我尤!”

时至今日,几个号称笃信基督的“智识分子”肆口狂骂方孝孺的选择是漠视他人生命,这种歪论,真是歪曲时代和生命的价值观念,唐突古代仁人志士。

建文帝兵部尚书铁铉被逮至京。朱棣坐于御座,铁铉背立殿廷,至死不转身面对朱棣。朱棣派人割掉铁铉耳鼻,在热锅中烧熟,然后硬塞入这位忠臣口中,问:“此肉甘甜否?”

铁铉厉声回答:“忠臣孝子之肉,有何不甘!”

于是朱棣下令寸磔铁铉,这位忠臣至死骂不绝口。

怨恨之下,朱棣又把铁铉八十多岁的老父老母投放海南做苦役,虐杀其十来岁的两个儿子,并硬逼铁铉妻子杨氏和两个女儿入教坊司充当妓女,任由兵士蹂躏。对建文帝刑部尚书暴昭,由于陛见抗骂,朱棣先去其齿,次断手足,以刀慢割脖项而死。

对礼部尚书陈迪,由于责问不屈,朱棣命卫士绑送他及其六个儿子一起至刑场凌迟。朱棣先派人割下陈迪儿子陈凤山的鼻子和舌头,塞进这位忠臣嘴里逼他下咽。陈迪虽为文士,至死不屈,怒骂而死。

对建文帝右副御史练子宁,也因殿上怒骂,朱棣命人先割掉其舌,此后寸磔而死,其宗族被杀者一百五十一人。

对建文帝兵部尚书齐泰,也是因其不屈,送刑场凌迟。

对太常卿黄子澄,也赤其三族,凌迟处死。

对建文帝监察御史高翔，因其丧服入见，朱棣命卫士杀之于殿上，没产诛族，又掘发高氏宗族墓地，焚骨抛尸，与狗骨马骨四散丢弃。

对建文帝监察御史王度、宗人府经历宋征、监察御史丁志、监察御史巨敬，朱棣皆施以族诛之刑。

建文帝大理寺丞刘端弃官逃去，被抓入殿。朱棣问："练子宁、方孝孺是什么样的人?"

刘端笑答："忠臣也!"

朱棣问："汝逃，忠乎?"

刘端回答："存身以图报耳!"

朱棣狼性大发，命人用刀割去刘端耳鼻，狞笑着问满头血污的刘端："作如此面目，还成人否?"

刘端骂道："我犹有忠臣孝子面目，九泉之下也有面目去见皇祖!"

朱棣狂怒，亲手用棍棒把刘端捶击而死。

除了多位建文帝忠臣自己或全家自杀外，朱棣虐杀建文帝忠臣及其家属共一万多人。历朝历代异姓相伐相杀，从未有这样惨屠对方官吏臣下的举动。因此，清初史家谷应泰这样叹道："嗟乎！暴秦之法，罪止三族；强汉之律，不过五宗……世谓天道好还，而人命至重，遂可灭绝至此乎!"

话说回来，对建文忠臣杀则杀耳，杀之可成其千秋万世之名。王朝皇族更迭，诛杀前臣也不算太过分的罪行。但"古者但有刑诛，从无玷染。"而朱棣秉承朱元璋老混蛋血脉中淫暴凶残的因子，把多位忠臣孝子的大好清白妻女送入教坊司（公家妓院）做性奴，生下男丁当家奴，生下女孩长大后接着做妓女，死后便下旨"着抬出城门喂狗吃了。"——"此忠臣义士尤所为直发冲冠，椎胸而雪涕者也!"（谷应泰语）

如无建文帝先前不许加害燕王的诏书，朱棣再有十条命也已报销掉。"是役也，燕王数危甚，诸将奉诏，莫敢加刃"。朱棣自己也得便宜卖乖，每战皆挺身而出，与明军短兵相接。加上他本人精于骑射，每次燕兵大败，他常常一人一骑殿后，搭箭发矢，毙伤追兵成百上千，使所部能安然得脱。这种不公平竞争，明兵明将只得自认倒霉，望人兴叹。

早在洪武二十五年（1392 年），皇太子朱标薨，朱棣已动窥位之心。日后朱棣篡位成功成为永历皇帝，承其命纂写的“国史”里，无聊的奴才文人们添油加醋，追述当时，描写说：“皇太孙（朱允炆）生而额颅稍偏，太祖每令赋诗，多不喜。一日，令人属对，大不称旨。复以命燕王（朱棣），语乃佳。”建文帝倒霉失败，连因小时侧睡而造成“额颅稍偏”，也成为不能为帝的把柄，完全不能服人。此外，如果讲诗词歌赋，朱棣久于军旅，吟诗作对之才再怎么不凡也绝对比不上自幼就有一帮硕儒辅导的建文帝，大字不识几个的朱元璋也绝不会因对上一个好对子而生易储之心。永历帝属下谀臣无聊，确实让人难忍。

对话：汉高祖与明太祖关于个性懦弱接班人的对话

王熙凤：大家好，本期节目的嘉宾是汉高祖刘邦和明太祖朱元璋，他们两个都被认为是那种对待功臣“鸟尽弓藏，兔死狗烹”的皇帝，是那种只能共患难，不能共享福之人。但是我们本期节目的重点是谈论接班人的事。所以，经过比较发现，刘邦和朱元璋都选择了性格相对懦弱的接班人，一个是为人“仁弱”的汉惠帝刘盈，另一个是“性仁厚”的皇太孙朱允炆（太子朱标早逝），日后也成了惠帝，其共同点都是叔叔最终抢过了侄儿的天下，都遇到个性强悍的政坛对手，今天，我们请两位嘉宾对皇位继承人谈谈自己的观点。

刘邦：大家好！

朱元璋：很高兴来到这里，和大家讨论接班人的问题。

王熙凤：诛杀有功之臣不管从哪个角度看都不是光彩的事情，情有可原，但未必光彩，相信二位必定有迫不得已之处，二位怎么看这个问题？

刘邦：光彩与否那是你们的看法，与我们没有多少关系。

朱元璋：我们在做事情的时候，不会那样考虑，如果考虑光彩与否，那就别做了，呵呵。

王熙凤：一个人的个性肯定影响他的行为。有人说，刘先生杀功臣是被动的，而朱元璋是主动诛杀功臣的，主要原因是刘先生比较豁达，而朱先生喜欢猜忌，文字狱就是最好的证明，二位先生怎样看这个问题？

刘邦：哪一个宽厚的人能做皇帝？笑话！什么宽厚猜忌的，如果我没有猜忌之心，早就被别人推翻多少次。如果谁认为你宽厚，那他绝对是混蛋，而你很可能是糊涂蛋。（观众笑）

朱元璋：（苦笑）有道理。

王熙凤：今天的节目是我最困难的节目，可能要出丑了，呵呵。

朱元璋：不会的，刘先生不会难为王小姐的。

王熙凤：我会尽力让所有的嘉宾、观众高兴的，当然也包括刘先生。还有一个问题，就是有一种观点，说朱先生无论文武，只要是有功之臣，有资历的臣子，都照杀不误，连像宋濂这样的文人都不放过，朱先生不想对此进行解释吗？

刘邦：你们错了。你们这样分析朱先生是错的，有谁愿意无缘无故地杀人？你们谁会？

朱元璋：没有什么好解释的，如果真要解释，可能需要很长一段时间，反正已经有那么多误会，届时也无益，我只想说一句，没有人愿意无缘无故去杀人。

王熙凤：这就是说，您杀的人都是该杀的人，您一点也不后悔？

朱元璋：没有什么后悔的，都是该杀的人。

王熙凤：有没有这样一种可能，如果功臣没有被杀戮一空，中央政府还有像蓝玉那样的人，靖难之役胜利的很可能是建文帝？

朱元璋：没有这种可能性。如果蓝玉那样的人都在，不但建文帝做不了皇帝，我也很难善终。

王熙凤：我们能读懂朱先生话中的含义，还有一种说法，以你的英明睿智，其实早知道燕王朱棣明才大略，所以故意让他保持一定的军事实力，这是您所做的精心部署。而在洪武二十五年，您在考虑皇位继承问题的时候，曾想到了燕王朱棣，因为燕王很多地方都与你非常相似，朱先生怎么看这个问题？

朱元璋：应该说我对燕王朱棣的军事能力充满自信，之所以把他分封在燕地，也是从军事角度考虑的，以朱棣的军事实力，他起兵造反的可能性很小，靖难之役最主要的原因还是建文帝的军事战略问题。

王熙凤：还有人说，朱先生不愿立皇太孙的一个主要原因是朱允炆像他的父亲一样，过于柔弱，过于仁慈，受儒家思想影响太重，恐怕日后会吃大亏，有没有这方面的原因？

朱元璋：没有，政治斗争与个性柔弱关系不大，建文帝最大的问题是削藩的时机不成熟，这是他最大的败笔，事实证明，朱棣之所以在靖难之役中取得胜利，有很多偶然的机缘。从建文帝和朱棣的年龄相比，建文帝应该能笑到最后，朱高炽无法和建文帝比，当然最重要的还是没有合适的人辅选。

王熙凤：我们看到了朱先生深谋远虑，相比之下，刘先生却要幸运得多，杀了几个武将，对其他功臣还是很厚待的，像萧何、曹参、陈平、周勃都是汉王朝的重臣，没有出现权力真空，为后世留下了丰富的老臣，无论是吕后篡权还是以后的七王之乱，都没有对中央政府产生很大的破坏，也使得汉王朝开辟了封建史上第一个盛世。

刘邦：不是我留的，后世的事情，谁能想那么多？我还没有考虑后世的事情生命就结束了，之所以出现这种情况，主要原因还是朱先生所说的偶然的机缘。

王熙凤：在刘盈即位方面，商山四皓有没有起作用？

刘邦：狗屁！商山四皓算什么东西？都是利禄之徒，我把陈平、张良都不当一回事，商山四皓们算什么，能超过陈平、张良这些人吗？你见过集体隐居的世外高人吗？

王熙凤：的确如此，当时就有人讥讽他们“夫太子者，仁弱之人也，非英主也。四皓以耄耋而从之，竟恋富贵，为吾所深讥。”

刘邦：我本来就没有易储的打算，之所以放出那样的话，意在警告吕后不要过分，而且我要是真的不顾众人的反对，把如意立为太子，以戚夫人的能力，他们母子生命都难以自保，更不用说皇位了。其实，我当时最关心的是如何保全他们的生命，可惜后世文人读史不精，竟然曲解历史，让人叹息。

朱元璋：我也同意这样的看法，刘先生一旦性起，不要说四个白头发老头，纵然一百个白头发老头，他也不放在眼里。问题是，刘先生有他的一套，他这一生从不做顾前不顾后、一意孤行的事，这是他的绝顶智慧。

王熙凤：对于戚夫人和吕后斗法，怎么看？

刘邦：戚夫人根本就不适合介入权力斗争，她只是一个普通的妇人，权谋、策略一点也没有，除了得到我的宠爱外，没有在宫廷和政府高级官员中建立党羽，而吕雉却凭借自己多年的政治智慧广结善缘，她以皇后之尊，竟向周昌下跪，这种权谋运用之妙，基本上已经出神入化。相比之下，只会跳舞唱歌的戚夫人，差的不是一个层次。

王熙凤：回过头来，我们再讨论朱先生的问题。刚才您说到，建文帝的最大失败在于削藩的时机不成熟。但从战略上讲，有人说，建文帝的软弱害了他，他并没有先削燕王，而是从其他亲王下手，这样就引起了亲王们的岌岌自危，使得燕王加强战备，建文帝决定对朱棣下手的时候，为时已晚，燕王朱棣迅速扯起了靖难的大旗。这是不是建文帝失败的主要原因呢？

朱元璋：不是，我刚才说了，燕王朱棣的成功有很多偶然的机缘，比如“莫伤害朕之叔父”的不明智，致使燕王朱棣多次绝处逢生，假使明军在战场上能“擒贼先擒王”，燕军早就冰消败亡。建文帝的治国策略并没有错，“建文”的年号也非常好，其政治策略也是对的，他主要输在用人方面，黄子澄、齐泰、方孝孺都是书生，仓促行削藩之计，不知兵事，也没有什么战略眼光，以至于误己误国，最后招致灭族惨祸。

王熙凤：两位对自己的选择后悔吗？

刘邦：没有什么后悔的，刘盈干得不错，吕后只是小小的坎坷，没有她，刘盈可能干得更好。

朱元璋：我不会选择和自己类似的人接班，从来没想到选择朱棣接班，建文帝的治国方略并没有错的。

王熙凤：当你的接班人个性懦弱时，在选择接班人方面要注意什么问题?

刘邦：政治斗争可能面临的情况特别复杂，个性软弱未必就是坏事，同样，个性强悍也未必就一定能服人天下。

朱元璋：任何人选择接班人都不会考虑接班人的个性，项羽的个性要比刘先生强悍的多，但最终还是失败了，这不是个性强弱问题，而是智慧与策略问题。

王熙凤：谢谢两位，今天的节目到此结束。

第五篇
皇帝英雄臣捣乱
——善待功臣　平稳过渡

刘秀靠的是武力消灭各个割据势力，而赵匡胤则是军事政变，刘秀的功臣大多是跟他出生入死且自身有一定势力的地方豪强，而赵匡胤的功臣大都是些手握重兵的高级将领或地方节度使，因此他们对待功臣的处理方法应该是不同的，前者应该削弱和瓦解他们的势力，后者则应该分散和解除他们的武装部队。

光武帝刘秀——厚待功臣　后患无穷

刘秀并没有采取削弱功臣的方法，反而使他们进一步坐大，对于那些支持他的豪强，给予他们经济上的特权和补偿来换取他们政治和军事上的权力，并和他们联姻来稳固自己的统治。由于地方豪强有一部分和皇家联姻，就以外戚的身份把持朝政，另一部分豪强凭借其强大的经济实力和影响力，在朝堂之上大肆培养自己的亲信和势力。于是，东汉一朝，四世三公、门生遍天下的豪门比比皆是。因此，从效果上来看，刘秀的做法尽管有值得称道之处，但其实是在削弱中央和皇族的势力，让地方豪强进一步坐大，并没有解决自西汉以来日益严重的土地兼并问题。而且，正是由于皇族势力单薄，才使得东汉中后期，皇帝和朝政一直在外戚和宦官手中把持，为东汉的覆灭埋下了伏笔。

继位背景：

公元29年，即东汉建武五年十月，光武帝刘秀在临淄召开庆功大会。会上，刘秀对平定齐地的名将耿弇大加赞誉，他说："昔韩信破垓下以开基，今将军攻祝阿以发迹，此皆齐之西界，功足相方。而韩信袭击已降，将军独拔勍敌，其功又难于信也……将军前在南阳，建此大策，常以为落落难合，有志者事竟成也！"在这里，刘秀把耿弇比作韩信，充分肯定了耿弇非凡的军事才能，而且，因为刘秀这一激动，一句流传千古的成语脱口而出——"有志者事竟成！"其实，"有志者事竟成"不仅对耿弇如此，刘秀自己一生的千秋功业又何尝不如此呢？他一生栉风沐雨，东征西讨，直到打出一个东汉王朝。

刘秀（前5—57年），字文叔，南阳郡蔡阳乡（今湖北省枣阳市）人，汉高祖刘邦的九世孙，毛泽东曾用"三最"来评价刘秀，即学历最高（历史上唯有刘秀是上过太学的皇帝）、最会打仗（指挥了著名昆阳之战）、最会用人（曾跟随他征战的二十八位功臣名将，最后都得到相应的封赏和厚待）。刘秀九岁这年，父亲去世。兄弟三人从此寄居叔父刘良家中，几个姐妹则继续跟随母亲生活。中国的开国皇帝大都个性独特，旗帜鲜明，汉高心黑，魏武残忍，唐宗好色，宋祖贪杯，明祖嗜杀，但刘秀与众不同，他是一个性情温和的人，既没有"王侯将相宁有种乎"的感慨，也没有"大丈夫当如斯也"的豪情，但他是一个崛起于垄亩的劳动者，一个很有作为的开国之君。小时候，刘秀喜欢在田野间嬉戏，对农桑稼穑有浓厚的兴趣，常常把贵族的身份撇在一边，和佃农们一起在田间劳作，如果没有王莽的篡权，没有命运的变故，他说不定会成为一名丰衣足食的富翁。但刘家毕竟是高祖皇帝的嫡系血脉，刘秀还有个放浪不羁的兄弟，这个人就是刘縯。史书记载刘縯"性刚毅，慷慨有大节。自王莽篡汉，常愤愤，怀复社稷之虑，不事家人居业，倾身破产，交结天下雄俊"，刘縯对弟弟刘秀喜欢和农民兄弟在太阳底下同甘苦、共流汗的习性很不以为然，常常开玩笑说，他是个天生的农夫。但是，不久，在王莽的声势浩大的改革运动中，刘家很快就成了普通的老百姓，过着前所未有的窘迫生活，刘秀倒没有什么，刘縯却大为不满，他不但在家中大发牢骚，还信誓旦旦要重振大汉，为了理想，他不惜倾家荡产，广交天下英雄豪杰，收养侠义之士，时间一长，身边竟然也聚集不少人马，把安分守己的刘家子弟吓得够呛，那可是灭九族的大罪！大家怕被连累，不愿意跟他“革命”，一个一个都溜走藏起来，但看见刘秀都参加“革命”了，而且还担任着小领导，大伙儿又乐了，心想：连刘秀都带头造反了，我们还等什么？就干吧。这样，刘縯的军心一下子稳定了。公元22年10月，绿林军进逼南阳时，刘縯也带着自己的人入伙了，与绿林军精诚合作，前赴后继，多次击败王莽军队，成为绿林军中一支很重要的力量。

公元23年，为了从一个胜利走向另一个胜利，经研究决定，绿林军决定拥立一个汉室后裔做皇帝，争取民心，其候选人有两名。一个是刘玄，他是长沙定王刘发六世孙，年轻时也曾血气方刚，他的弟弟被人杀害后，刘玄义愤填膺，发誓要为弟弟报仇。这本来是有勇有谋、非常机密的事情，但刘玄不是一般人，他广宴朋友，遍发英雄帖，在光天化日、高朋满座之中，刘玄咬牙切齿，发誓为弟报仇雪恨，这本来就是违法犯罪行为，令人惊奇的是刘玄居然还把当地负责治安管理的官吏请来陪酒，一位朋友可能被刘玄的侠肝义胆所感动，多喝了几杯酒，竟然当场作奸犯科、违法乱纪起来，引起治安管理员的不满，结果刘玄大仇未报，自己先惹了祸，为了避祸，他被迫从舂陵逃到平林参加了义军。你想想，就这种才具之人怎么谈得上雄才大略，但他偏偏有帝王之气，成为皇位最有实力的竞争者。另一位候选人就是刘秀的哥哥刘縯。刘縯的谋略和才能已经给人们留下了深刻的印象，但绿林军的最高领导并不是他，而是王匡、王凤、张卬等义军首领，他们更属意于刘玄。因为刘玄个性懦弱，遇事优柔寡断，大事还得大家决定，这样不但有利于团结，还有利于加强集体领导，大家都有最后决策的权力。而刘縯则不同，论战功、才干、魄力、决断力，刘縯当然是最佳人选，但他的脾气大得惊人，几乎所有的高层干部都畏惧他的桀骜难制，于是，几个人商量好后，搞成既成事实，才派人通知刘縯兄弟。事已至此，刘縯尽管心犹不甘，但也不好说什么，只提出能否暂缓拥立皇帝，并委婉地提出自己的建议："诸将军幸欲尊立宗室，其德甚厚，然愚鄙之见，窃有未同。今赤眉起青、徐，众数十万，闻南阳立宗室，恐赤眉复有所立，如此，必将内争。今王莽未灭，而宗室相攻，是疑天下而自损权，非所以破莽也。且首兵唱号，鲜有能遂，陈胜、项籍，即其事也……今且称王以号令。若赤眉所立者贤，相率而往从之；若无所立，破莽降赤眉，然后举尊号，亦未晚也。愿各详思之！"刘縯的意思是：我反对立皇帝，并不是大家没有选我。而是时机不到。我们能立刘氏宗室，赤眉军也能立，这样王莽未败，我们自己先打起来了。况且先举兵称号的，多半没有好结果，陈胜、项羽都是这样的反面例子，不如先称王，号令天下，看赤眉军动向而定，如果赤眉军拥立的皇帝贤明，我们就去投奔，如果都没有立，打败王莽后，再考虑。大家觉得考虑一下。客观来讲，撇开为自己打算的私心，刘縯的话也不能不说没有道理，他这么一说，倒也有不少人附和。但不想惹恼了将军张卬，他十分恼怒，拔剑击地，声色俱厉说："疑事无功。今日之议，不得有二。"众人看一如此情形，也不敢提出异议了，立刘玄皇帝之事就这样定了，刘玄可能也有自知之明，据说他老人家即位时，羞愧流汗，双手发抖，紧张得说不出一句话来，许多义军将领目睹此状，都心存不服，但刘玄还是即位了，并改年号为"更始"，从那时起，他就成了更始皇帝。刘玄称帝的消息传来，王莽意识到绿林军的威胁更大，立刻转移战略重心，调集各郡兵力集结洛阳，准备与绿林军决一死战。他派出最得力的大将大司空王邑、大司徒王寻为统帅，征召当时研习兵法的六十三家、几百名著名的军事家做参谋，率领 42 万人挺进昆阳，准备战斗，此外，他还听从夙夜太守韩博的建议，高薪聘请一个"巨毋霸"的"奇士"前来助威，按照范晔《后汉书》的记载，此人"长丈，大十围……自谓巨毋霸，出于蓬莱东南，……轺车不能载，三马不能胜。即日以大车四马，建虎旗，载霸诣阙。霸卧则枕鼓，以铁箸食……"韩博最后还给王莽提供如下合理化建议：这个人一般的车子坐不下他，三匹马也拉不动他，必须用四匹马拉着特别制作的大车，挂着虎旗，才能把他带来，此外，他睡觉要用大鼓做枕头，吃饭必须用铁筷子，希望陛下能重用此人，用高大的车子，虎豹之皮做的衣服，一百人的仪仗队来迎接他，如果京城里的门太小，他穿不过去的话，还希望陛下能下令把门改高加阔。王莽还真的相信此人的本事，满足他的一切要求，让人驱赶上林苑的猛兽，比如老虎、豹子、狗熊、犀牛什么的“以助威武”。当时固守昆阳守军总共只有二三万众，形势异常严峻，许多人主张退却，刘秀力主抗敌，还自告奋勇，率领十三骑突围联络援军，并召集三千人组成敢死队，直接冲进王邑、王寻的指挥部，结果王邑大败，时值暴风骤雨，河流暴涨，老虎豹子狗熊犀牛什么的，早就跑个精光，连“巨毋霸”也不知所终，40万大军全军覆没，“士率赴水溺死者以万数，水为不流”，“关中闻之震恐”，这就是中国历史上著名的昆阳大捷，直接动摇了王莽的新朝政权，王莽自此再也没有镇压义军之力。

公元23年五月，刘縯攻克宛城。其部将刘稷对刘玄被立为皇帝，心怀不满，他直言不讳地说：“本起兵图大事者，伯升（刘縯）兄弟也，今更始何为者邪?”刘稷的“反动言论”传到刘玄那里，刘玄不能容忍，故意任命他为抗威将军，刘稷果然拒绝，刘玄就以抗命为由，率诸将和数千士卒来到驻地，将刘稷收押，还下令将其斩首。刘縯看到爱将要遭此毒手，以“数陷陈溃围，勇冠三军”据理力争，想不到昔日懦弱无主的更始帝刘玄，此时不但心狠手辣，还有点政治眼光，他趁机连刘縯一并诛杀。消息传来，刘秀十分震怒，但他懂得小不忍则乱大谋的道理，经过深思熟虑，他只身回到宛城，既不给刘縯服丧，又不表白昆阳战功，更不跟刘縯的部下接触，而是不止一次地向更始帝谢罪，更始帝这时候倒动了菩萨心肠，看见刘秀如此老实，又失去大哥，就没有株连，还宽宏大量地给他一个破虏大将军之职。5个月后，在刘秀的斡旋下，更始帝刘玄派刘秀以河北监军、破虏将军的名义镇抚河北，刘秀到达河北后，废除苛政，释放犯人，以恢复汉家制度为号召，积极扩展自己的势力，还消灭了假冒汉成帝儿子刘子舆在邯郸割据称帝的王郎，收编了铜马等100多万农民起义军，势力迅速壮大。公元24年，更始帝刘玄看到刘秀在河北的事业热火朝天，如火如荼，有些后悔，他开始担心刘秀在河北成尾大不掉之势，便遣使前往河北，愿意“立刘秀萧王，并令罢兵，与诸将有功者悉还长安”，还遣苗曾、韦顺、蔡充等人抢夺刘秀的果实。但刘秀已经羽翼丰满，他“以河北未平，不就征”拒绝刘玄的征召。公元24年冬，刘秀平定河内郡，任寇恂为河内太守并行将军事，并对寇恂说：“昔高祖留萧何镇关中，吾今委公以河内，当给足军粮率厉士马；防遏他兵，勿令北渡。”公元25年六月己未，他在高邑称帝，改年号为建武元年，时年三十一岁。

回过头来，我们再说绿林军的事情，绿林军攻克长安，斩杀了王莽，新朝灭亡，刘玄也顺势迁都长安，恢复刘氏汉家天下。刘玄入主长安后，自认为天命所归，就过起了腐朽没落的帝王生活。和所有的亡国之君一样，他不理朝政，沉湎女色，终日喝得烂醉如泥，还让侍中冒充自己坐在帷帐内和大臣议事，引起大臣不满。可以想象，这种皇帝不用说虚怀若谷、善于纳谏了，连忠臣也不能容忍，事实果真如此，他杀忠臣、诛贤良，还滥授官爵，所用非人，结果绿林军很快便上下离心，四方怨叛。但刘玄仍然不思悔改，纵容绿林军在长安烧杀抢劫，失去民心，更始政权终于危机四伏岌岌可危了。这时，另一支起自山东的农民起义大军——赤眉军潮水般地向西涌来，赤眉军本是山东的贫苦农民，其首领为樊崇，他们于公元18年在莒县起义。公元22年大败前来镇压的王莽大军。不久，转战河南，队伍日益壮大。公元23年10月，樊崇率领义军投奔刘玄，归服更始政权，并被封侯授爵。但不久，樊崇与刘玄产生矛盾，赤眉便与绿林更始政权分裂。公元24年冬，樊崇与刘玄终于反目为仇，樊崇率领的赤眉军大举向西进军长安，准备与更始政权决一雌雄。为了与更始皇帝分庭抗礼，樊崇也找了一个15岁的汉皇族后裔为帝，这个人就是放牛娃刘盆子。刘盆子是高祖刘邦长子刘肥的后裔，是赤眉军经过式县时参军的，当时加入赤眉军的刘姓宗室成员有70多人，以刘盆子兄弟的血缘与皇室最亲，赤眉军便以抓阄的办法在其中挑选皇帝。结果，15岁的小牧童刘盆子很幸运，他抓中了阄，因此被赤眉军推上了皇帝的宝座。樊崇等人拥立刘盆子称帝后，加紧攻打长安，而此时更始政权分崩离析、自相残杀，绿林军主要将领王匡、张印因受更始帝刘玄猜忌和逼迫，率众投降。

公元25年九月，赤眉军在王匡的配合下，一举攻陷长安。十月，刘玄向刘盆子缴械投降，更始政权至此灭亡。赤眉军废除更始帝刘玄，将其贬为畏威侯，后又改封长沙王。同年十二月，投降赤眉的原更始将领张卬对刘玄仍不放心，将其勒死。再说赤眉军皇帝刘盆子，他本身就是不谙世事的孩子，牧童出身，宅心仁厚，但没有治理天下的能力，对赤眉军也没有任何控制权。赤眉军很快堕落为绿林军，纪律败坏，还在京城三辅地区烧杀抢掠，把昔日繁华的长安城变成了一片废墟。公元26年，正月初一，刘盆子提出辞职，樊崇不同意，没有辞成。不久，赤眉军在长安城放起大火，然后离开京师，莫名其妙地跑到甘肃、宁夏一带烧杀抢掠。最后，发现西北不是好地方，原始洪荒，一点意思都没有，又折回长安找钱，结果竟然干起盗墓勾当，挖了西汉皇帝的陵寝，还将吕后挖出来，赤眉军的暴行很快使其丧尽民心。

公元26年十二月，樊崇、刘盆子等狼狈逃窜，被迫率众向东撤退，准备返回山东老家东山再起。途中，受到刘秀大军的堵击。公元27年正月，疲惫不堪的赤眉军在宜阳陷入刘秀大军的包围之中，刘盆子和樊崇被迫率众向光武帝投降，赤眉政权至此瓦解。刘盆子投降后，得到刘秀的妥善安抚，被任命为刘秀叔父赵王刘良的专职医生，后来刘医生因病双目失明，刘秀下令用荥阳的官田租税来作为刘盆子的终身奉养。此后，刘盆子退出历史舞台下落不明。刘秀又用了几年时间，削平了刘永、隗嚣、公孙述等地方割据势力，公元36年，刘秀统一全国，史称东汉。

皇储分析：

建武元年，即公元25年，光武帝刘秀即位，封阴丽华、郭皆为贵人。同年，郭氏生太子刘强。建武二年，刘秀以阴丽华“雅性宽仁”，欲崇以尊位，而阴氏“以郭氏有子，终不肯当”，遂立郭氏为皇后，以强为皇太子。但刘秀对阴氏始终念念不忘，一直非常宠爱，使得郭皇后对刘秀“数怀怨怼”。这种怨怼之情明显违背了刘秀倡导的“宫教”，再加上郭皇后不能同宫内其他妃妾友好相处，也不能很好地抚育其他妃妾的子女，刘秀于建武十七年（41 年）一纸诏书废除了郭皇后，立阴丽华为皇后。尽管殿中侍讲郅恽等曾经进言慎待皇后，刘秀仍坚持自己的决定。

在建武十七年（41 年），因为郭皇后被刘秀废础，宫中事务发生了变化。刘强是郭皇后所生，他母亲失去了皇后位，势必要影响刘强太子的地位。当朝大臣都清楚地看到了这一点。例如，任太子大博的张湛，看到郭皇后被废后，就立刻向刘秀“称疾引退、为太中大夫”。刘强本人在母亲郭皇后被废后，整日感到惶恐不安。曾为皇太子刘强讲授《韩诗》的郅恽，很为刘强的处境担忧。他规劝刘强说：“久处疑位，上违孝道，下近危殆，不如辞位以奉养母氏。”刘强认为郅恽所说确有道理。因为母亲郭氏失宠，必然要影响到刘秀对他的信任，况且，刘秀还有其他精明干练的皇子，这样，他要继续保持皇位继承人的地位，是很困难的。对于刘秀来说，如何处理皇太子的废立问题，确实是很难解决的大事。因为皇太子刘强本人并没有过失，仅仅由于母亲郭氏被废，就夺取刘强的皇太子位，这样做，未免过于轻率，而且，也很难让众臣信服。在当时，《春秋》公羊说很盛行，对国家的重大政治决策都有非常大的影响。在《春秋公羊传》中就强调：“立嫡以长不以贤，立子以贵不以长。”

当皇太子刘强向刘秀提出辞位的要求后，刘秀很长时间没有作出决定。然而形势又不允许刘秀将这一重大问题滞留起来。这样，刘秀“迟回者数岁，乃许焉。”刘秀即使作出了这个决定，自己还是深感不安。

建武十九年（43 年），刘秀在废立皇太子的诏书中说：“《春秋》之义，立子以贵。东海王阳，皇后之子，宜承大统。皇太子强，崇执谦退，愿备藩国。父子之情，重久违之，其以强为东海王，立阳为皇太子，改名庄。”刘秀在皇太子的废立上，就这样以《春秋》公羊说敷衍过去。但是，刘秀明显觉察到他废刘强一事有不妥当的地方。因此，他想方设法加以弥补。在建武二十八年（52 年），刘强要离开洛阳，前往自己的封国时，刘秀“帝以强废不以过，去就有礼，故优以大封。兼食鲁郡，合二十九县。赐虎贲旄头，宫殿设钟虡之县，拟于乘舆”。可是刘强对超过规定的封赐坚决不肯接受。《后汉书·光武十王传》说：“强临之国，数上书让还东海，又因皇太子固辞。帝不许，深嘉叹之，以强章宣示公卿。”刘秀这样做，显然是向众臣褒奖刘强的品德。刘秀在更易太子的问题上，只是依据《春秋》公羊说，而不根据皇太子的人品和才能，就决定了废立之事，这显然是刘秀很大的过失。不过，由于皇太子刘强不想在权力问题上过多纠缠，而更看重父子之间的情义，因此，在刘秀作出改换皇太子这个不适当的决定后，父子间并没有发生冲突和纷争，在朝廷中也是很平静的。

刘秀在废除刘强的太子位后，如前面所述，就立刘阳为皇太子，后来改名刘庄。刘庄是阴皇后所生的第一子，在众皇子中排行第四。刘秀立刘庄为皇太子，一方面因为他是阴皇后的第一子，而另一方面，也因为刘庄本人自幼聪颖过人。《东观汉记·明帝纪》说：“建武四年五月甲申，皇子阳生，丰下锐上，颜赤色，有似于尧，上以赤色名之曰阳。年十岁通《春秋》。……幼而聪明曹智，容貌壮丽，世祖异焉，数问以政议，应对敏达，谋谟甚深。温恭好学，敬爱师傅，所以承事兄弟，亲密九族，内外周洽。”刘阳（庄）不仅聪颖，而且，还有极强的洞察力。例如，刘秀实施“度田”时，“刺史太守多不平均，或优饶豪右，侵刻羸弱，百姓嗟怨，遮道号呼。”这时各郡派掾吏进京奏事。刘秀看到陈留吏上奏文书上写着“须川、弘农可问，河南、南阳不可问”，刘秀追问来由，陈留吏不肯实说。这时刘庄才十二岁，他在幅帐后提醒刘秀说：“吏受郡敕，当欲以垦田相方耳。”刘秀便问刘庄说：“即如此，何故言河南、南阳不可问?”刘庄回答说：“河南帝城，多近臣，南阳帝乡，多近亲，田宅逾制，不可为准。”当刘秀振人追问陈留吏时，果然同刘庄的解答相同。

刘秀的目的总算达到了，但由此所造成的矛盾也开始逐渐尖锐起来。太子太傅张湛，“及郭后废，因称疾不朝”，后强起为大司徒，复“自陈疾笃，不能复任朝事”，即以洁身隐退而寓其不满之意。至于郭后所生诸子，虽然不敢明言反对，但也无不表现出强烈的愤懑，于是“争礼四方宾客”，以与朝廷抗衡。

建武二十八年，郭后薨，刘秀看到诸王的实力越来越大，对太子庄的嗣位会带来威胁，遂在郭后“尸柩在堂”之时，诏下郡县收捕诸王宾客，并遣郭、许所生诸子皆就国。刘秀的这一做法，虽然对诸王给予了一次沉重的打击，为太子庄之嗣位铺平了道路，但诸王反乱的序幕却也由此而拉开了。

建武二十八年五十二，光武前废后郭氏薨，有人上书其次子沛王辅客刘鲤报仇杀人，又有人上书王莽后裔王肃等“受诛之家”常“出入北宫及王侯邸第”，“客因事生乱，虑致贯高、任章之变”，刘秀乘机诏下郡县，依次收捕诸王宾客，沛王辅系诏狱，三日乃得出，王侯宾客“坐死者数千人”。同年，刘秀又诏遣郭后所生东海王刘强、沛王刘辅、济南王刘康、淮阳王刘延，中山简王刘焉因年幼留京师，许美人所生楚王刘英皆就国。从而对诸王进行了一次沉重的打击。此一事件，虽然反映出诸王违背“阿附蕃王法”纷纷招集宾客与朝廷抗衡的客观事实，但却尚未发展到造逆谋反的程度，故尚不能称之为反乱。然而通过这一事件，却也充分地暴露出皇室内部所潜在的危机，诸王反乱的序幕也便由此而拉开了。

中元二年，光武帝刘秀驾崩，皇室内部的矛盾进一步尖锐起来。就在诸王会葬京师时，诸王与皇太子庄“杂止同席，宪章无序”，被太尉赵熹“横剑殿阶”赶下朝堂，再度激起了诸王的不满。

太尉赵熹典丧事。时经王莽之乱，旧典不存，皇太子与诸王杂止同席，籓国官属出入宫省，与百僚无别。熹正色，横剑殿阶，扶下诸王以明尊卑；奏遣谒者将护官属分止它县，诸王并令就邸，唯得朝晡入临；整礼仪，严门卫，内外肃然。

而与之同时，刘秀第八子山阳王刘荆“哭临不哀”，并假光武女婿、虎贲中郎将、受遗诏辅政的梁松之势，令苍头诈称废太子东海王强之舅大鸿胪郭况书与强，策动共同起兵反乱。而强得书惶怖，“即执其使，封书上之”，荆之逆谋遂被揭穿。对此，光武第四子、新即位的明帝，以荆同为阴后所生，“秘其事”，仅“遣荆出止河南宫”而已，并未予以深究。

永平元年（58年），东海王刘强忧郁而死，而荆不得志，遂借西羌反乱之机，“私迎能为星者与谋议”，以再图反乱。明帝闻之，“乃徙封荆广陵王，遣之国”。次年，梁松“数为私书请托郡县”，明帝下诏免松之官。及四年冬，松“县飞书诽谤”朝廷，明帝下令将他处死，其弟竦、恭坐徙九真，广陵王刘荆失去了依恃。但荆反心未改，复以“貌类先帝”，呼相工曰：“先帝三十得天下，我今亦三十，可起兵未？”相者诣吏告之，荆惶恐，自系狱。明帝“复加恩，不考极其事，下诏不得臣属吏人，唯食租如故，使相、中尉谨宿卫之”。然而刘荆依然不改，于永平十年复“使巫祭祀祝诅”，再四谋反。在此情况下，明帝诏令诛之，荆被迫自杀。至此，山阳王刘荆谋反数四，历经十余年，终告结束。

永平十三年（70年），光武第三子楚王刘英造逆谋反。刘英为许美人所生，少时“好游侠，交通宾客，晚节更喜黄老，学为浮屠斋戒祭祀”。永平八年，明帝令天下死罪皆入缣赎，英遣郎中令奉黄缣白纨三十匹诣国相曰：“托在蕃辅，过恶累积，欢喜大恩，奉送缣帛，以赎愆罪”，国相以闻，明帝诏报不以为罪。云：“楚王诵黄老之微言，尚浮屠之仁祠，洁斋三月，与神为誓，何嫌何疑，当有悔咎？其还赎，以助伊蒲塞桑门之盛馔。”但此后不久，刘英“遂大交通方士，作金龟玉鹤，刻文字以为符瑞”。

永平十三年，男子燕广告刘英与渔阳王刘平、颜忠等造作图书，有逆谋，事下案验。有司奏英“招聚奸猾，造作图谶，擅相官秩，置诸侯王公将军二千石，大逆不道”，请诛之。帝以亲亲不忍，乃废英，徙丹阳泾县。次年，英至丹阳，自杀，国除。而“楚狱遂至累年，其辞语相连，自京师亲戚诸侯州郡豪杰及考案吏，阿附相陷，坐死徙者以千数”，牵连入狱者上万人。直至章帝建初二年（77年），此事才算真正了结。

在楚王英被告谋反的前后，郭后所生济南王康也阴谋反乱。刘康为光武第五子，“在国不循法度，交通宾客”，后有人上书告康“招来州郡奸猾渔阳颜忠、刘子产等，又多遗其缯帛，案图书，谋议不轨”，事下考，有司举奏之。明帝以亲亲故，不忍穷究其事，但削祝阿、隰阴、东朝阳、安德、西平昌五县。此事未载明是否坐徙宾客，但从楚、济南之狱皆涉及渔阳颜忠来看，很有可能是楚狱引发出来的，或者说康、英二人系共谋反乱，故楚狱中所牵连的诸多人等也当有济南王康之一部分。至建初八年（83 年），章帝复还所削地，而康“遂多殖财货，大修宫室，奴婢至千四百人，厩马千二百匹，私田八百顷，奢侈恣欲，游观无节”。至和帝永元初，国傅何敞以其“骨肉之亲，享食茅土，当施张政令，明其典法，出入进止，宜有期度，舆马台隶，应为科品”上书谏之，但康仍“尊贵骄甚”，“触犯防禁”而“终不能改”，以此表示与朝廷抗衡。

永平十六年（73 年），郭后所生淮阳王延造逆谋反。刘延为光武帝第七子，本“性骄奢而遇下严烈”，早在建武末“王新归国”时，即以“宾客放纵，干乱法禁”，而被国相张歆“入宫搜捕”。及至永平十六年，有人上书告刘延与姬兄谢弇及姊馆陶主婿驸马都尉韩光“招奸猾，作图谶，祠祭祝诅”，事下案验，光、弇被杀，“辞所连及，死徙者甚众”，司徒刑穆也下狱死。

有司奏请诛延，明帝以其罪薄于楚王英，故特加恩，“徙为阜陵王，食二县”。然而延既徙封，“数怀怨望”，至建初中，复与子鲂造逆谋反，被人所告，有司奏请槛车征诣廷尉诏狱，章帝下诏责之曰：“王前犯大逆，罪恶尤深，有同周之管、蔡，汉之淮南。经有正义，律有明刑。先帝不忍亲亲之恩，枉屈大法，为王受愆，群下莫不惑焉。今王曾莫悔悟，悖心不移，逆谋内溃，……朕恻然伤心，不忍致王于理，今贬爵为阜陵侯，食一县”，并“赦鲂等罪勿验，使谒者一人监护延国，不得与吏人通”。按此，章帝将延比之管、蔡、淮南，则反势尤明而规模也较大，只是因为“先帝不忍亲亲之恩”，章帝“不忍致王于理”，才从轻处罚了。至此，光武四子逆谋反乱，历时二十余年，终算画上了一个句号。

明帝是东汉时期一位有作为的皇帝。薛莹《汉纪》对他极力称赞，说他“及临万几，约身率礼，恭奉遗业，一以贯之，虽夏启、周成继体持统无以加焉”。范晔《后汉书》评汉明帝，执法严明，严于驭下，加强皇权，整顿吏治，固然取得了显著的政绩。但执法过严，以致发生冤狱，如楚王刘英案件株连而死者竟达数千人之众，这也是明帝政治的弊端，范晔《后汉书》所谓“弘人之度未优”这个批评基本上是符合历史事实的。

继位布局：

历史上的开国皇帝，周围都会聚集着生死与共、共同创业的开国元勋，这些人与开国皇帝渊源很深，稍有不慎，就会使之或骄纵妄为，居功自傲，危及皇权；或心存疑惧，产生二心，甚至另立旗号。历代开国功勋卓著者不知凡几，因功高为皇帝所忌以致惨遭灭门之祸的也不在少数。刘秀同样有一大批足智多谋、骁勇善战的将军立下了赫赫战功，其中，最著名的是“云台二十八将”。

建武十三年，刘秀平定巴蜀公孙述后，大规模的战争已经基本停止，为避免重蹈西汉初年刘邦大杀功臣的悲剧，刘秀一方面厚待功臣，另一方面及时地解除功臣们的兵权。刘秀开始“遂罢左、右将军”，让功臣交出军权。这实际上就是对功臣开始采取限制的措施。不同的是刘秀善于把自己的政治意图通过旁敲侧击的办法传达给功臣。有一次，太子当着众大臣的面问光武关于战守的方略，刘秀话里有话地回答：“昔卫灵公问陈，孔子不对，此非尔所及”，一些将领还跃跃欲试的请对西域、匈奴用兵，但均不准，邓禹、耿弇、贾复等人一个个都人精似的，什么不懂，“知帝偃干戈，修文德，不欲功臣拥众京师，乃去甲兵，敦儒学”，立刻读懂了皇帝的意思，一个个要求解甲归田，回家学习儒学著作。刘秀致力于复兴儒学，注重从意识形态领域来统一和稳定人心，造就和选拔治国之才。他下令广泛搜集、整理古代典籍，“采求阙文，补缀漏逸”，迁都洛阳时，“其经牒秘书载之二千余两（辆）”。修复太学，设立三雍宫（辟雍、明堂、灵台），设五经博士。朝内官员，多以宿儒出任。他以身作则，朝议每到日昃，讲经常至午夜，朝野文武，深受影响，而自动研习。其子见其午夜不息，乃相劝说：“陛下和禹汤之明，而失黄老养性之福，愿节省精神，优游自宁。”光武却说：“我自乐此，不觉疲也。”鉴于新莽时代阿谀成风、正气不彰，乃特别提倡名节，对不仕王莽的卓茂，授予太傅；对不受叛逆公孙述征召的谯玄，死后予以礼祀。对于若干气节高尚之士，如周党、严光、王良等，不愿应征为官的，都厚赠尊重。刘秀积极倡导功臣读经，是推广儒学文化政策的一种表现。然而，更重要的是刘秀试图通过功臣研习经学，使他们更安于现状，进而达到从思想上束缚功臣的目的。对功臣，不仅以优厚的待遇供养起来，而且，还注意从思想上来稳定功臣。宋人叶适称：刘秀“能宽以待臣，使各尽力，其臣亦自检饬，赴功不挠，法度过高祖文景时远矣。”

邓禹乃“云台二十八将”之首，最重要的任务是回家教育自己的孩子。邓禹的生殖能力非常强，不说女儿，儿子就有十三个，但邓禹教子有方，“各使守一艺，修整闺门，教养子孙，皆可以为后世法”，就是说让他们读书，每个人学一门手艺。人问其故，曰：富贵不可常保，使穷时可自食其力。善哉，可为法矣。贾复，南阳人，文武全才，云台二十八宿之三，“为人刚毅方直，多大节”，他可能没有邓禹那么多儿子，但因为长年征战，负伤太多，身体一直不太好，“既还私第，阖门养威重”，即回家养生去了。其他人一看，连邓禹、贾复这样的人都要求解甲归田，回家读书，那我们还等什么，就陆续把军权交出来。刘隆，字元伯，南阳安众侯宗室也。全国统一后，刘秀限制功臣担任官职的方针已定，不能让刘隆正式任职。这样，刘隆只能代行这一职务。“及大司马吴汉薨，隆为骠骑将军，行大司马事”，“奉法自守，视事八岁”，最后，仍然同其他功臣一样，“上将军印绶，罢，赐养牛，上樽酒十斛，以列侯奉朝请。”

刘秀也很够意思，达到目的后，对功臣倍加优待。建武十三年夏四月，吴汉消灭公孙述政权后，“自蜀还京师，于是大飨将士，功臣增邑更封，凡三百六十五人”。建武十三年，贾复“定封胶东侯，食六县；余各有差。已殁者益封其子孙，或更封支庶。”盖延“十三年，增封定食万户”。陈俊，“十三年，增邑，定封祝阿侯”。很明显功臣们的食邑，要比建国初年增加了很多。由于功臣的势力，大多数都在地方，所以刘秀在增加功臣食邑的同时，都以“奉朝请”的名义，把他们征调到京城洛阳。例如陈俊在建武十四年，“征奉朝请”。臧宫在建武十五年，“征还京师，以列侯奉朝请。”刘秀把这些功臣，留在京城，政治目的是很明显的，就是防止他们在地方上发展势力。然而，刘秀又巧妙地把他的这种政治意图掩饰起来。他从生活上给这些居于京城的功臣以最优厚的待遇。《后汉书·马武传》载：刘秀“虽制御功臣，而每能回容，宥其小失。远方贡珍甘，必先遍赐列侯，而太官无余。故皆保其福禄，无诛遣者。”刘秀的这种对功臣的优厚供养政策，可以使功臣同刘秀保持深厚的情感联系，又能够使他们安于现状。其结果，功臣们虽然“不任以吏职，故皆保其福禄，终无诛遣者。”刘秀对功臣的供养政策，对维持东汉初年政治局面的稳定，可以说是行之有效的。

当时，凡是被剥夺官位的功臣，都以列侯就第，加值特进。所谓特进，《汉官仪》说：“功德优盛，朝廷所敬异者，赐特进，在三公下，不在车骑下。”或者“以特进奉朝请”。所谓奉朝请，《汉官仪》说：“奉朝请之号，则非为官。”

但是，像邓禹、耿弇、贾复这些功劳较高者，“可与公卿参议国家大事，恩遇甚厚”。如果“每有四方异议，辄召入问筹策”。尽管如此，他们也只是处于受咨询的地位，并没有实际的权力。因此，范晔说：“议者多非光武不以功臣任职，至使英姿茂绩，委而勿用”。刘秀不任用功臣，从表面上来看，他是“以天下既定，思念欲完功臣爵土，不念以吏职为过，故皆以列侯就第也”。但是，从实质上看，刘秀的目的是明确的。他是要防止功臣任职后，因掌握的权力过重，而影响他的专制集权统治。

但是，刘秀让功臣交出军权，并不是采取立刻从上到下全部换班的办法，而是根据实际情况的需要，逐步解决，有的职务甚至“终身制”，比如吴汉的大将军职务。吴汉，字子颜，南阳宛（今河南南阳）人，少时家贫，和当年汉高祖刘邦一样，也做过亭长，因为手下犯法，逃到渔阳，在北京密云一带贩马为业。后来跟随刘秀打天下，打仗用兵，有勇有谋，临阵冷静镇定不气馁，时常力挽危局。历任偏将军、大将军、大司马，最后封广平侯，成为中兴名将，吴汉担任大司马，掌管国家军事，所以直到吴汉病故，他的大将军职务，就一直没有撤削，“吴汉薨”，刘隆代理司马的职务，又被刘秀任命为“膘骑将军”，才“罢上将军印绶”。在边地担任防御外敌职务的功臣，刘秀也没有立即剥夺他们的军权。建武十四年，马成“屯常山、中山以备北边，并领建义大将军朱佑营。又代骠骑大将军杜茂缮治障塞，自西河至渭桥，河上至安邑，太原至井陉，中山至邺，皆筑保壁，起烽燧，十里一候。在事五六年，帝以成勤劳，征还京师。边人多上书求请者，复遣成还屯。及南单于保塞，北方无事，拜为中山太守，上将军印绶，领屯兵如故。二十四年，南击武溪蛮贼，无功，上太守印绶”。

在治国方面，刘秀对功臣中有较高政治才能的仍加重用，让他们参议国事。邓禹，善于谋略，器量恢宏，刘秀任命他为大司徒，封丰臣侯，食邑万户，对那些虽屡建军功却缺少治国才干的武将，不授以实职实权，只让他们享受荣华富贵，优游享乐以尽天年。马成，字君迁，“南阳棘阳人也。少为县吏”。在刘秀征讨河北时，他弃官步行，追到蒲阳才赶上刘秀。他杀李宪，败隗嚣，破河池，平定武都，曾被封为平舒侯、扬武将军，最后被封为全椒侯。再如马武，他是一个文化水平不高的草莽英雄，但在战斗中却每次都冲锋在前，勇猛无敌，屡立战功。

对于号称“韩信第二”的耿弇，刘秀曾说过：“朕终不使耿弇为淮阴也!”建武十三年（37 年），光武帝增耿弇封邑，令其交回大将军印绶，以列侯奉朝请。但国有疑难，仍然召耿弇入朝咨询方略，甚见倚重，当然耿氏父子也忠心耿耿。建武十二年，耿弇病重，刘秀亲自去探病。耿弇的弟弟耿国当了驸马都尉，耿国的弟弟耿广、耿举都做了中郎将。史称：“弇兄弟六人皆垂青紫，省侍医药，当代以为荣。”

大将冯异，颍川父城人，本来是刘秀的俘虏，后来归顺光武，本人长于谋略，号令严整，用兵进止有序；为人谦让，诸将会聚论功之时，冯异常独自避于树下，故军中称为“大树将军”。冯异苦心经营，连续数年镇抚西方，威权日重，关中瞩目，称“咸阳王”。有人告发冯异准备自称咸阳王，刘秀把这个书信交给冯异，冯异惊恐异常，上表自辩，刘秀回复说：“将军之于国家，义同君臣，恩犹父子，何忧之有也?”后来冯异入朝觐见，刘秀向满朝文武做介绍，“是我起兵时主簿也。为吾披荆棘，定关中。”并且还回忆几年前的困难时期，大概豆粥吃得很香，仍然念念不忘。“仓卒无蒌亭豆粥，滹沱河麦饭，厚意久不报。”感动得冯异涕泪涟涟，顿首拜谢说：“臣闻管仲谓桓公曰：‘愿君无忘射钩，臣无忘槛车。’齐国赖之。臣今亦愿国家无忘河北之难，小臣不敢忘巾车之恩。”

为了联络感情，刘秀还经常和群臣开一些无伤大雅的玩笑，以玩笑来调节君臣之间的关系。《后汉书》曾经评说，刘秀称帝后，有一次和功臣饮宴欢聚，他问道：“如果你们没碰上时局大变动，会取得什么样的成就？”高密侯邓禹先答道：“臣小时候致力于学问，可以当个文学博士（一种官位）吧。”刘秀说：“你太谦虚了，你是世家大族的邓家子弟，志行修整，肯定会有更大的出息。”其他人也依次答对。到马武时，马武说：“以臣的勇武可以当个守尉，督查盗贼。”刘秀笑道：“你不当盗贼的话就差不多了。”马武生性好酒，阔达敢言，有时喝醉酒在御前当面批评同列，直斥他们的短长，无所避忌。君臣相对大笑，宴会尽欢而散。从这其乐融融的场面上我们可以看到光武在处理和功臣的微妙、复杂的关系时的良苦用心。

大臣有功，就封赏财物，但不加升官职。所以手下功臣皆保其福禄，没有被杀的人。名将马援曾经称赞刘秀“恢廓大度”“开心见诚，无所隐伏，阔达多大节”是符合实际的。赐予功臣们厚禄高爵，而不让他们参与军国大事。吴汉征蜀凯归，完成最后一统，光武欣慰，大为封赏，一次达三百六十五人。对功在汉室之文武将相，均予列侯就第，加位晋爵。其中有封食邑四县以上者，遭人反对，光武却说：“自古皆以无道亡国，未闻以功臣地多亡国者。”

建国初年，刘秀尚遵守西汉旧制，对任三公职者，依然封授列侯爵位。如建武二年，宋弘“代王梁为大司空，封相邑侯”。建武三年，伏湛“遂代邓禹为大司徒，封阳都侯。”但是，从建武五年以后，这项制度便开始改变。“朱祐等荐复宜为宰相。帝方以吏事责三公，故功臣并不用。”

侯霸代替伏湛为大司徒后，仅封为关内侯。侯霸很有能力，家里很有钱，“霸矜严有威容，家累千金，不事产业。”做官也很有能力，遣使征霸，百姓老弱相携号哭，遮使者车，或当道而卧。皆曰：“愿乞侯君复留期年”。每春下宽大之诏，奉四时之令，皆霸所建也。明年，代伏湛为大司徒，封关内侯。在位明察守正，奉公不回。十三年，霸薨，帝深伤惜之，亲自临吊。下诏曰：“惟霸积善清洁。视事九年。汉家旧制，丞相拜日，封为列侯。朕以军师暴露，功臣未封，缘忠臣之义，不欲相逾，未及爵命，奄然而终。呜呼哀哉!”

于是追封赠谥霸为则乡哀侯，食邑二千六百户。刘秀对不封侯霸为列侯的原因，只是一种托词。其实，他的意图正是要打破任三公，即封列侯的旧制。因为自侯霸不封侯的事例一开，以后凡无列侯爵位，而任三公者，都没有再被封为列侯的。如戴涉、蔡茂、王况、冯勤任司徒职，均无列侯爵位。赵营任太尉，仅封关内侯爵。杜林、张纯、冯鲂任司空，也无列侯爵。诚如袁梦麒说：“自是之后，位三公者，皆不复有茅土之封。”在全国基本统一后，刘秀在国家重要官职的任用上，也改变了从前的措施。他总的原则，是不任用功臣担任国家的重要官职。正如《后汉书·光武帝纪》说：“虽身济大业，兢兢如不及，……退功臣而进文吏，虽以征伐济大业，及天下既定，乃退功臣而进文吏，明慎政体，总揽权纲，量时度力，举无过事，故能恢复前烈，身致太平。”

自建武五、六年以后，由于关东的各割据势力逐渐被平定，形势开始好转，因此刘秀加强了国家内政的建设。他对三公的选择，既注意任职者的实际能力，同时，也防止这些任职者难以驾驭。刘秀所选拔的司徒，自侯霸以后，大多数来自有地方统治经验的郡太守。

有鉴于西汉晚期大臣权势过重，皇帝丧失政柄的历史教训，刘秀特别注意严加防范。首先，他从制度上压低三公品级，不用功臣外戚。朝中虽保留三公名位，却不授实权。处理政务的尚书台及六曹（相当于六部）是皇帝的喉舌，“出纳王命，赋政四海，权尊势重”。但尚书令品级，仅为“千石”，相当于大县的县令，尚书仆射（副职）和六曹尚书令品级仅为“六百石”，只等于中小县的县官。这样一来，有位的无权，有权的无位，低官高职，为的就是防止大臣擅权。在具体人选上，刘秀不用开国功臣出任公卿掌管大政，以防擅权，但给他们以高爵重赏，在生活上充分优待，对一般过失也加以宽容，避免了西汉初年兔死狗烹、鸟尽弓藏悲剧的重演，可算是一种安排功臣的成功经验，为后世所效仿。

尽管如此，刘秀仍只是奖功封侯，而不授予实际权力。为了避免功臣权力过大带来的问题，他不让功臣掌握实际的权力，而是“退功臣，进文臣”，把治理国家的事交给了文臣。这样一来，既解决了如何对待功臣的问题，又利于国家的治理，是古代皇帝在如何处理功臣方面做得最好的皇帝之一。

在刘秀夺取天下，进行统一战争时，外戚也是刘秀的重要依靠力量。

建国之初，刘秀对外戚任用和加封，说明他考虑到外戚是他进行统一战争、巩固其统治的依靠力量，所以对外戚并不排斥。

可是，到刘秀统治后期，他已感到对外戚势力有加以限制的必要。西汉后期，外戚专权，已是很严重的问题。尤其是王莽凭借外戚的地位，最终篡夺西汉的最高权力。这样的历史教训，对刘秀来说，是极为深刻的。《东观汉记》称：“初，世祖闵伤前世权臣太盛，外戚预政，上浊明主，下危臣子。”这说明刘秀看到外戚对集权统治的危害，因而他对外戚势力是加以限制的。但是，刘秀在限制外戚上所实行的措施，却是因时因人而异，手段比较温和。

阴识，南阳新野人也，是光烈皇后阴丽华的前母兄，据说是管仲的后裔。刘秀兄弟起兵时，阴识游学长安，“闻之，委业而归，率子弟、宗族、宾客千余人往诣伯升”，阴识到达洛阳后，就被刘秀任命为骑都尉，改封为阴乡侯。“建武元年，光武遣使迎阴贵人于新野，并征识。识随贵人至，以为骑都尉，更封阴乡侯。”

可见，在统一战争进行时，刘秀对外戚是积极加以利用的。还任命外戚为官职，并加封他们爵位。在这一期间，刘秀重用外戚，对外戚的品格，是很注意的。建武二年，阴识“以征伐军功增封”。可是，阴识却推辞说：“天下初定，将帅有功者众，臣托属掖廷，仍加爵邑，不可以示天下。”阴识的这种谦让态度，很受刘秀的赏识。因此，刘秀先任命阴识为关都尉，镇守函谷关。二年，以征伐军功增封。（“帝甚美之，以为关都尉，镇函谷。迁侍中，以母忧辞归。”）

建武十五年（39 年），阴识定封为原鹿侯。在刘庄被立为皇太子后，阴识又代理执金吾，辅导东宫。刘秀出巡郡国时，阴识经常留守京城，“委以禁兵”。刘秀对忠实于他的阴识，显然能够大胆任用。光烈皇后的母弟阴兴，“为人有膂力”，并且，有谦让之风。阴兴追随刘秀征战的时间很早，在建武二年，他任黄门侍郎，守期门仆射，“典将武骑，从征伐，平定郡国。”阴兴经常同刘秀外出，“常操持小盖，障翳风雨，躬履涂泥，率先期门。光武所幸之处，辄先入清宫，甚见亲信。虽好施接宾，然门无侠客。”因此，阴兴很受刘秀重用。建武九年，阴兴被任命为侍中，赐爵关内侯。刘秀后来又准备封他为列侯。可是阴兴却一再推辞说：“臣未有先登陷阵之功，而一家数人并蒙爵土，令天下觖望，诚为盈溢。臣蒙陛下、贵人恩泽至厚，富贵已极，不可复加，至诚不愿。”帝嘉兴之让，不夺其志。贵人问其故，兴曰：“贵人不读书心邪？‘亢龙有悔。’夫外戚家苦不知廉退，嫁女欲配侯王，取妇眄睨公主，愚心实不安也。富贵有极，人当知足，夸奢益为观听所讥。”“贵人感其言，深自降挹，卒不为宗亲求位。”由此可见，阴兴没有被封为列侯，并不是刘秀限制，而是阴兴知道克制自己的结果。

在统一战争基本结束后，功臣逐渐被剥夺实权。刘秀一度曾“召见兴，欲以代吴汉为大司马。兴叩头流涕固让，曰：‘臣不敢惜身，诚亏损圣德，不可苟冒。’至诚发中，感动左右，帝遂听之。”因而，刘秀取消了任用阴兴为大司马的打算。兴素与从兄嵩不相能，然敬其威重。兴疾病，帝亲临，问以政事以群臣能不。兴顿首曰：“臣愚不足以知之。然伏见议郎席广、谒者阴嵩，并经行明深，逾于公卿。”兴没后，帝思其言，遂擢广为光禄勋；嵩为中郎将，监羽林十余年，以谨敕见幸。建武二十八年（52 年），在朝廷上就选择太子太傅的问题，展开了一次辩论。刘秀问群臣谁可以担任太子太傅，“群臣承望上意，皆言太子舅执金吾、原鹿侯阴识可”，而博士张佚却力排众议说：“今陛下立次子，为阴氏乎？为天下乎？

即为阴氏，则阴可；为天下，则固宜用天下贤才。”刘秀对张佚的议论，非常赞同，他说：“欲置傅者，以辅太子也，今博士不难正朕，况太子乎？”“即拜佚为太子太傅，而以荣为少傅，赐以辎车、乘马”，在太子太傅、少傅的选择上，刘秀的这种明确态度，已开始显露出他要抑制日益发展的外戚势力，进而改变建国初期在外戚安置上比较宽大的政策。

刘秀对外戚采取比较宽容的政策时，鉴于西汉时外戚交接宾客、扰乱胡政的教训，对外戚所结交的宾客，“皆以法绳之，大者抵死徒，其余至贬黜。”可见，刘秀对外戚结交宾客的行动，是非常厌恶的。正因为如此，他对这种活动，打击也是严厉的。刘秀所以这样做，正是要防止外戚拉拢宾客，结党营私，控制外戚势力的扩大。卫尉阴兴和新阳侯阴就，地位显赫，又非常敬重有才能的人。冯衍，“京兆杜陵人，年九岁能诵《诗》，至二十而博通群书”，能诗善文，尤擅辞赋，颇得阴氏兄弟赏识，“后卫尉阴兴、新阳侯阴就以外戚贵显，深敬重衍，衍遂与之交结，彼此多有来往”，诸王也格外敬重他。刘秀鉴于西汉外戚交接宾客、扰乱朝政的教训，下令将外戚结交的宾客，皆依法治罪，重者处死，轻者贬官。“衍亦得罪”，吓得赶紧自辩：“卫尉阴兴，敬慎周密，内自修敕，外远嫌疑，故敢与交通。兴知臣之贫，数欲本业之”，又“自诣狱”，但刘秀“诏不问”，对他不理不睬，冯衍罢官归家，不幸的是“娶北地任氏女，颇悍”，还找了个“母老虎”做老婆，这下可热闹了，官场失意，本身就不开心，耳边还整天有河东狮吼，搞得老冯心烦意乱，整天背着手气急败坏在屋里乱走，最后把“母老虎”休走，然后寄情辞赋，多写悲愤自伤、官场失意后的感慨，自己倒没有什么，但对后世文学影响颇大。这样，宾客不敢轻易结交外戚，外戚也不敢轻易招揽宾客了。到刘秀统治后期，对外戚的限制就更加严厉了。在太子太傅的选择上，他明确表示不用外戚阴识，而用正谏之臣张佚。临终前四个月，他甚至派司空告礼高庙，降太后吕雉尊号，宣布她不宜配食高庙。这样，外戚的参政权力被限制、削弱，威胁便得到了有效的控制，皇权得到了有效加强。

建武二十四年，“武帝时有淮南、衡山之谋，作左官之律，设附益之法。阿曲附益王侯者，将有重法。是为旧制，今更申明之。”由于有这项法律的约束，就使一些大臣、士人不敢同诸侯王往来。例如，太子及山阳王荆因梁松以缣帛请之。郑众就对梁松说：“太子储君，无外交之义，汉有旧防，蕃王不宜私通宾客。”松曰：“长者意，不可逆。”众曰：“犯禁触罪，不如守正而死。”遂不往。刘秀对敢于违犯这项法令的人，在处罚上，他是决不手软的。

刘秀在京城洛阳还重用执法严明的官吏，打击外戚及其宾客的犯法活动。例如，蔡茂为广汉太守。“以阴氏宾客在郡界多犯吏禁，茂辄纠案，无所回避。”后来他听说洛阳令董宣举纠湖阳公主。蔡茂非常喜欢董宣的刚正，因此上书刘秀说：“欲令朝廷禁制贵戚”。刘秀鉴于外戚势力在京城已有较大发展，因此采纳蔡茂的建议。他对董宣冒犯湖阳公主不仅不追究其罪，反而重用了董宣。刘秀重用董宣一类刚直不阿的官吏，其目的，正是要防止京城中，“外戚骄逸，宾客放滥”情况的继续发展。如果说刘秀在他统治前期，还只是注意到外戚结交宾客的情况，并且，采取了必要限制措施，那么，到他统治后期，就对外戚的限制更加严厉了。

刘秀在建武十五年分封皇子，建武十七年改王，他并没有让受封者立刻前往封地。直到建武二十八年，“东海王强、沛王辅、楚王英、济南王康、淮阳王延始就国”。受封诸侯王前往自己的封地，距离他们受封的时间，已有十三年之久。从表面上看，刘秀是出于对皇子们的关心。实际上，他是要把这些受封的皇子集中在京城洛阳，便于控制他们。东汉朝建立后，刘秀仍然实行了分封制度。在建武初年，他曾分封了一些宗室为诸侯王。但是，由于当时刘秀的占领区很小，大部分受封的宗室都没有前往自己的封地，只有赵王刘良，在建武五年“始就国”。这些受封的宗室，不能前往封国，重要的原因是刘秀害怕他们利用诸侯王的封号，扩展势力，危及他的统治。例如，真定王刘扬就与临邑侯刘让，在其原封地，试图反叛刘秀，被镇压下去。刘秀已充分感到建国初年所分封的宗室，是使他统治不稳定的重要因素。因此，建武十三年，也就是全国基本统一之后，刘秀立即对受封的宗室，采取削夺诸侯王封号的措施。他下诏说：

"长沙王兴、真定王扬、河间王邵、中山王茂，皆袭爵为王，不应经义。其以兴为临湘侯，扬为真定侯，邵为乐成侯，茂为单父侯。"除了把这部分诸侯王贬为列侯外，刘秀还把另一些诸侯王的地位下降为"公"。

《后汉书·光武帝纪下》说："丁巳，降赵王良为赵公，太原王章为齐公，鲁王兴为鲁公。庚午，以殷绍嘉公孔安为宋公，周承休公姬武为卫公。""公"的分封等级，是由刘秀创立的，刘秀在分封制度上，设置"公"，正是要在削夺诸侯王的封号时，对原来受封的宗室，能做到等次上的划分。此外，刘秀还把西汉时期的十三个诸侯国做了归并。他使"省并西京十三国：广平属钜鹿，真定属常山，河间属信都，城阳属琅邪，泗水属广陵，淄川属高密，胶东属北海，六安属庐江，广阳属上谷"。刘秀兼并这些诸侯国，显然不想使这些诸侯国再重新绍封。不过，诸皇子由于在家族中所处的地位不同，封地大小存在也差别。如刘强原来曾是皇太子，因其母郭皇后被废，而失去皇太子地位。刘秀"以强度不以过，去就有礼，故优以大封，兼食鲁郡，合二十九县。"这是刘秀封皇子最多土地者。而楚王刘英，因其母许氏无宠，所以封池最小，尚不足一郡。

刘秀死后，汉明帝以至各代皇帝对28家功臣及其后代，均优容有加，封侯29人，三公2人，大将军13人，列卿14人，校尉2人，州牧、郡守四十八人，尽可能保持他们在政治、经济上的优越地位，甚至对已经除国废爵的功臣之后也格外开恩，恢复爵禄。身为二十八将之首的邓禹更是举门望族，累世宠贵。其余担任一般官吏的更是不可胜数，天下没有能够与之相比的。光武帝及以后各朝皇帝宠幸二十八将及其他功臣，本以仁心为本，后果却实在出人意料。功臣之后受朝廷信任和重视，屡代为官，逐渐成为享有特权的地主阶层。久而久之，终于形成一个强有力的豪强地方阶层，乃至成为东汉末年导致东汉分崩离析、地方割据的主要因素。

永平十八年，汉明帝刘庄去世，在位18年，享年48岁，庙号显宗。后汉书中说明帝性褊察。就是脾气暴躁。他的性格根本不像父亲光武帝和母亲阴丽华。但刘庄确实是一个非常勤政的皇帝，史载"乙更尽乃寐，先五鼓起，率常如此"。驭下有术，大权不旁落。即位后继续执行了光武帝的休养生息政策。他的为政风格和清雍正很接近，都是对手下的官吏非常苛切，对百姓却恰好相反。魏文帝称“明帝察察，章帝长者”。后人也多论明帝不够宽和。魏文帝的观点我是很不赞同的。他把章帝抬得比明帝高，我觉得是不对的。试想明帝又怎能知窦宪枉法而不能有所动作啊。皇帝对自己手下的官吏严苛恰恰是非常合适的。而且在我看来，明帝为何严苛，光武驭下用宽是因为自己威望高，而明帝是没有他父亲那样的威信的，靠他的威望对自己父亲那些老臣，当然是不够的。明帝用王景治黄河，直到东汉末黄河也没决口，有惠于民啊。在两汉24帝中，明帝逊色于汉高、汉文、光武，也许比景帝强些，在中国历史上也是一位有作为的皇帝。

宋太祖赵匡胤——杯酒释权　技高一等

赵匡胤吸取了唐以来武将拥兵自重，中央政府软弱无力的经验教训，对于那些拥戴他即位的高级将领和节度使采取了“杯酒释兵权”的做法，即让他们交出兵权，给他们在经济上的补偿，表面上看和刘秀颇为相似，但由于对象不同，所取的效果也大不一样。赵匡胤的高级将领只在军事实力上对中央产生了威胁，在其他方面则比较差，也就是说他们最大的资本就是军队，离开了军队他们的影响力就几乎不存在了。因此，赵匡胤虽然给予他们经济上的补偿，但却没有给他们经济上的特权，也就是说他们充其量只是一个富翁，在政治上已经没有丝毫的影响力，他们是的的确确被削弱了。赵匡胤不仅解除了那些将领的兵权，也解决了唐中期以来数百年的地方强于中央的局面，结束了唐以后政权多亡于武人之手的局面。赵匡胤不仅解决了问题，也没有流血，可以说是在解决开国元勋的问题上处理的最得当的。

继位背景：

公元961年，梁王柴宗训即位，时年七岁。第二年春天，周恭帝还未来得及改元，周世宗棺柩刚刚入土两个多月，忽然传来辽国联合北汉大举入侵的消息。主政的符太后乃一介女流，毫无主见，听说此事，茫然无措，最后屈尊求救于宰相范质。范质思忖，朝中大将唯赵匡胤才能解救危难，但赵匡胤以兵少将寡，不能出战推脱，逼得范质任命赵匡胤最高军权，可以调动全国兵马。几天后，赵匡胤统率大军出了京城，当大军行至陈桥驿时（河南封丘），赵匡胤的弟弟赵匡义（宋太宗）带领军事将领发动政变，把黄袍加在赵匡胤身上，拥立他为皇帝。这就是著名的“陈桥兵变”。当兵变的消息传到京城时，宰相范质、王溥和韩通都还在宫中讨论，热烈地憧憬未来，想象着赵匡胤将旗开得胜、马到成功，所以对于兵变毫不知情。直到赵匡胤一行进了汴梁城，范质、王溥和韩通才知道，赵匡胤真的凯旋了，但竟然反戈一击，要革本朝的命。宰相范质没别的本事，只能痛哭流涕，留下悔恨的泪，他紧紧拥抱王溥说道：“是我等之错啊！不该让赵匡胤把军队都带走……”王溥从来不习惯被一个胡子拉碴的老头儿拥抱，但现在也顾不上了，他呜咽的唉声叹气：“咳，范大人，你也不用自责，即使京城有军队，你我能把赵匡胤怎么样？”范质、王溥两个大男人呜呜咽咽、凄凄切切惨惨，好半天，才平静下来，但还是相对无言，惟有泪千行。但那韩通不然，他比较坚强，闻听兵变之后，既不言语，也不哭泣，更没有拥抱任何人。他偷偷地避开王审琦等人的监视，四下张望了一番，然后定定神，运运气，越过宫墙，撒开脚丫子就向自己家一路狂奔，也不知道是逃命还是准备掩藏家里的金银宝贝，反正他非常机警地逃了出去。谁知道这不逃还好，一逃反而丢了卿卿性命，他虽然避开了王审琦的监视，但被石守信正在街头巡视的手下发现了，这个人叫王彦升，是石守信手下一名勇猛的小军官，看到韩通玩命地奔跑，王彦升不敢渎职怠慢，他赶紧提着剑一路狂追。刚闯入韩通的家，好家伙，正好看见韩通手握利剑，张牙舞爪地向外跑，后面还跟着一行人，王彦升啥也不说，钢牙一咬，抬起胳膊就是一剑，韩通正往前跑，猝不及防，扑通一声，竟被王彦升一剑穿心，倒地而死。看见韩通的尸体后，韩妻禁不住地大叫了一声。话音未落，王彦升就到了，他一不做二不休，索性杀个痛快，一时兽性大发，竟将韩宅内所有的人全部杀死，这便是“陈桥兵变”后唯一的流血事件。

杀完韩通全家后，王彦升提着滴血的长剑去找石守信汇报，没走出多远，就撞着赵匡胤和石守信等人，赵匡胤立即盯着王彦升手中的长剑，诧异地问：“你怎么回事？”

看见赵匡胤一身龙袍，王彦升非常惶恐，他结结巴巴地说：“韩……韩通想反抗，我把他一家人杀了！”

“啊！什么？”赵匡胤一下子睁大了眼，“韩大人乃朝中重臣，你居然杀戮了他的全家？来人，将杀死韩大人的凶手就地正法！”

马上跑过来几个军士，摁住王彦升的脖子，就准备杀头。石守信赶紧求情：“大人，韩通意欲不轨，王彦升及时除祸，不能加罪啊！”赵普也讨个人情：“点检大人，已经流血了，岂能让流血继续下去？”众将官也纷纷为王彦升求情。赵匡胤于是借坡下驴：“也罢！不知者不为罪，且饶他一回吧！”王彦升因此得以活命。

于是，赵匡胤众星拱月进驻京城，一下子有了两个皇帝，老百姓倒也无所谓，那些文武大臣们却有些无所适从，每个人都惴惴不安，谁也不知道赵匡胤将如何处置他们。正在这时，赵普轻轻言道：“大人，他们来了。”

前朝宰相范质、王溥二人脸上挂着尚未风干的泪痕，一前一后，一高一矮，东倒西歪地走了过来，王审琦押俘虏似的走在身后，春风得意，好像刚喝了4两老白干似的。范质还算镇静，王溥却哆哆嗦嗦的，好像在上刑场。但赵匡胤的表现却令二人大跌眼镜。只见赵匡胤大步流星地迎上来，眼含热泪对范质和王溥言道：“两位大人受惊了，我赵匡胤受先帝恩宠，从无背叛之心，可三军将士硬是把这黄袍披在我身上！我怎么推辞都没有用，还望两位大人多多谅解！”范质和王溥面面相觑，一下子不知道该说什么。范质正想答话，只见军校罗彦环手持利剑走上前，厉声喝道："我辈无主，今日必得天子。"王溥一看如此，率先伏地磕头，一边磕头还一边叨叨："万岁称帝，顺乎天意、民心，微臣愿终身侍奉陛下！"王溥这一"万岁"了，范质也只好伏地叩首："吾皇万岁万岁万万岁！"老赵也会演戏，连忙做出一副诚惶诚恐的模样，搀扶着范质和王溥道："两位老大人快快请起！我赵匡胤本是粗人，不懂什么国家大事，这治理天下的重任，还望两位老大人鼎力担当啊！"赵匡胤的话很明显，就是叫范质和王溥官任原职。范质美滋滋的，眼泪还没有擦干，就急急忙忙地对赵匡胤说道："请陛下速往崇元殿登基！"王溥也不甘示弱，赶紧说道："陛下早日登基，天下便早日安定！"

赵匡胤在众人的簇拥下来到崇元殿，范质马上开始本职工作，忙着召集文武百官，王溥的工作性质也变了，他策划着准备让恭帝柴宗训行禅位之礼，就是让他主动把帝位禅让给赵匡胤。但是，就在王溥不知所以的时候，一个叫陶谷的翰林学士从怀中掏出一篇早就写成的禅文呈给了王溥，王溥如获至宝，亲自当着群臣的面宣读了那篇禅文，陶谷不愧是翰林学士，禅文写得很好，是以恭帝柴宗训的口吻写的，先是回顾了尧舜等人禅位之历史，接着讲自己年幼无知，不能治理天下，再歌颂赵匡胤的丰功伟绩，最后决心效法尧舜之故事，将帝位禅让给赵匡胤，禅文宣读完毕，赵匡胤正式登基，那些文臣武将，在范质和王溥的带领下，一起跪在了赵匡胤的脚下，一边磕头一边山呼"万岁"，大宋皇帝便堂而皇之地诞生了。这时，有一个翰林学士，名叫王著，原是后周的臣子，这时喝醉了酒，思念故主，当众喧哗起来。群臣大惊，都为他捏一把汗。太祖却毫不怪罪，命人将他扶出去休息。王著不肯出去，掩在屏风后面大声痛哭，好容易才被左右搀扶出去。第二天，有人上奏说王著当众大哭，思念周世宗，应当严惩。太祖说："他喝醉了。在世宗时，我和他同朝为臣，熟悉他的脾气。他一个书生，哭哭故主，也不会出什么大问题，让他去吧。"这一年，赵匡胤刚好三十四岁。

赵匡胤称帝后，姐姐、弟弟、妹妹还有自己的儿女，一夜之间成了皇亲国戚，老娘杜氏也自然而然地成了大宋朝的皇太后。据说，赵匡胤的二老婆王氏被迎到皇宫后，简直不敢相信自己的眼睛，满脸惶恐，晃晃脑袋，咬咬手指头，掐一掐脸，还是搞不懂。直到赵匡胤大声宣布，封王氏为皇后时，王氏才逐渐苏醒过来，但第一句话就是：啊唷，我说老赵，这是做梦吗？这是不是真的？我真的是皇后？看到赵匡胤笑眯眯地望着自己，这才知道自己家里的老赵真的做了皇上，她也真的成为皇后了，但王氏还算清醒，刚想问问以后的生活，赵匡胤就说："我的皇后娘娘，朕今夜想与你一起共度良宵，你可否愿意？"王氏慌忙伏地磕头道："臣妾愿侍候皇上共度良宵！"赵匡胤哈哈大笑："皇后请起，朕是皇上，你是皇后，地位平等，又何必行此大礼？"十三年后，柴宗训长大成人，忽然一夜之间"发病"而死，赵匡胤又演一出"闻之震恸"的大戏，谥曰"恭皇帝"，把小伙子葬在其父陵侧。另外，周世宗的七个儿子，除老大、老二、老三被后汉隐帝杀掉，老六柴熙谨不知所终，老五柴熙晦、老七柴熙让也都莫名其妙的失踪了，估计都被赵宋派人弄死了。公元 976 年八月，赵匡胤以党进、潘美、杨光义为将，分兵三路北伐，沿途屡挫北汉军队。同年十月，宋军已经攻到了北汉首都太原，眼见北汉可灭、霸业可成的时候，在一个风雪之夜，踌躇满志的赵匡胤却莫名其妙地猝死了，时年五十岁，这就是著名的"烛影斧声"疑案，也是宋太宗赵光义即位的背景。

最早的有关"烛影斧声"的记载见于《湘山野录（续编）》一书，书的作者是宋神宗时代的一位和尚，此公爱好文学，著有《湘山野录》一书。书中记载：赵匡胤、赵光义哥俩还没做皇帝时，认识一个异人，这个人预言他们将在某年分别当皇帝，后来赵匡胤果然在这一年当了皇帝。赵匡胤称帝后，很希望这个异人再一次为他指点迷津，赵匡胤的迷津，其实很简单，就是问他还能活多久？这个异人也不知道故弄玄虚，还是见到皇帝害怕，竟然信口胡诌出一套谶语，大概意思是，某年某月某日天不下雪，太祖还可以活十年，否则，就在这一天去世。到了那一天，赵匡胤登太清阁望气，只见皓月当空、星光璀璨，老赵心中欢喜，心想，我还可以再活十年。谁知道到了晚上下起了雪，太祖知道完了，急召晋王赵光义入宫喝酒议事。兄弟俩在屋内喝酒，叫侍从在门外等候，也没有听见“哥俩好”“八匹马”什么的，但第二天，宋太祖就完了。如果和尚只写这些，还没什么，关键是这家伙爱好文学，写了一段令人扑朔迷离的记述：“……俄而阴霾四起，天气陡变，雪雹骤降，（太祖）移杖下阁。急传宫钥开端门，召晋王（宋太宗）……延入大寝，酌酒对饮。宦官、宫妾悉屏之，但遥见烛影下，太宗时或避席，有不可胜之状。饮讫，禁漏三鼓，殿雪已数寸，帝引柱斧戳雪，顾太宗曰：‘好做，好做’，遂解带就寝，鼻息如雷霆。是夕，太宗留宿禁内，将五鼓，伺庐者（宦官）寂无所闻，帝已崩矣。太宗受遗诏于柩前即位。”

这就是最早的有关“烛影斧声”历史疑案的记载，因为爱好文学，文莹和尚的描述可谓情景交融、栩栩如生，既有“遥见烛影下”的情境描写，也有“或避席，有不可胜之状”的神态传真，还有“帝引柱斧戳雪，鼻息如雷霆”的情态叙述。因为“斧”，总让我们联想“黑旋风”李逵杀人越货使用过的板斧，不明真相者可能会想到，一定是赵光义用斧头作为凶器，把自己老哥劈死什么的。其实，这是后人的误解，文莹和尚所记的“柱斧”乃“玉柱斧”。就是一种很简单的办公用品，《宋史》所记：“王全斌平蜀，以图来上……艺祖（赵匡胤）以玉斧画图曰：‘外此，吾不有也’。”由此可见，赵光义用大斧杀人，纯是后人因字生义。这种玉斧是一种很简单的办公用品，用来镇纸什么的，既不锐利又不沉，肯定杀不死人的。文和尚爱好文学不要紧，却引起一段历史疑案，但是，我们也不能说文莹和尚搞的不是纪实文学，没准儿他师祖、师父当时在内廷为赵氏皇帝讲经说法，传出些“宫闱秘闻”，也不是不可能的，他好奇之下，记录下来，也并非全不可信，这就有了宋太宗赵光义弑兄即位的传说。

但是，“斧烛声影”中的疑点实在很多，宫闱之中怎么会有雪呢？没有雪，怎么能听到赵匡胤用斧戳雪的声音？如果赵匡胤被自己的弟弟杀掉，他的儿女能不知道吗？就是普通人去世后，也有个遗体告别什么的，更不用说皇帝了，如果真是谋杀，野史家们都知道了，赵匡胤的儿女会不知道？更何况还要沐浴、入殓、守灵等等，不可能没人知道，另外，当时宋朝并没有统一，还有北汉、辽等国家，如果赵光义谋杀亲哥，这些北汉、辽等国的政治家们难道会无动于衷，难道不会以此大做文章，不会大肆宣传，讨伐？所以，我们不敢说太祖有传位光义之意，但太宗杀老哥的事情肯定是子虚乌有。关于这个问题，我们将在对话中，还要进一步讨论。

皇储分析：

北宋的皇储不同于其他王朝，因为有扑朔迷离、神秘诡异的“金匮之盟”，所以，能算得上第一代皇储的人共有四位。太祖皇帝赵匡胤两子。（赵匡胤有四子，长子滕王赵德秀和三子舒王赵德林早亡，史书没有详细记载，算得上皇储的就是老二燕王赵德昭和老四秦王赵德芳。）再就是宋太宗赵光义，还有他的弟弟赵廷美。赵光义原名赵匡义，兄弟三人，兄即北宋开国皇帝赵匡胤，弟乃赵匡美。北宋建立后，赵匡义被任命为殿前都虞候，后又被封为晋王。为了避讳，赵匡义和赵匡美的名字改为赵光义和赵光美。赵光义登基后，赵光美改名为赵廷美。建隆二年（公元961年），太后病，太祖始终在旁服侍不离左右。太后自知命已不长，召宰相赵普入宫。太后问：“你知道怎样得天下的吗？”帝呜咽不能对。后曰：“我问你天下大事，你哭什么？”问之如初。宋太祖曰：“我所以得天下者，托祖先及太后之福。”太后曰：“不是这么回事！你能做天子，那是因为周世宗死后继位的国君年幼的缘故，如果当时是一位成年皇子继位的话，你能当上天子吗？所以，将来你传位时，就应当传位给你弟弟光义，立年长者为国君，是社稷之福呀！”太祖顿首泣道：“敢不如教诲！”太后转过身对赵普说：“尔同记吾言，不可违也。”赵普于床前写成誓书，普于纸尾写“臣普书”，藏在金匮，命谨慎小心的宫人掌之。这就是所谓的“金匮之盟”，也就是赵光义“兄死弟及”的合法根据。尽管司马光的《涑水纪闻》、李焘的《续资治通鉴长编》中有大致相同的记载，但从来没有人见过盟约的原文。因此，直至今世，怀疑和相信两派学人争论不休，尚无定论。同年七月，宋太祖就任命赵光义为开封尹、同平章事，五代时期，凡皇位的继承人都要封王任开封府尹，赵光义也不例外。

赵匡胤死后，其弟赵光义继位，首先封其弟赵廷美为齐王，还依祖制封赵廷美继任开封府尹，还“诏与齐王廷美自今朝会宜班宰相之上”，这说明齐王赵廷美隐然有继位之势，也说明金匮之盟还是“三传约”，皇位还要传给赵廷美，《宋史》也推测说：“或谓昭宪及太祖本意，盖欲太宗传之廷美，而廷美复传之德昭。故太宗既立，即令廷美尹开封，德昭实称皇子。”赵匡胤的次子赵德昭被封为武功郡王，四子赵德芳被封为山南西道节度使、同平章事。赵德昭，字日新，其母是贺皇后，赵德昭个性深沉，不苟言笑，《宋史》记载“德昭喜愠不形于色”，赵光义即位后，不管是权宜之策，还是故作姿态，一开始很看重赵德昭，封其为武功郡王。还“诏与齐王廷美自今朝会宜班宰相之上”。太平兴国四年（979 年），宋太宗亲征幽州，企图一举夺回幽云十六州，宋辽两国大战高粱河（北京西直门外高粱河），宋军大败，死者万余人，数十万宋军丢盔弃甲全线溃败，宋朝的仪仗、宝器、御物都成了辽军的战利品，随军家属，所有妃嫔、宫女，也尽做了辽人的俘虏，宋太宗狼狈万状，慌得连马匹也找不到，只找得几头驴，坐着驴车急急逃走，保住了性命，身上却被辽人的乱箭射中，左屁股上还中了两箭，年年溃烂，不能痊愈。宋太宗仓皇南逃之际，六军无主，竟出现拥戴宋太祖之子德昭的事件，还传出太祖皇帝遗诏的事，这使得赵光义深感惊惧，对文武诸臣大为不满。回到汴京后，心中烦闷，不言不语，竟然不赏此前消灭北汉、攻取太原的有功将士，将士们议论纷纷。赵德昭借机收买人心，他入宫规劝，说高粱河大败，但不应该泯灭消灭北汉、攻取太原有功将士，宋太宗心中窝火，听见赵德昭话中有话，竟有幸灾乐祸之意，心中大怒，冷冷地说：“待汝自为之，赏未晚也！”意思是你自己做了皇帝，再封赏也不晚。此言一出，赵德昭惶恐万分，二叔的话分明是怀疑他有夺位之心，日后定难全身，想到自己父母早亡，兄弟二人朝夕不保，满腹心事，顿生短念，回来后便自刎身亡，太宗得知此事，又惊又悔，赶过来抱尸痛哭：“痴儿何至此邪！”最后下令厚葬，还追封德昭为魏王，赵德昭死时，年仅 29 岁。赵德昭突然自杀身亡，对老四赵德芳打击很大，他凄怆悲愤，郁郁寡欢，两年不到，便撒手人寰，年仅23岁。眼看自己的侄儿接二连三地丢了性命，齐王“廷美始不自安”，心想，二哥也太阴险了，想到自己开封府尹的位置对赵光义皇权的威胁，心中就害怕。赵廷美的担心并非没有道理，赵德昭兄弟死后，齐王赵廷美就成了宋太宗的眼中钉肉中刺。打击廷美，首先必须解决“金匮之盟”的历史问题，于是，他想到了昔日宰相赵普。赵普一生读书不多，但好读《论语》，并从中学到一些治国之道。他曾对太宗说：“臣平生所知，诚不出此。昔以其半辅太祖定天下，今欲以其半辅陛下致太平。”因此以“半部《论语》治天下”闻名于世。提起赵普的丰功伟业，后人总想起“半部论语治天下”和“太祖雪夜访赵普”的事，似乎是诸葛亮、魏徵之类人物，实际上，赵普有管乐、诸葛之才不假，也有魏徵直言犯上之事，但他的确是个反复无常的势利小人。赵匡胤时代，赵普权高位重，与太祖私交甚好，陈桥兵变、杯酒释兵权、制定统一战略等事上，赵普发挥了重要作用，其权势甚至一度在晋王光义之上，他曾秘密上书要宋太祖警惕晋王赵光义，还明确反对宋太宗即位，两人关系日渐疏远，从明争暗斗，最后发展到白热化，最后“朕几欲诛卿!”宋太宗即位后，感慨万分地说：如果赵普还做宰相，朕也就不能得到这个皇位。这里还需要提一下赵普的政敌卢多逊。卢多逊，河南怀州人（今河南泌阳）。五代后周显德初，举进士。卢多逊博涉经史，聪明强记，文辞敏捷，性狡黠，有谋略。他之所以发迹，是因为抓住了一个难得的机遇，他曾奉命出使南唐，回归前，灵机一动，谎骗李煜，说大宋正在编辑一部地理全书，唯独少了南唐，希望提供资料，正沉湎于诗词歌赋的唐后主自然不知其故，如数奉给。从此，南唐的地理形势，尽在太祖眼里，一览无遗。赵匡胤自此对卢多逊大加赞赏，始有重用之意。而当时，赵普正红得发紫，权势显赫，如日中天，还伺机扩建自己的官邸，营造店铺，这让卢多逊抓住了把柄，在晋王赵光义的支持下，于是，“每召对，多攻普之短”，进而揭发赵普贪污受贿的腐败行为，太祖甚怒，赵普被罢相，外放为河阳节度使。从此，赵普与卢多逊算是结下了梁子，卢多逊从此受宠，步步高升，直至宰相高位，还探索出一套固权保位的策略，他知道太祖好读书，就经常到史馆来取书，就让小吏每次都查看太祖所取何书，“必通夕阅览”，第二天，太祖问书中事，“多逊应答无滞”，只有卢多逊一个人应答如流，以此获得太祖赏识，拜为宰相。

太宗继位后，赵普对自己的政治前途充满迷茫，卢多逊怕死灰复燃，决定痛打落水狗，就在太宗面前揭露赵普，说当初他是解决反对太祖传位给太宗的。太宗这时候，正准备对付齐王赵廷美，希望以这位元老重臣的重要地位和政治影响增加舆论，“七年三月，或告秦王廷美骄恣，将有阴谋窃发”，太宗将信将疑，就问赵普怎么看这个问题，此时的赵普连遭冷落，又被卢多逊逼得无处可退，身家性命岌岌可危，这下可抓住救命的稻草，第一句话就是“臣愿备枢轴以察奸变”，小人嘴脸尽露。他亲自上书表忠：“外人谓臣轻议皇弟开封尹，皇弟忠孝全德，岂有间然。矧昭宪皇太后大渐之际，臣实预闻顾命。知臣者君，愿赐昭鉴”，不但为自己辩护说：“臣开国旧臣，为权幸所沮”，还为太宗留下“金匮之盟”空间，赵光义是什么人啊，一看赵普的辩护词，什么都明白了，没有多久，就“复用普为相”。这时候，卢多逊也开始“益不自安”，赵普自然不是善茬，对卢多逊冷嘲热讽，劝其自动引退，卢多逊还以为自己政治能耐堪与赵普一拼，就贪固权位，坚决不退。太平兴国六年，赵廷美谋反篡逆事发，赵普就查到了“卢多逊私遣堂吏交通廷美之事”，并毫不客气地捅给皇帝，还说卢多逊盼太宗早日晏驾，自己好尽力侍奉新皇帝赵廷美，并且还查到卢多逊交通赵廷美的物证，弓箭、器物什么的。太宗大怒，严惩卢多逊及其同党。太子太师王溥等74人趁热打铁，联名上奏卢多逊：“密遣堂吏，交结亲王，通达语言，咒诅君父，大逆不道”，卢多逊初判死刑，诛杀九族，后来念其身居相位，久事朝廷，就抄没其家，流放海南了事。赵廷美倒霉后，“上不忍暴其事，遂罢廷美开封尹，授西京留守，赐袭衣、通犀带，钱千万缗，绢、彩各万匹，银万两，西京甲第一区”。赵廷美被勒令归第，其儿女不再称皇子皇女，但廷美的悲惨命运还没到头，为了赶尽杀绝，赵普挑唆开封知府李符落井下石，上言说“廷美不悔过，怨望，乞徙远郡，以防他变”。于是，廷美被降为涪陵县公，安置到房州。太宗命人严加监管。廷美忧悸成疾，两年后便死在房州，年仅38岁。赵光义最后还装模作样的表演一番，“上闻之，呜咽流涕”，谓宰相曰：“廷美自少刚愎，长益凶恶。朕以同气至亲，不忍置之于法，俾居房陵，冀其思过。方欲推恩复旧，遽兹殒逝，痛伤奈何！”下诏追封廷美为涪王，谥曰悼，为发哀成服。对于此事，《宋史》记载“凡廷美所以遂得罪，普之为也。”最后，为了迎合新皇，表现对宋太宗的忠心，赵普告诫宋太宗：“太祖已误，陛下岂容再误邪?”其狰狞丑陋面目尽现，还编出了“金匮之盟”最新版本，加了一句，杜太后所讲：“汝与光义皆吾所生”，不讲齐王赵廷美也是杜太后所生，也就是说，“兄终弟及”，传到赵光义也就打住了。使得宋太宗之即位更加名正言顺。廷美死后，太宗对外称廷美乃是乳母陈国夫人耿氏的儿子，并非杜太后所生，太宗从容谓宰相曰：“廷美母陈国夫人耿氏，朕乳母也”，这样就彻底地将廷美排除在皇位继承系统之外。

最后还想啰唆几句赵普，老家伙一辈子宦海沉浮，尽管屡经劫难，但混得不错，最后，“齿发衰矣”，赵光义宴请于长春殿，还赐诗一首，赵普奉而泣曰：“陛下赐臣诗，当刻于石，与臣朽骨同葬泉下。”帝为之动容，最后“择善地处之，因诗什以导意”，君臣始终之分，可谓两全。淳化三年（992年）春，赵普以病求退，拜太师，封魏国公，同年七月十四日，病逝，终年71岁。

谁笑到最后，谁笑得最美，赵光义笑了。美得连名字也改了，不叫赵光义，而改叫赵炅。杜太后冢中早成枯骨，哥儿几个就他一个人活着，侄儿一个也不剩，全解决了，他开始挑选自己的继承人了。

宋太宗赵光义有九个儿子：长子元佐封汉王，二子元僖封许王，三子元休为皇帝（即宋真宗赵恒），四子元份封商王，五子元杰封越王，六子元偓封镇王，七子元偁封楚王，八子元俨封周王，九子元亿封崇王。

长子元佐，还算聪明，有武艺，善骑射，还曾经随太宗出征过太原、幽蓟。长得又像太宗，太宗颇喜欢。未成年之前，赵光义认为他有大家气象，打算培养他统帅军队，但赵元佐性情暴躁，近乎偏执，经常为一些小事大发雷霆。脾气上来，见人就打，下面的人有点过失，挥手就是一刀，还用弓箭射过往的仆吏。急了他就放火烧宫，帝训诲甚厉，还是不改。

雍熙二年（985 年）重阳节，太宗召集儿子们在宫苑中设宴饮酒作乐，因他老人家病体未愈，出于好意，就没有请他。散席后，陈王元佑顺路看望他，赵元佐得知设宴一事，愤愤不平："汝等与至尊宴射，而我不预焉，是为君父所弃也。"就一个人关起门来喝闷酒。到了半夜，闭媵妾，索性放了一把火焚烧宫院。一时间，殿阁楼台，火光冲天，烟雾滚滚。太宗一看就知道是老大干的，命人查问，果然如此，赵元佐尽管恐惧，但还是满不在乎。太宗怒不可遏，遣入内都知王仁睿质问："汝为亲王，富贵极矣，何凶悖如是！国家典宪，我不敢私，父子之情，于此绝矣。"他的弟弟陈王元佑以及一些近臣哭着求情，太宗还是不答应，最后被废为庶人。仁宗天圣五年（1027 年），元佐死，享年 62 岁。

在元佐焚宫件事中，我们提到陈王元佑，元佑"姿貌雄毅、沉静寡言"，处事为人极有分寸，那天宴会结束后，元佑究竟给元佐说了什么，惹得元佐纵火焚宫，已难以查明。但雍熙三年七月，赵元佑还是被封为开封府尹，后改名元僖，成了准皇储。同年，雍熙北伐失利。赵普上《谏雍熙北伐》奏疏，颇得太宗嘉赏。元僖见太宗优待赵普，便与赵普交好，还上疏建议太宗重新任用赵普为相。端拱元年（988 年），赵普第三次为相，陈王元僖也晋封许王，更加巩固了皇储地位。然而，天不遂人愿，淳化三年（992 年）十一月，元僖早朝回府，身体不适，不久暴毙。太宗极为悲伤，罢朝五日，还写下《思亡子诗》。元佐被废，元僖暴死，储位空缺，在寇准的支持下，襄王元侃被立为太子，改名恒。太子册立后，大赦天下，京师人狂呼："真社稷之主也！"太宗赵光义又不乐意了，马上召寇准说："四海心属太子，欲置我何地也？"寇准也很会说："陛下择所以付神器者，顾得社稷之主，乃万世之福也"。太宗回到宫中后，把寇准的话告诉自己的后嫔，"六宫皆前贺"，出来后，请寇准喝酒，大醉而罢。至道三年（997 年）三月，太宗箭伤又大发作，不治而死。

十月，他的灵枢运往巩县，安葬。赵恒登基为帝，是为真宗，赵恒的即位标志着宋朝开创局面的结束、守成时代的到来。

继位布局：

建隆二年（公元961年）年七月初九晚上，宋太祖宴请禁军将领石守信等人。喝得差不多了之后，他命令侍从退下，对石守信他们讲：没有天，就没有地，要是没有你们，我也没有今天啊。但是做皇帝还不如节度使快活，我现在连个安稳觉都睡不上，因为谁不想坐这个位子啊。众位一听，忙说：你天命所归，谁还敢怀有异心。赵匡胤一听，知道这帮武夫没领会自己的意思，于是就直说了：众位兄弟我当然放心，可是就怕有一天你们也被黄袍加身，到时候身不由己啊。众人终于明白了赵匡胤的想法，于是都跪在地上请他给指一条活路，赵匡胤见他们领会了，心里很是高兴，便说：人生在世，不就图一个快乐吗，那些祈求富贵的人也不过是为了多赚点钱，好供自己享乐，子孙享福。我看你们就把兵权交出来，出守大藩吧，多买些良田美宅，每天饮酒取乐，安享晚年。我们结成儿女亲家，君臣之间无猜疑，岂不是很好吗？众人一听这话，还能说啥，第二天就都得了病，要求辞职养老，乖乖地交出了兵权。老赵也不食言，任命他们为节度使，但是又把他们留在了京师，赏赐有加，实际上把他们的权力用富贵交换了。他把自己的两个女儿嫁给石守信和王审琦的儿子，还让弟弟赵光义娶了另一个将领的女儿，消弭了这些将领的离心倾向，君臣共享富贵。

为了“安抚”被释去兵权的石守信等人，宋太祖不但向他们赏赐了大量的钱财，而且表示要和他们结为亲戚，“约婚以示无间”，不久，太祖寡居在家的妹妹燕国公主就嫁给了高怀德，女儿延庆公主、昭庆公主则分别下嫁石守信之子和王审琦之子，除年幼夭折以外，太祖只有一妹三女，她们中竟有三位下嫁到了被释去兵权的禁军高级将领家，说明这种婚姻是有着强烈的政治色彩的。

杯酒释兵权后，宋太祖又想让符彦卿掌统军队大权。符彦卿此人，乃已故后周世宗柴荣的老丈人，是五代百战名将。很久以前，他就曾令契丹人闻名丧胆。其父符存审，也是当时名将。符彦卿十三岁即精晓骑射，由于是符存审的第四子，当时人称“符第四”，骁勇无双。符彦卿是后周朝世宗老丈人，按理讲宋太祖最应猜忌他，但这位老将军命好，其长女是周世宗皇后，次女又嫁给了宋太祖之弟赵光义，不知不觉中给自己上了政治方面的“双保险”，故而赵氏兄弟待之甚厚。对于赵匡胤想让符彦卿领军一事，赵普不同意，押下任命诏不发，力劝宋太祖深思利害。太祖皇帝不高兴，说：“我待符彦卿甚厚，他日后岂能负我!”赵普马上回言：“周世宗待陛下也厚，陛下何以能负周世宗!”一句话，赵匡胤默然，马上收回委任诏命。符彦卿也算真正好命，宋太祖未让他掌军，其实最终也是保护了他，老爷子得以“对宾客终日谈笑，不及世务，不伐战功”，七十八岁高寿善终于家。做完这些事情之后，赵匡胤又从制度入手，做了一些改革，使禁军的一部分驻守京城，却要到外州县就食。另一部分镇守边防要地的士兵，却经常换防，名义上说他们“习勤苦、均劳逸”，实际上是达到了兵不知将，将不知兵的目的。后来，他又采用“更戍法”，使兵不知将，将不知兵，并把“抑武用文”作为基本国策确定下来。重文事，抑武将，守内虚外，强干弱枝，虽然从根本上在内部消除了对赵姓皇权的威胁，却也种下了日后两宋亡国的种子，这当属后话。

开宝二年（969 年）十月，赵匡胤又准备第二次“杯酒释兵权”，他设宴招待几位掌握兵权的节度使。所谓酒过三巡，菜过五味宋太祖非常体贴地说道：“你们都是功臣宿将，戎马一生，本已辛苦，如今一把年龄了还不辞劳苦的驻守边防，实非朕优待贤士之本意。”凤翔节度使王彦超非常聪明，早看出了赵匡胤的“葫芦”中卖的什么药，马上说道：“臣本无勋劳，久冒荣宠，今已衰朽，乞骸骨，归丘园，臣之愿也。”赵匡胤一听这话，马上笑了，另外几位节度使，郭从义、武行德、杨廷璋等人，尽管从赵匡胤的笑容中看出了端倪，也明白太祖的意思，但还是觉得掌握兵权好，生活各方面都有保障，不愿轻易解除兵权，还纷纷站起来诉说自己当年征战沙场的艰辛，引得赵匡胤极为不快，他冷冷说道：“这已经是过去的事情了，还提它干什么?”第二天，这几个人皆被罢免，授以虚衔。其他一些未赴宴的节度使，一看这样，就纷纷交出兵权。

做完这些事情之后，赵匡胤开始从制度上进行改革，随着南方诸国的逐渐被平定，宋太祖在很短的时间里就选派出上百名文臣，分治原为各藩所辖的支郡，最终形成了宋代的“以文臣知州事”的制度，使位尊权重、声势煊赫的节度使的权力受到极大削弱，其实际权力仅等于某一州郡的长官，有时甚至徒具空名，仅是一种荣誉称号。自中唐以来藩镇权势过重，坐大地方，尾大不掉的情形得到了改变。

乾德二年（964年），赵匡胤发布了一道十分重要的诏令，要求各州除留有必要的经费外，其余财赋中属于货币的部分应全部辇送到京城，不得无故占留。次年三月，又一次重申了这道诏令。与此同时，对于各地大藩镇以“留使”的名义截留地方赋税以及肆意征税的弊政，宋太祖也小心审慎地进行了革除。他以支付大藩镇“公使钱”为代价，废除了留使制度，收回了为地方藩镇所控制的部分财权。对于藩镇任命亲信武将掌管场务、肆意税征的问题，宋太祖处置时就更为小心了。他的处理方法是在该节度使病逝调离之际，朝廷改派文臣管理场务。自此以后，“粟帛咸聚王畿”，地方藩镇失去了对抗中央王朝的经济后盾，无法“屯兵自重”了。

乾德三年（965年），北海军知军杨光美任职已满3年，由于其为政清廉，颇得百姓爱戴，当地有数百人赴京守在宫门口请愿，要求留杨光美继续在北海任职。宋太祖先是下诏劝他们散去，无效，于是采取断然措施，“笞（鞭打）其为首者”，才将请愿者赶走。另一项措施是在州郡设立通判，通判是知州的副官，大概相当于副州长，算个中级官员，通判尽管名义上略低于知州，但由于其负有监督州郡长官的特殊使命，知州往往还要怵其三分。做通判的大多是科举出身，通过任通判处理各种公务的历练，然后一步步升为主官。

在政治上，赵匡胤实行了“三权分立”的制度设计，将过去世代由宰相统筹负责的行政、军政、财政三大权力剥离开，使中央政府由互不统属的三大部分构成：管理政事的中书省、管理军事的枢密院和管理财政的三司。

中书省为中央最高行政机关，宰相为其首长，官衔叫同平章事，意思是与皇帝共同议政；参知政事相当于副宰相，意思是与宰相同议政事；枢密院是最高军事机构，其最高首长为枢密使或知枢密院事，也设有副职，称为枢密副使或同知枢密院事；宋代有固定的尚书省兵部，但兵部尚书只是虚职，并无实际兵权，只是被差遣为枢密使才有相当于兵部尚书的实权。不过枢密使也只是有奉旨调兵之权而无领兵之权，领兵之权归“三衙”长官。同理，“三衙”的高级将领虽然名为禁军的最高统帅，却也只有领兵之权而无发兵之权。这套制度的核心理念在于防止武将拥兵自重，尾大不掉。其具体做法是：将与军队有关的权力分解为三大部分：第一部分为调兵权，归枢密院掌管。大凡有事，需要进行军事调动时，枢密院经皇帝核准后，可以发兵符调兵。第二部分为管兵权，归三衙掌管。举凡军队的日常管理、训练等，由这三个军队系统的衙门负责。第三部分为统兵权，由皇帝临时指派率臣，统兵实施军事行动。军事行动结束后，首长交出部队，调回到其他单位，部队则返回各自营区。这种设计，完全符合相互制约与平衡的精神，使任何一个军队将领如果想要拥兵自重的话，变得即便不是不可能，也是极其困难，他需要克服的障碍实在太多了。从此，除了南宋初年之外，赵家天子完全可以不必担心黄袍加身式的兵变了。但是，另一方面，如此错综复杂的管理指挥体系，运转起来滞重缓慢无比，没有什么效率可言；更加严重的是，这种故意造成的“兵无常帅，帅无常师”，“兵不习将，将不知兵”，也使部队的凝聚力和团队精神无从谈起，不但无法形成强大攻击力，就连承受大的打击都困难。

中书省与枢密院对持文武二柄，号称二府，其中，中书省又称政府、东府，枢密院又称枢府、西府。枢密使与宰相的地位相当，号称执政，二者互不统属，互不通气，各成体系，各自对皇帝负责。

财政大权则由三司执掌，其最高首长为三司使，号称“计相”，下设盐铁、户部、度支三部，是仅次于二府的中央权力机关，其首长同样直接对皇帝负责。

赵匡胤还设立了两个职权、级别、地位、任务完全一样的监察、舆论机构，就是御史台和谏院。御史台的首长是御史中丞，谏院的首长是知谏院，大约相当于今天的检察院院长。但是，需要解释的是，这两个部门的威权极重，经常是由那些学术、才能、品行都很出众的人物出任其职位。他们控制了监察与言路，气势非凡，锋芒所向，经常可以将宰相等高官拉下马，是帝国政治舞台上极其重要的一支力量。

宰相地位极为崇高。拜相时，皇帝要施以大礼，因此才有“拜相”一说。在朝廷上，宰相有时甚至与皇帝一起接受百官的叩拜。皇帝如果在街上遇见宰相，双方需要下车相互施礼；宰相生病时，皇帝应该到相府探视等等；隋唐时代，宰相的身份没有那么尊贵了，但是仍然可以面对面地坐在皇帝面前，品着香茗，商讨政事，轻松而且从容，于是有“坐而论道”一说，“先是，宰相见天子议大政事，必命坐面议之，从容赐茶而退，唐及五代犹遵此制，及（范）质等惮帝英睿，每事辄具札子进呈”，“由是奏御寖多，始废坐论之礼”。

有一天早朝，赵匡胤突然对宰相王溥、范质说：“我眼睛有些昏花，把你们的奏疏送上前来。”在范、王二相离座递疏时，宫廷侍卫乘机将他们的座位搬走。自此以后，宰相在皇帝面前毕恭毕敬地站着奏事，遂成为制度。宰相的地位大大下降了。对此，邵博在《邵氏闻见后录》记载：“自唐以来，大臣见君则列坐殿上，然后议所进呈事，盖坐而论道之义。艺祖（赵匡胤）即位之一日，宰执范质等犹坐，艺祖曰：‘吾目昏，可自持文书来看。’质等起进呈，罢欲复位，已密令中使去其坐矣，遂为故事。”

大宋帝国开国不久就实行了彻底的以文制武政策。这个政策的核心思想，是将所有武人全部假设成潜在的坏蛋，然后，不许他们担任军事工作的一把手，他们必须在文职官员的领导下工作。因此，终北宋一朝，枢密院的一把手只在很短的时间里曾经由武官出任，其余时间全部由文臣甚至宦官掌控；各级部队的统帅，也由文职人员或者宦官担任；职业军人即武将，则必须在文官的节制下指挥军事行动；哪怕在战术单位，也是如此。

与以文制武政策相辅相成相映成趣的，则是偃武修文、倡导文教的基本国策。出身纯粹为赳赳武夫的赵匡胤，却开创出了中国历史上文化发展最为辉煌的顶峰时代，与他制定的这些基本国策显然是分不开的。

当上皇帝后，武将出身的赵匡胤采用了许多手段笼络武将，但内心深处，他对武将们却十分警惕，甚至可能厌恶。有一次，在回顾了五代十国的军阀混战之后，他十分感慨地对赵普说："选择一百个文官派到全国各地去当地方大吏，哪怕他们全部变成贪官污吏，都赶不上一个武将可能带来的祸害。"

中央禁军则实行三年一轮换派到外地的制度，使将无常兵，兵无常将，将不知兵，兵不知将，防止兵将合一。皇帝更是直接干预军队的作战指挥权，将领临战才知自己所率何部，到了战场上不但要巴结奉承皇帝派来的监军，甚至连打仗都要按照战前皇帝下发的阵图排兵布阵。

对话：光武帝与宋太祖关于对待开国功臣的对话

王熙凤：对于那些历代的开国皇帝来说，如何对待开国元勋是个很头痛的问题，尤其是那些经过多年奋斗，从一介平民一步登天的开国之君，对于这个问题更是觉得棘手。几乎所有的功臣在打天下中都建有大功奇功，但他们又是后来的开国君主加强中央集权、树立自我形象的障碍。打压功臣是许多朝代的共同作法。于是，有越王勾践、汉高刘邦的"兔死狗烹"，也有明太祖的"雄猜好杀"，当然，也有做得最好的"杯酒释兵权"和东汉光武帝的故事。我们今天讨论的主要问题是开国之君如何对待开国功臣，所以，我们今天请来的是在这方面做得最好的刘秀和赵匡胤两位先生，欢迎二位。

刘秀：大家好，很高兴有机会向各位请教。

赵匡胤：我也一样，希望和大家交流。

王熙凤：先从赵先生开始，大家最关心的可能是一些"烛影斧声"之类的历史迷案，然后才是“杯酒释兵权”问题，赵先生能不能谈一下这个问题。

赵匡胤：对于“烛影斧声”，正文已经说得很清楚，我也不想说什么；“金匮之盟”只是茶余饭后的家人闲谈，并没有真正的文字纪录，大家看到的所谓“金匮之盟”是根据谈话整理过的。

王熙凤：这就是说，“烛影斧声”中根本没有凶杀的事情发生，但“金匮之盟”是杜撰的。

赵匡胤：可以这样讲，以太后的聪明睿智，怎么会在一个外人跟前谈论皇位继承问题，她难道没有想到，如果我们兄弟二人现场发生冲突会怎么解决？还有一个问题，太后去世时，我已经34岁，正值壮年，德昭也已经14岁，根本不会出现后周柴世宗7岁遗孤群龙无首的局面。杜太后一生贤明，怎能出此下策？况且，“金匮之盟”是赵光义登基5年后才列举证人、公布出来的，为什么不在赵匡胤死时，堂堂正正公布出来呢？相信大家已经知道其中的道理，不再赘言。我觉得，今天的主要话题还是如何对待开国功臣问题，这个问题已经转移话题了，呵呵。

王熙凤：好，谢谢赵先生，今天主要谈对待功臣问题，刘先生靠的是武力消灭各个割据势力，而赵先生则是军事政变，刘先生的功臣大多是跟他出生入死且自身有一定势力的地方豪强，而赵先生的功臣大都是些手握重兵的高级将领或地方节度使，他们的处理方法有相似之处，也有不同的地方，前者应该削弱和瓦解他们的势力，后者则应该分散和解除他们的武装武装。请两位谈谈自己的策略。

刘秀：这个问题还是要从实际状况出发，不能一概而论。我之所以没有诛杀功臣，只是不给他们政治上的实权，而给他们社会地位和优厚的待遇，与当时的情况有关。这些人本来很自觉，没有出现韩信这样的人物，如清人赵翼说：“西汉开国，功臣多出于亡命无赖。至东汉中兴，则诸将帅皆有儒者气象，亦一时风会不同也。”诸如邓禹，十三岁能诵《诗》，在长安受业。冯异好读书，精通《左氏春秋》《孙子兵法》。贾复年少好学，研习《尚书》。其他像王霸、耿纯、刘隆、景丹等人，都在年轻时，游学长安。东汉功臣因在年轻时，大多数都受到儒学的熏陶，具有很高的文化素养，所以他们与刘秀的志趣相投。因此，他们就不像西汉初年的功臣那样不便于驾驭，这也正是用和平的方式夺取功臣实权的重要原因。

王熙凤：在对待开国功臣的问题上，刘先生的基本策略是生活上的高标准，政治上的高荣誉，但实际权力却很小。此外，刘先生命手下为二十八个功臣绘了画像，悬于凌云阁内，人称“云台二十八将”。这些开国功臣也非常“识大体”，大都善始善终，留下千古佳话。所以，王夫之的评价：“光武帝没有任将帅以宰辅的重任，诸将也安于富贵没有非分之想，光武之用意十分深远。自古以来君臣能交尽其美者，唯有东汉兹时为盛矣！”是不是还有其他策略呢？

刘秀：当然有。除了功臣自身的组成性质和他们配合的程度外，还有一些后续策略，比如在地方行政制度上，加强了刺史职权，刺史可直接向皇帝报告情况，而无须经三公审定，这就有效削弱了三公权力，把管理地方长官的大权收归自己掌握。当然，这样一来也产生负面效果，使刺史威权日重，独断专行，地方与中央逐渐形成了权力矛盾。但这是很正常的。

王熙凤：如果说赵先生是通过“杯酒释兵权”的方式解除功臣的兵权，那么，刘先生是用什么方式解决的呢？

刘秀：我和赵先生不一样，没必要通过这种方式，因为东汉开国之时，本人对军事指挥权一直严加控制，很少对功臣假以这方面的事权，功大者如耿弇、吴汉，光武比之韩信、周勃，但是，一俟战事结束立刻收缴兵权。这样一来就避免了他们形同割据的局面的形成。

王熙凤：谈到宋朝，“杯酒释兵权”一举化解了五代十国以来将士骄主、擅自废立的传统，使中国结束了几十年来动荡不安的政治局面。他还定下不杀大臣的规制，为大宋达到中国专制主义经济和文化的巅峰奠定了基础。赵先生的开国元勋好像没有这文化方面的素质，但为什么同样可以通过“杯酒释兵权”的和平方式解决呢？

赵匡胤：后人往往只看到“杯酒释兵权”的轻松散淡，并没有看到潜在的激流，“杯酒释兵权”只是一次行为，以一次行为想一劳永逸的解决问题，肯定是痴人说梦，我觉得，最重要的还是后面的策略。

王熙凤：主要有什么策略？

赵匡胤：其实，正文已经讲得很多。五代时期之所以会出现那种朝代更替、不暇稍息的现象，与其说是因为皇帝太弱，不如说是因为臣属太强。特别是那些领兵大帅，依仗手中的兵权，篡位弑主，易如反掌，是威胁皇权的最大势力。为了确保统治的稳固，宋太祖决心采取更为积极的措施，收夺禁军将帅的兵权。“杯酒释兵权”，就是在这种背景下发生的。我的做法和刘先生颇为相似，但由于对象的不同，所得的效果也不大一样，因为那些高级军事将领只是在军事上对中央产生威胁，在其他方面则比较差，也就是说他们最大的资本就是军队，一旦离开军队他们的影响力几乎不存在了。因此我虽然给予他们经济上的补偿，但却没有给予他们经济上的特权，也就是说，他们再怎么样也就是个富翁，在政治上已经没有丝毫影响力，主要策略就是政治体制改革，就是重文轻武以及一系列限制武将的做法。

王熙凤：刘先生怎么看？

刘秀：我没有采取削弱对待功臣的方法，反而使他们进一步坐大，我的策略是交换，用经济上的特权换取政治军事上的权力，当然也通过联姻来稳固自己的统治。和赵先生相比，我们在体制方面的改革可能更少一些，这也是我们最大的漏洞。

王熙凤：具体表现在哪里？

刘秀：由于地方豪强有一部分和皇家联姻，于是就以外戚的身份把持朝政，另一部分豪强凭借其强大的经济实力和影响力，在朝堂之上大肆培养自己的亲信和势力，于是，东汉一朝，四世三公，门生遍天下的豪门比比皆是。也就是这个原因。

赵匡胤：另外，从效果上来看，刘先生的做法其实是在进一步地削弱中央和皇族的势力，而且让地方豪强进一步坐大，也没有解决自西汉以来日益严重的土地兼并问题，为东汉埋下了一颗定时炸弹。而且由于皇族势力的单薄，使得东汉中后期，皇帝和朝政一直在外戚和宦官手中把持。

刘秀：说的对。

王熙凤：赵先生的改革有没有负面作用？

赵匡胤：有，我们的负面作用也很大。特别是表现在军事方面，关于这方面的研究已经太多了，比如“兵无常帅，帅无常师”，“兵不习将，将不知兵”，使军队的凝聚力和团队精神无从谈起，不但无法形成强大的攻击力，就连承受大的打击都很难，这也是大宋军事上屡有败绩的主要原因，也是所谓的双刃剑吧。

王熙凤：今天的节目到此结束，谢谢二位，也谢谢大家。